U0671307

伟大的天赋，巨大的缺点

[美]伯纳德·J.帕里斯——著

崔子涵——译

女性、神经症、自我分析与卡伦·霍妮的生活

ZHEJIANG UNIVERSITY PRESS
浙江大学出版社
·杭州·

图书在版编目（CIP）数据

　　伟大的天赋，巨大的缺点：女性、神经症、自我分析与卡伦·霍妮的生活 /（美）伯纳德·J. 帕里斯著；崔子涵译. -- 杭州：浙江大学出版社，2023.1
　　书名原文：Karen Horney: A Psychoanalyst's Search for Self-Understanding
　　ISBN 978-7-308-23088-9

　　Ⅰ. ①伟… Ⅱ. ①伯… ②崔… Ⅲ. ①霍妮(Horney, Karen1885-1952)—传记 Ⅳ. ①K871.251

中国版本图书馆CIP数据核字(2022)第176297号

© 1994 by Yale University

Originally published by Yale University Press

浙江省版权局著作权合同登记图字：11—2022—341号

伟大的天赋，巨大的缺点：女性、神经症、自我分析与卡伦·霍妮的生活

（美）伯纳德·J. 帕里斯　著　　崔子涵　译

策　　划	杭州蓝狮子文化创意股份有限公司
责任编辑	张一弛
责任校对	陈　欣
责任印制	范洪法
出版发行	浙江大学出版社
	（杭州市天目山路148号　邮政编码　310007）
	（网址：http://www.zjupress.com）
排　　版	杭州林智广告有限公司
印　　刷	杭州钱江彩色印务有限公司
开　　本	880mm×1230mm　1/32
印　　张	12.875
字　　数	280千
版 印 次	2023年1月第1版　2023年1月第1次印刷
书　　号	ISBN 978-7-308-23088-9
定　　价	69.00元

献给欣达和哈维

前　言

　　卡伦·霍妮（1885—1952）是 20 世纪重要的精神分析思想家之一，却也是被低估的精神分析思想家之一。她在世时颇负盛名，但作品却逐渐淡出人们的视野，直到 1967 年，她的早期论文集《女性心理学》（*Feminine Psychology*）出版，她才重新回到人们的视野中。最近几年，她才开始得到应有的关注。

　　霍妮一生中的公开事迹已经在两本传记中得到了详尽的介绍，一本是杰克·鲁宾斯（Jack Rubins）的《精神分析的温柔叛逆》（*Gentle Rebel of Psychoanalysis*，1978），另一本是苏珊·奎因（Susan Quinn）的《她自己的思想》（*A Mind of Her Own*，1987）。在本书中，我会将重点放在霍妮的内心故事上，并将其与她的思想演变联系起来。霍妮的思想大致可以分为三个阶段。第一阶段为 20 世纪 20 年代至 30 年代初，她发表了一系列才华横溢的文章，试图在弗洛伊德理论的框架内修改关于女性心理学的正统观念。然而，在第二阶段即 20 世纪 30 年代末，她出版了两本书，直接驳斥了弗洛伊德精神分析的一些基本前提，提议用文化和人际关系来取代弗洛伊德要求的生物取向。第三阶段在 20 世纪 40 年代，她提出了成熟理论，该理论认为，个体为了应对心理需求受挫所产生的焦虑情绪会摒弃真实感受，发展防御策略。我认为，霍妮的成熟理论对心理学思想做出了重大贡献，特别是在人格研究方面，这些成就理应得到更广泛的重视和应用。

　　虽然这本书的传记成分很高，但它并不是一本传统意义上的传记。我把卡伦·霍妮的个人经历、多种冲突和思想演变汇集在一起，从而探索她的内心斗争是如何激励其写作，同时在其著作中又是如何得以体现的。霍妮的个人问题促使她开始寻求自我理解，这些记录先是出现在她的日记中，随后是她的精神分析著作中。这种探索在她关于女性心理学的自传性文章中最为明显，还在一定程度上启发她提出了新的精神分析范式。这种探索最终使她对人类行为拥有独到的洞察力，这种洞察力在她的成熟理论中得到了最充分的展现。在我为成年霍妮描绘的画像中，其成熟理论中的个人因素是十分显著的，但该理论的价值其实是独立于其创造者的，所以，我介绍这一理论时不会引用传记资料。虽然成熟理论尚未获得恰当的评价，但其中许多概念已经被吸收到心理学思想中，并对临床实践产生了重大影响。

卡伦·霍妮的闺名是卡伦·丹尼尔逊（Karen Danielsen），1885 年，她出生在德国汉堡郊区，先后在弗赖堡大学、哥廷根大学和柏林大学攻读医学。1909 年，她与奥斯卡·霍妮（Oskar Horney）结婚。1910年，跟随卡尔·亚伯拉罕（Karl Abraham）进入精神分析领域，并于1920 年成为柏林精神分析研究所的创始成员。1926 年，她与奥斯卡分居。1932 年，她移民美国，应弗朗兹·亚历山大（Franz Alexander）之邀成为新成立的芝加哥精神分析研究所的副所长。1934 年，她搬到纽约，成为纽约精神分析研究所的成员。1941 年，她创立了美国精神分析研究所，并一直担任所长，直至 1952 年离世。在她生命的最后 15 年里，她出版了五本主要著作——《我们时代的神经症人格》（The Neurotic Personality of Our Time，1937）、《精神分析新法》（New Ways in Psychoanalysis，1939）、《自我分析》（Self-Analysis，1942）、《我们的内心冲突》（Our Inner Conflicts，1945）和《神经症与人的成长》（*Neurosis and Human Growth*，1950）。她去世后，又有两本书出版问世，一本是《女性心理学》（1967），另一本是《最后的演讲》（*Final Lectures*，1987）。1980 年，由她女儿玛丽安·埃卡德特（Marianne Eckardt）编辑的卡伦·霍妮的《青春期日记》（*Adolescent Diaries*）出版。

　　尽管霍妮因其对弗洛伊德思想的驳斥被精神分析学界所排斥，但她在世时取得了巨大的成功。她的书非常畅销，她的研究所蓬勃发展，她的文章频见于报纸和杂志，而且她不论作为演讲者，还是精神分析师都大受追捧。她和其他新弗洛伊德派学者被许多人视为对正统弗洛伊德理论的主要挑战。

　　霍妮去世后，她的作品在教科书和历史记载中占有大量篇幅，她被当作一个重要人物，但随着时间的推移，她得到的关注越来越少。这并不是说她被遗忘了。她的书在原版多次印刷后，又以平装本重新发行，销量超过 50 万册。有的作品仍在再版中。她创立的研究所还在培训精神分析学家，她的思想影响了精神分析的进程，她的理论也被其他学科所采用。但是她得到的认可与她做出的贡献并不相称。用现在的一位作家描述她自己的情况的话来说，霍妮的工作"缺乏文化存在感：没有人必须知道它或思考它才会显得那么无知；没有人会因为忽视它而被追究责任"。[1]尽管情况已经开始发生改变，但就霍妮的贡献中最为重要和最为独特的部分来说，这一情况仍然存在。

　　人们重拾对霍妮的兴趣始于《女性心理学》的出版。这些早期的

　　1　安德丽娅·德沃金（Andrea Dworkin，1947—2005）。

文章对弗洛伊德关于阴茎嫉妒、女性受虐狂和女性发展的观点提出了异议，当时一经问世就引起了巨大争议，后期又被刻意无视，因为弗洛伊德和他忠实的追随者试图消除这些文章所引起的争议。霍妮关于女性心理学的文章在那个时代过于超前，但今天的人们越来越一致地认为霍妮是第一位伟大的精神分析女权主义者。尽管南希·乔多罗（Nancy Chodorow）在《母性的再生》（*The Reproduction of Mothering*，1978）中援引霍妮主要是为了反驳，但她在《女性主义与精神分析理论》（*Feminism and Psychoanalytic*，1989）中却对霍妮赞誉有加，泽尼亚·奥德斯·弗利格尔（Zenia Odes Fliegel，1973，1982，1986）和玛西亚·韦斯特科特（Marcia Westkott，1986）的著作以及苏珊·奎因的传记都引用了这段评价：

> 精神分析女权主义有一段相当复杂的、有时是处于地下发展的背景，最近关于早期女性精神分析学家的著作则有助于我们挖掘这一背景。我把其政治和理论源头定位在卡伦·霍妮身上，她是第二代精神分析学家，其早期关于女性的文章有力地挑战了弗洛伊德的理论。霍妮要求具有积极女性特征和自我评价的模式，反对弗洛伊德将女性视为天生有缺陷和永远有局限的模式。霍妮将其对精神分析理论和女性心理学的批评，与她对男性主导的社会和文化的认识联系起来。多年来，霍妮的理论，尤其是关于女性的早期争论，似乎没有对主流精神分析产生重要影响，直到目前女权运动和挑战的出现才唤起人们对女性心理学的兴

趣。然而，不管人们承认与否，霍妮的理论，为近来修正
精神分析对性别的理解和早期许多对性别问题的不同观点
奠定了基础。

讽刺的是，霍妮本人在 20 世纪 30 年代中期放弃了女性心理学的
话题，开始发展一种她认为是性别中立的理论（见韦斯特科特书中持
不同意见者的部分）。她渐渐将注意力集中在两性发生的心理防御和
冲突上，同时认识到文化会诱发男性的某些心理防御，而另一些心理
防御则在女性身上出现得更为频繁。在她关于女性心理学的文章中，
她强调了文化对性别概念的影响，在一篇未发表的题为"女性对行动
的恐惧"（"Woman's Fear of Action"，1935，见附录二）的论文中，
她明确表示，她放弃女性心理学的原因之一是她无法将真正的"女
性"特质与文化诱导的行为和性别认同区分开来。此外，她认为对女
性的定义是父权社会的政治策略，目的是将女性排除在男性主导的活
动领域之外。

对霍妮的女性心理学思想的重新关注，虽然本身是值得欢迎的，
但却有可能将她与她的早期思想捆绑在一起，而掩盖了她后期工作的
重要性。这也是苏珊·奎因传记的一个影响。奎因非常欣赏霍妮早期
的文章，并仔细地讨论了这些文章，但她显然对霍妮那些与女性主义
思想无关的思想并无兴趣。在大多数情况下，对奎因的传记进行评价
的人们也都跟随她的脚步，对霍妮后期的主要著作或偶有提及，或只
字不提。

在霍妮思想的第二阶段，她在女性心理学的文章中越来越强调文

化和受干扰的人际关系是神经症发展的最重要原因，而非生物学。作为《我们时代的神经症人格》（1937）和《精神分析新法》（1939）的作者，霍妮通常被认为是"文化学派"（the Cultural School）中的新弗洛伊德派成员，该学派还包括艾里希·弗洛姆（Erich Fromm）、哈里·斯塔克·沙利文（Harry Stack Sullivan）、克拉拉·汤普森（Clara Thompson）和亚伯拉罕·卡迪纳（Abraham Kardiner）。《我们时代的神经症人格》在当时产生了巨大的影响，直至今日，这本书仍然是许多人得以认识霍妮的作品。这本著作让临床医生更为强烈地意识到了精神障碍中的文化因素，并启发人们从精神分析角度进行文化研究。

《我们时代的神经症人格》让霍妮在学界声名鹊起，《精神分析新法》却让她在古典精神分析家的圈子里声名狼藉，因为这本书对弗洛伊德进行了系统性的批判。书中虽然对弗洛伊德的天才和贡献表示敬意，但也驳斥了精神分析的许多基本前提。霍妮的第一本书让纽约精神分析研究所的同事们感到不舒服；第二本书则引发了同事们的怨恨，迫使霍妮辞职离开。多年来，许多圈子仍然对霍妮评价不高，其背后便隐藏着这份愤怒。

霍妮在她的前两本书中，提出了关于神经症的起源和结构的模型，在该模型中，环境中的不利条件，特别是不利的家庭环境，会造成一种基本的焦虑，针对这种焦虑，儿童会发展出一系列自暴自弃和相互冲突的防御策略。儿童的性发育只是这幅图景的一小部分；性困难是性格问题的结果，而非成因。

在这两本书中，霍妮对弗洛伊德最重要的修正也许是她对当下而不是过去的强调。她要求把重点放在当前的而非过去的防御和内心冲突上，她还根据行为在当前防御系统中的功能来对其进行阐释。过往经历造就的性格结构，无须参考婴儿时期的起源，也能够得以理解。霍妮将成年人的行为看作过去的演变产物，而不是早期的某些情结或关系的重复。霍妮对当下的强调使得正统的精神分析家们几乎不可能接受她的思想。

霍妮的第三本书《自我分析》（1942）详细阐述了精神分析过程如何在她的新范式中产生作用，还包含了她发表的唯一的扩展案例，即患者"克莱尔"（Clare）的案例。这本书在精神分析业内并不受欢迎，他们对于霍妮对自我分析的可能性的乐观评估持怀疑态度；但这本书不仅读者众多，还助力催生了伦敦的自我分析研究所。

《我们的内心冲突》（1945）和《神经症与人的成长》（1950）对基本焦虑的防御措施的描述更为全面，并提出了一个更为复杂的分类方式。《自我分析》只是简单地罗列了十种神经症倾向。成熟理论则将防御措施分为人际关系和心理内部两大类。《我们的内心冲突》侧重于人际关系：走向他人、反对他人、远离他人（顺从、攻击和疏离），并且探索了心理内部的防御。相关内容在《神经症与人的成长》中得到了系统的论述。在这本书里，霍妮描述了她所谓的"骄傲系统"（the pride system）：人们通过生成一系列自己的理想化形象来应对一无是处和天生缺陷的感觉，从而产生神经症的骄傲、神经症的要求、暴君式的"应该"和自我憎恨。这种神经症的投射其实就是寻求荣耀，试图实现我们的理想化形象。这个注定会失败的过程，加剧了我们试图缓解的自我憎恨。这就是霍妮思想中突出的"恶性循环"之一。

人们通常认为，霍妮提出的是一种文化制约论，该理论只适用于她那个时代的神经症人格。《我们时代的神经症人格》和《精神分析新法》对文化的强调无疑会造成这种印象，但她的理论经过演化，包含了从古至今许多社会（包括东方和西方）都存在的防御手段。人类的攻击、逃避和顺从其实是动物王国中的基本防御机制——厮斗、逃跑和服从的复杂版本。正是因为这些策略源自本能，所以我们发现它们有如此多的表现形式。霍妮的理论在文学批评、传记和文化研究中的广泛应用已经表明了其适用性（见附录一）。

但是，如果霍妮的成熟理论有这样的包容性、解释力和适用性，为什么没有得到更为广泛的应用呢？这个问题很难回答。但我想在不深入探究社会学思想的前提下，提出一些我的个人想法。

首先，在霍妮从纽约精神分析研究所辞职以示抗议后，许多正统的精神分析学家将她视为一个攻击他们的英雄弗洛伊德的自以为是的女人（他们认为她的动机可能是阴茎嫉妒和对父亲未化解的怨恨），企图推翻他们的专业实践和整个思想体系的理论基础。正如我们所看到的，一种对霍妮的轻视态度自此形成，并持续影响着大众对其作品的接受度。奎因写道："一次会议上，一位杰出的精神分析学家听说我正在撰写霍妮的传记，就戏谑地问道：'她值一本书？'"奎恩发现，"因为霍妮是作为一个叛逆者离开精神分析机构的，在某些圈子里仍然流传着这样的流言，即她是一个无足轻重的人"。

霍妮缺乏文化存在感的另一个原因是她的作品过于清晰易懂。1980年，埃德加·莱文森（Edgar Levenson）在《纽约时报书评》上评论她的《青春期日记》时指出，她的"观点，一旦被采纳，就显得理所当然。阅读弗洛伊德，人们会想，谁能想得到呢？阅读霍妮，人们会想，'是的，当然如此'"。1981 年 1 月 18 日，我致信《纽约时报书评》回击，以示我的愤慨："霍妮与弗洛伊德不同，她的观点似乎是简单的常识，是任何人都可能想到的东西。然而，在霍妮之前，根本没有人想到。人们在阅读她的文章时往往会想，'是的，当然如此'，然后忘记了他们之前并没有意识到这一点。"如果说清晰易懂在1981 年是不合时宜的，那么在今天，在拉康、德里达和后现代主义盛行的时代，清晰易懂几乎是致命的。

诚然，霍妮的清晰易懂有一定的局限性。她的作品中几乎没有诗歌或神话的成分，不像弗洛伊德、荣格和拉康的著作那样充满了神秘晦涩的术语，也没有标榜只有大师才拥有的秘密知识的光环。她的作品没有为了解释晦涩难懂或不可言喻的事物提供精心设计的类比或神话系统。她的作品的大部分内容都是我们可以通过自我观察学到的东西，而不是关于婴儿和无意识经验的高度创造性假设。霍妮也探讨了无意识的动机和冲突，但她让这些动机和冲突很容易被有意识地理解。许多人觉得难以置信，这样一个可以理解的理论其实是很有深度的，当然，有一些深度是霍妮不曾探索。

她的作品所解释的奥秘是我们通常不认为是奥秘的那种现象，是普通行为之谜，是常见的人类神经症。霍妮的成熟理论使日常生活中的熟悉的精神病理学变得陌生，使我们能够认识并理解它。我还想补充的是，成熟理论也能够解释极端行为，如伊阿古[1]、李尔王、拉

1　莎士比亚的戏剧《奥赛罗》中的反面人物。

斯柯尔尼科夫[1]或《呼啸山庄》中的凯茜和希斯克利夫。正如露丝玛丽·迪内奇（Rosemary Dinnage）所说，霍妮的理论"缺少某种维度"（1987），但每个理论都是如此。霍妮的理论并非包罗万象，也没有假装能够包罗万象，但解释了很多东西。

人们对霍妮的忽视在某种程度上源于内心的抗拒。她告诉了我们太多关于我们自己的事情，我们无法反驳但又不想知道。大多数其他的精神分析理论有更大的可辩驳性。霍妮一边告诉我们，健康是有可能的，一边又让我们察觉到自己的神经症，这是一种威胁性的组合。事实上，她提出的成长前景让她的见解更具挑战性：她希望我们尝试改变，但不允许我们像弗洛伊德理论那样用悲观主义自我安慰。对她来说，神经症是普遍存在的，但不是不可避免的，是可以治愈的。这样的希望可能是鼓舞人心的，但也可能是压抑的，滋生自我批评的。有时我们更容易相信，文明注定让我们感到不满足。

霍妮的成熟理论在文化上缺乏存在感的最重要原因也许是，它对人类行为的解释是以当前存在的防御和内在冲突为基础的。在我们的文化中，对人类行为的分析一直被对其起源的强调所支配，而一个专注于当前的理论家必然会被甩到一边。精神分析学试图通过尽可能远地回溯到恋母情结前期以取得进展。那些习惯从起源角度思考人类动机的精神分析学家，很难满足于霍妮的结构性解释。

霍妮的思想从第一阶段转变到第二阶段，其实是她移居美国的结果，她在美国受到了新知识的影响，接触到了不同的文化和患者群

　　1　俄国作家陀思妥耶夫斯基的小说《罪与罚》中的主人公。

体，她渐渐意识到弗洛伊德的理论源于一个性压抑的社会，这一根源对其理论产生了极大的影响。然而，仔细阅读霍妮在20世纪30年代的著作可以发现，尽管她的思维方式发生了变化，但她最感兴趣的问题始终未变。她竭力求解的仍然是她在论述女性心理学的文章中关注的那些问题，从早期出版的霍妮传记中可以看出，这些问题其实是她自己身上的问题。在她的日记中，在她与卡尔·亚伯拉罕的精神分析中，在她论述女性心理学的文章中，甚至在她所有的精神分析著作中，卡伦·霍妮都在努力理解自己，试图从自身的困难中解脱出来。她的思想不断演变，不仅是因为外部的影响，也是因为她早先为理解自己而做出的努力已经失败，她需要一种不同的方法来寻求自我理解。

杰克·鲁宾斯和苏珊·奎因以及他们之前的哈罗德·凯尔曼（Harold Kelman，1971）都曾指出过霍妮的生活和著作之间的联系，但他们并没有展开详细的探讨。鲁宾斯只接触到了少部分霍妮青少年时期的日记，这部分内容让我们看到了她的痛苦和内心冲突，正是这些痛苦和内心冲突激发了她对精神分析的兴趣，孕育了她后期的见解。奎因引用这些日记，主要是为了重建其青春期和婚姻初期的事件。如果没有鲁宾斯和奎因的作品，我不可能写出这本书，因为只有完备的生平记录在先，才能再集中研究霍妮其人和其思想之间的关系。不过，我对霍妮的生平也做了大量的补充，因为我在研究过程中发现了很多此前无人知晓的资料。

杰克·鲁宾斯的工作对我的帮助还体现在另一个方面。他在筹备传记时，曾与一百多人通信和面谈，其中大部分人现已过世，他还收集和委托他人撰写霍妮回忆录。苏珊·奎因接触到了这些材料，现在这些材料被集中在耶鲁大学的卡伦·霍妮文献中。当我着手研究时，我没有想到这些材料会如此丰富，因为其中很多东西鲁宾斯和奎因并没有在书中使用。虽然鲁宾斯声称要"毫无保留地"展示他的研究对象，但他本人是霍妮学派的精神分析家，难免希望保护其导师形象。他的访谈记录显示，霍妮不仅是一个令人钦佩的、有魅力的、帮助过很多人的人，也是一个无情的、好胜的人，偶尔会有破坏性的行为，而且常常充满了矛盾。她很难与他人相处融洽，她的性行为不加节制，而且常常违背职业道德。比起鲁宾斯，奎因披露了更多关于霍妮的负面事件，但她还是留下了大量未使用的材料，我将在本书中使用这些材料。我的做法不是为了引起轰动，而是因为这些材料有助于我们看到霍妮的挣扎和洞察力之间的联系。我自己也进行了大量的相关采访，但如果没有鲁宾斯的采访，有很多关于霍妮的故事将永远尘封下去。

本书的主要资料来源还包括玛丽安·埃卡德特和雷娜特·帕特森（Renate Patterson）未发表的作品，她们二人是霍妮现仍健在的女儿，还有一部分出于历史目的而录制的与霍妮同时代人的录音和录像。霍妮的传记作者往往要面对的一个难题是：霍妮是一个非常拘谨的人，她很少向别人讲述她的感受和经历。玛丽安和雷娜特都说，她们对自己的母亲了解甚少。霍妮在 13 岁至 26 岁间所写的日记向我们展示了她的内心世界，她晚年唯一留存的个人文件是她在 1945 年至 1951 年间写给大女儿布丽吉特（Brigitte）的 50 封信，后者留在德国从事电影事业。在她生命的最后阶段，霍妮与布丽吉特的关系最为亲密，这些最近才被发现的信件让我们看到了她们之间的亲密关系。

我们可能会问：这些材料能否详尽刻画卡伦·霍妮的个性和经历，是否足以揭示它们如何影响她的思想？答案可能是否定的，但这些信息可以让我们认识到霍妮的精神分析著作是多么具有自我揭示性。这个极其孤僻的人不断地书写着自己，将自己的内心世界坦承给任何能察觉到这点的人。霍妮花了大量的精力来分析自己，但据雷娜特说，她从未与他人分享过她的见解。然而，雷娜特断言，"她没法永远压抑这些见解，无法把这些见解完全留给自己"；她的书就是她"隐秘的自传"[1]。

当我重读霍妮的著作时，我发现《自我分析》中的克莱尔和日记中的卡伦之间有许多相似之处，这时我才开始认识到霍妮的自我揭示。克莱尔的故事包含了卡伦的童年，这段故事让我们得以从不同角度看待卡伦日记中描绘的母女关系。我们从《自我分析》和日记中逐渐了解了霍妮之后，那些论述女性心理学的文章的自传性质便清晰起来，她后期撰写的著作也都是如此。

因此，我们掌握了大量关于卡伦·霍妮的成长、自我认知和冲突的资料。她的著作之所以引人入胜，不仅是因为其思想价值，而且还因为其所讲述的人性故事，让我们了解了这个异常复杂的人的个性和对自我理解的追求。我们可以通过详细回溯霍妮的探索之路，从而理解她的精神分析理论中掺杂的主观成分，不少传记都提及过这个问题，还有两本传记将重点放在了这个问题上，即罗伯特·斯托

1　作者曾于 1989 年 12 月 28 日访问雷娜特·帕特森。

罗楼（Robert Stolorow）和乔治·阿特伍德（George Atwood）的《云中的面孔：人格理论中的主观性》（*Faces in a Cloud: Subjectivity in Personality*，1979）和哈维·明德斯（Harvey Mindess）的《心理学缔造者：个人因素》（*Makes of Psychology: The Personal Factor*，1988）。这个问题还揭示了创作过程中的诸多方面，特别是情感痛苦和洞察力之间的关系。

长期以来，克莱尔与卡伦·霍妮的关系一直是一个引人猜测的话题。精神分析学家哈罗德·凯尔曼与霍妮相熟，他的结论是，尽管"克莱尔是许多人的综合体……但她确实揭示了许多霍妮自身的性格问题，从完成《精神分析新法》到完成《自我分析》期间，霍妮一直在与之痛苦地斗争的问题。她后来的作品表明，这种斗争一直持续着，不仅有她自己的斗争，还有她遇到的有类似问题的患者的斗争"。鲁宾斯将克莱尔描述为一个"半虚构患者"，还用一些细节证明霍妮"可能部分地在讲述自己"。他在介绍卡伦与母亲和哥哥的关系时借鉴了克莱尔的故事，但没有指出引用来源，也没有评估克莱尔故事的自传程度。

苏珊·奎因完全没有从自传的角度考虑过克莱尔案例，因此她有时会对霍妮与家人的关系做出误导性的描述。尽管她把《自我分析》描述为霍妮"最涉及她自身情况的书"之一，但她默默摒弃了鲁宾斯从克莱尔的故事中得出的关于卡伦家庭状况的描述。鲁宾斯写道，卡伦"质疑自己是否真的被需要"，感觉"从她有记忆起就觉得……她的哥哥得到的待遇与她不同"，而奎因则声称，"如果在另一个家庭中，她可能是在她哥哥的阴影下成长的……但在丹尼尔逊家，卡伦似乎从一开始就得到了同样的重视"。我将在下文中证明，鲁宾斯是正确的。

在重构霍妮寻求自我理解的过程中，我将先展示少女卡伦在其日记和《自我分析》中的形象，大部分内容集中在她进行精神分析之前。霍妮觉得写日记的过程，就是进行自我探索的过程，但我认为她逐渐发现，尽管她诚实地记录了她有关他人和自己的体验，但她并没有深入"意识层面之下"，也没有理解自己行为的动机，至少没有达到她日后认可的程度。

霍妮的日记揭示了她终其一生都在努力解决的困难，并向我们展示了她为理解这些困难所做的最初努力。到了后期，这些困难成为她与卡尔·亚伯拉罕进行精神分析的一个辅助手段。在后来的著作中，她从不同的分析角度，反复审视她的日记中所揭示的家庭经历和心理问题。霍妮论述女性心理学的文章和《自我分析》是其作品中带有最明显的自传特征的，但在后来的著作中，哪怕是她最后的两本著作中，书中的她仍然是相当容易辨认的。不过，随着她对神经症结构的新范式和防御分类法的发展，她的洞察力吸取了更多的来源，也有了更广泛的适用性。

苏珊·奎因的传记披露了霍妮对男人的强迫性需求，这种需求一直持续到她生命的尽头，一些读者对医生难以自医感到失望，认为这一披露对霍妮的地位构成了威胁。我认为霍妮遇到的种种困难，包括性方面的困难，是她洞察力的源泉，并不会削弱她作品的价值。雷娜特指出，她母亲"童年时期的家庭问题、深度抑郁和神经症倾向，皆使她因祸得福。若非如此，她怎么能发展出她的理论？怎么能深刻地理解人性？"[1] 我深以为然。霍妮的洞察力来自她为减轻自己以及患者的痛苦所做的努力。如果她的痛苦没有那么强烈，她的洞察力就不会那么深刻。詹姆斯·希尔曼（James Hillman）敦促我们阅读艺术家的传记，因为这些传记向我们展示了他们如何处理自己的创伤。我将尝试尽可能全面地展示卡伦·霍妮是如何处理自己的创伤的。

1　来自雷娜特于 1989 年 7 月 12 日写给作者的信。

第一部分　一位精神分析学家的诞生

第一章　"永不停歇的自我分析"

　　我们可以从卡伦·霍妮 13—26 岁的五本日记以及她写给奥斯卡·霍妮的信件中观察到她寻求自我理解的开端，这些信件大多是她 21 岁时写的。这些珍贵的资料揭示了霍妮经历的困难冲突、心智水平和性格特征以及应对困难的方法，而正是这一切，促成了这位精神分析学家的诞生。

　　霍妮日记的开篇第一句话洋溢着青春的活力："我写日记的原因很简单：因为我对一切新鲜事物都充满热情，我现在决定把写日记贯彻下去，那么，我在晚年的时候，就可以更好地回忆起我的青春岁月。"在已出版的霍妮日记中，最后一篇是她写给卡尔·亚伯拉罕的信，后者曾是她的精神分析师，信中她表达了进一步治疗的需要："我会痊愈吗？彻底地痊愈吗？我开始感到绝望了。大多数时候，情况并没有那么糟糕，但我经常觉得自己好像瘫痪了一样，做什么都提不起劲来。我早上醒来的时候，多希望这一天已经过去了。"

日记的中间几页，既洋溢着极大的热情，对学校、老师、家庭、朋友、恋人、大自然和医学研究的热情，也充斥了许多痛苦和焦虑："霍维（她给奥斯卡·霍妮起的昵称），帮帮我吧，我觉得我正在一个特殊的迷宫里徘徊，永远也走不出来，到处都只能看到我自己的照片，但每张照片又都不相同。"她"几乎无法用语言来形容"压迫她的东西。她已经拥有了"幸福所需的一切，令人满意的工作、爱情、家庭、自然环境"，但"这种感觉比以往任何时候都更频繁地袭上心头，这究竟是为什么"？除了"大量的情绪变化"，抑郁，无法正常生活，以及徒劳的感觉，她还经常有一种内在的空虚感，极度需要爱情，常常渴望死亡。

为了应对自己面临的困难，卡伦进行了自我分析，接受了精神分析治疗，最后，自己也成了一名精神分析学家。在她听说精神分析之前，她把奥斯卡当作治疗师；她有"一个极为迫切的愿望"，希望他能"完全地、彻底地"了解她，她甚至感到奇怪，为什么"一想到除了自己之外，还有人这么了解我，就会感到受益无穷"。在她写给奥斯卡的第二封信中，她形容自己正在进行"坚持不懈的、日益细致的自我观察，这种自我观察即使在不清醒的状态下也不会停止，日后，如果我遇到了一些问题……我就会把这些'想法'串连起来，直到我弄明白眼下的问题"。在这封信之前，我们可以看到卡伦试图解决对他人的失望和对自己的不满。婚后，她把日记作为她与卡尔·亚伯拉罕进行精神分析的辅助手段，或者当她没有去亚伯拉罕处就诊时，她把日记作为自我治愈的一种方法："如果我重新开始写日记，那一定是为了最终治愈这种疾病而做出的热切努力。"她断断续续地接受着亚伯拉罕的精神分析治疗（1910 年至 1913 年，1918 年），并在 20 世纪 20 年代初接受了汉斯·萨克斯（Hanns Sachs）的治疗，但她后来觉得这些治疗帮助不大。她最终写了一本关于自我分析的书，因为这是她最依赖的自我治愈的方式。

事实上，霍妮一生都在进行自我分析。15 岁时，她在日记中写道："我不了解自己，我对自己和别人都不满意。现在这种情况下的我，无疑是一无是处的。我每周只能努力学习一两天，因为我学习之后会感觉非常虚弱。我经常有一种感觉，我就要瘫痪了。"她对造成这种状况的可能原因进行了思索：对以前老师的思念，"想每天和父亲待在一起的激动"，对母亲的同情，以及在她已经上了两个月的大学预科（大致相当于高中）中感到不太自在。

在霍妮成为精神分析学家后，她就产生了寻求自我理解的额外动机。其中最为重要的动机是要分析反移情，即认识到她的性格如何影响她与患者的互动，并尽可能保持心理健康，提供可靠的指导。她在《精神分析新法》中指出，如果精神分析师"自己怀有某些伪装，他也必然会在患者身上保护这些假装"。精神分析师不仅必须接受彻底的教学式精神分析，"而且还必须进行永不停歇的自我分析"，因为"自我理解是……分析他人不可或缺的先决条件"。在她去世前几个月发表的最后几场演讲中，她强调了她在其他场合所描述的"精神分析师的个人方程式"，以及"精神分析学家残存的个人神经症问题"会如何阻碍精神分析工作。即使自我分析不能让精神分析者摆脱个人问题，也至少可以让他们考虑到这些问题。

　　霍妮对自我理解的努力始于她的青春期日记。她的前四本日记，包括她写给奥斯卡·霍妮的信，揭示了她与家庭的关系开始出现麻烦，她对学校的热情和对老师的"迷恋"，她在智力和性方面的觉醒，以及最重要的是她与她生命中前五个男人的关系：恩斯特·肖尔奇（Ernst Schorschi）是她的爱情领路人，她迷恋了他几个月；罗尔夫（Rolf）是一个"憔悴的犹太青年"，他是她的导师，她对他有很深的感情；厄恩斯特（Ernst）是一个寄宿生，她从他身上感受到了强烈的肉体吸引力，她为他放弃了罗尔夫；（洛施）路易斯·格罗特（Losch, Louis Grote）是她的同学，她在医学院的两个学期里的情人；奥斯卡·霍妮，她日后的丈夫，洛施的朋友，在她与洛施在一起的时候保持通信关系。在接下来的篇章中，我的目标不是重构她的出身背景和生活细节，而是专注于她自己的文字所揭示的内心世界。

第二章 家庭问题

卡伦·丹尼尔逊于 1885 年 9 月 15 日出生在德国汉堡的一个郊区。她的父亲名叫贝恩特·亨里克·瓦克尔斯·丹尼尔逊（Berndt Henrick Wackels Danielsen），人称瓦克尔斯，是一位挪威裔的船长；她的母亲名叫克洛蒂尔（Clothilde），人称桑妮（Sonni），有荷兰和德国的血统。这是瓦克尔斯的第二段婚姻，他的第一任妻子去世后，留下四个快成年的孩子。他是钟表匠的儿子，而桑妮的父亲雅各布·约瑟夫·范·朗泽伦（Jacob Joseph van Ronzelen）是监督不来梅港建设的建筑师，这意味着这对夫妻之间不仅年龄相差悬殊，而且门第也大为不同。

丹尼尔逊夫妇之间的关系很紧张。卡伦有个比她大四岁的哥哥贝恩特，他们与桑妮同一阵线，反对瓦克尔斯，瓦克尔斯第一段婚姻的孩子则煽动他与他的第二任妻子对立。卡伦对这些紧张关系的反应最明显地表现在她对母亲的关心和对父亲的敌意上。有一年圣诞节，父母发生争吵后，卡伦感叹道："母亲生病了，很不开心。唉，如果我能够帮助这个'全世界我最爱的人'就好了。"她希望桑妮能"好起来"，这样"以后她就能与卡伦和贝恩特过上好日子了"。显然，桑妮对婚姻压力的反应是生病；卡伦担忧母亲的性命，因为她在母亲身上寄托了爱和安全感。她对母亲的关心就像副歌一样在她的前两本日记中不断重复。她描述自己"经常感到悲伤和沮丧。因为家里的情况很糟糕，妈妈——我的全部——病得很重，很不开心。噢，我多么希望能帮助她，让她高兴起来"。

卡伦讲述了桑妮去占卜的故事，这个故事中有一幅关于母女俩的画面很有说服力。日记上写道，占卜者说，桑妮有一个 15 岁的女儿，她"唯一的爱好是书本和学习"，她预言这个女孩将"在这个世界上……占据一个备受尊重的特殊位置……属于一个非常好的圈子"。这个预言反映了桑妮希望她的女儿能取得不同寻常的学术成就，并担任与她的范·朗泽伦血脉相称的职务。桑妮似乎担心卡伦会因为女人的普通欲望而偏离自己的命运。占卜者还预见，卡伦在 17 岁到 18 岁之间会因婚姻问题有"一番争斗"，但她向桑妮保证，学术目标终会实现。卡伦对占卜者的预测感到兴奋，这表明此时她和母亲对她的未来有着相似的期许。

占卜者也说了桑妮想听到的关于自己的话。占卜者确认了桑妮向她女儿传达的殉道感，"在过去的 7 到 10 年里，你经历了很多困难，多到你可以写一本书了"，她还预测桑妮的"脾气暴躁、唠唠叨叨"的丈夫将在"未来三年半内"死去。在拒绝了一次求婚和"一个很好的工作机会"后，桑妮的大部分时间都会和女儿一起生活。

卡伦崇拜自己的母亲，以温柔、关怀和焦虑的态度围着她转，但卡伦蔑视她的父亲，认为他是一个虚伪的人，只会对别人提出要求，自己却什么也做不到。他的行为无法证明他崇高的宗教信仰。她希望有一个可以让她"爱戴和尊敬"的父亲，正如"摩西十诫"里"孝敬父母"一条所规定的那样，但她无法尊重"那个人，他的极端虚伪、自私、粗鲁和缺乏教养使我们大家都不快乐"。卡伦对她父亲的主要指控是他给母亲造成的不幸，很明显，她是站在她母亲的立场反对她父亲的。有一天，当父亲抱怨桑妮时，卡伦倾吐了"一通她的抱怨"，她告诉他，他不在时，他们都"不可言喻的幸福"："母亲是我们最大的幸福，是我们的全部。"

卡伦瞧不起她的父亲，所以对他试图强加给全家的宗教信仰感到反感。她抱怨他的"改变信仰的说教"和他每天早上"没完没了的、相当愚蠢的祈祷"。雷娜特写道，她的母亲想给孩子"所有的精神自由，她小时候在挥舞《圣经》的父亲的阴影下，错失了这种自由，在父亲的手中，《圣经》真的成了致命武器，不仅因为其中的文字，还因为那沉甸甸的重量"。[1]孩子们常在瓦克尔斯的背后叫他"挥舞《圣经》的人"。虽然 15 岁的卡伦似乎并不害怕她的父亲，但她在更小的时候可能感受到了威胁。她后来告诉她在柏林的同事、芝加哥精神分析研究所的创始人兼所长弗朗兹·亚历山大，她经常回忆起"（她）父亲用两只蓝眼睛凶狠地盯着她"。

1　雷娜特·帕特森在其未发表的回忆录《我记忆中的母亲》中写道。

如果说卡伦是桑妮的盟友，那么桑妮也是卡伦的盟友。如果没有桑妮的支持，卡伦成为职业女性的愿望是绝对无法实现的。卡伦13岁时想要学医，但汉堡市没有女子大学预科，桑妮立即致信汉诺威市，索要那里的大学预科招生简章。1900年12月，卡伦15岁，她抱怨说她那"了不起的父亲"禁止她的"任何此类计划，彻底地禁止"。然而，在写下这篇日记后的几周后，汉堡市宣布成立女子大学预科，桑妮、卡伦和贝恩特发起了一场成功的运动，赢得了瓦克尔斯的同意。卡伦对她父亲的勉强感到很痛苦。"他为我那既蠢又坏的继兄伊诺克拿出了几千块，但为我花的每一个硬币都要在手指上转十圈。"与母亲不同，卡伦的父亲没想着让卡伦在社会上获得特殊地位；相反，他希望她待在家里，接手女佣的工作，"他几乎让我到了诅咒自己好天赋的地步"。

日记中有关父亲的记录大部分都是写于1900年至1901年，当时卡伦15岁，她父亲在那段时间里在家逗留较久。此后，他几乎从她的日记中消失了。他和桑妮在1904年分居，从这时起，他似乎彻底从女儿的生活中消失了。没有迹象表明卡伦曾经探望过父亲，或者有过这样的念头。卡伦对父亲的敌意在父母分居后变成了居高临下的宽容：她写道，他不过是"一个大孩子，他的整个思想世界都围绕着《圣经》，充斥着强烈的、非常天真的信仰"。他似乎让她对《圣经》产生了终生的厌恶："我非常了解《圣经》，因为我的父亲曾是一个严格的基督徒（或许现在也是），但正是因为这个原因，它完全无法引起我的共鸣。"卡伦的父亲于1910年5月去世，我们没有关于卡伦对此事的反应的任何直接信息，因为她的日记曾经中断过一段时间，再次提起笔时，她也没有提过这件事。卡伦的母亲于 1911 年 2 月去世后，日记中则添了不少悲痛的篇章。

在这些日记中，卡伦对桑妮的意识情感发生了巨大的转变。在她十几岁的时候，她很崇拜她的母亲，而在 1911 年 1 月 5 日的记录中，当时她已经怀孕 6 个月，她声称"十分讨厌桑妮"，她想知道她是否有一种无意识的"抗拒，抗拒发现自己处于一种与她相似的情况：成为像她一样的母亲"。在她的下一篇日记中，她指出桑妮是她反复感到疲劳的原因之一。桑妮是如此"让人讨厌，因为她的歇斯底里，让卡伦巴不得她不在身边"。

这个时候，桑妮成了卡伦批评的对象，她让卡伦感到压抑。1 月 20 日，卡伦写道，她觉得"昨天早上过得很好，很有活力"，但在桑妮来访后，她开始感到疲惫："今天很糟糕，我无法工作。此前的沉重感和疲惫感再次席卷而来。"桑妮觉得自己才是受害者。两人都为自己的痛苦指责对方。卡伦对桑妮这个年老的、沮丧的女人有一些同情，她"病态地要求她最亲近的人对她表达爱意，永不知足"，但桑妮对感情的贪得无厌使她"对每个人来说都成了几乎无法忍受的负担"。这一抱怨被记录在桑妮去世前卡伦的最后一篇日记中。

在桑妮去世后的第一篇日记中，卡伦感到非常懊悔，因为"如此糟糕、如此糟糕地失败了"，"没能用尽全力把幸福"带给桑妮。她把自己当时的昏昏欲睡解释为希望"像桑妮一样死去"。在丈夫奥斯卡的帮助下，她分析了自己"对一切的厌恶"是由于她曾无意识地希望母亲死去，她为自己的念头感到内疚。现在她想"通过夸张的悲痛来赎罪"。在她写下的关于桑妮的最后一篇文章中，卡伦描述了一个梦，她把这个梦解释为她希望"与桑妮一起死的愿望。因为桑妮是我童年的挚爱。我一方面希望她死，另一方面又非常爱她，我不想让她走，如果她死了，我也想去死"。

是什么让桑妮从卡伦童年的挚爱、她的全部，变成了一个仅仅是其存在就似乎让卡伦难以忍受的人？日记没有解释卡伦最初将她的母亲理想化的原因，但它表明了促使她幻灭的原因。在给奥斯卡的信中，她写道："母亲和我之间的关系越来越紧张，让人无法忍受。虽然没发生什么，没有什么特别的事情发生，但她对待我就像对待空气……这种不公正待遇让我感到非常痛苦，以至于我希望她直接死了或者离开……原因是什么呢？我们被告知，答案是'疏远'。但她三年前就失去了我的信任和友谊，为什么事情突然间就变成了这样呢？"写下这封信时，卡伦21岁；因此，这一切的导火索一定发生在她18岁时。当时，卡伦和她的第一个热恋对象罗尔夫的关系才刚刚开始，男方却因为是犹太人，受到了桑妮和贝恩特的"冷遇"，"这个男孩被我们家视为不法之徒。由于我和他站在一边，这……使我走向了其他人的对立面，但我与罗尔夫的关系反而越来越密切"。家人对罗尔夫的顽固态度使她感到愤怒和羞愧，为了继续和他交往，她开始过起了秘密生活，一再对母亲撒谎。

虽然卡伦在三年后声称，没有什么特别的事情引起她的愤怒，但这并非实情。大约一个月前，她收到了罗尔夫的来信，桑妮的反对和卡伦的苦闷都被重新激活了。她发现她母亲的行为"卑鄙无耻"，不得不一直靠想着奥斯卡和罗尔夫分散注意力，"而不是淹没在自我愤怒中"，"我已经很久没有如此真正地愤怒了"。

　　从母亲最初拒绝罗尔夫到她三年后对罗尔夫的信做出反应的大部分时间里，卡伦对桑妮的愤怒似乎在很大程度上被压抑了。在她与罗尔夫交往期间，她没有写过任何关于母亲的坏话，当桑妮于1906年搬到弗赖堡，并招收卡伦的朋友洛施（路易斯·格罗特）和伊丹（伊达·贝赫曼）作为寄宿生时，卡伦提到母亲时总是充满感情。

　　卡伦收到罗尔夫的信后出现的怨恨，一定是一直潜藏于表面之下的。证据之一就是卡伦在收到罗尔夫来信的两周前写给奥斯卡的信。在之前的一封信中，她曾批评她"周围的氛围"是"彻头彻尾不道德的"；在回复奥斯卡关于她需要"另一种氛围"的意见时，卡伦举出了她母亲的虚伪和缺乏道德理想主义的例子。她最严厉的批评是桑妮"对我哥哥的卑鄙行为视而不见，而我但凡说一句不友好的话，她就会大发脾气。顺便说一下，我真的不是一个可爱的人"。

　　让卡伦感到"如此愤怒"的不公正感，部分是源于她觉得桑妮并没有做到一视同仁。卡伦不具有可爱的天性，其实是桑妮的看法，而卡伦似乎已经接受了这一点。我们从卡伦1907年7月1日的信中得知这一点，她在信中描述了她认为桑妮对她的看法："总的来说，本质是好的，但有很多不切实际的想法，对人冷漠无情，缺乏自制力，不讨人喜欢，有一种夸张的独立意识。"母亲对她和哥哥并非一视同仁，而且认为她不讨人喜欢——我们可以设想一下这种感觉产生的后果，然后就可以理解卡伦的愤怒的深层来源。

　　卡伦对她哥哥的感情变化与她对母亲的感情变化有相似之处。在罗尔夫出现之前，日记中对贝恩特的几次提及都是正面的。当他帮助她弄懂一个神学问题时，她写道，贝恩特真的是"一个好家伙"。他支持她在学术和戏剧方面的抱负。当他服兵役时，卡伦把他描述为"我们亲爱的小伙子"，她"非常想念他"。可是，贝恩特反对她与罗尔夫的关系，这种偏见让她感到厌恶，她开始把他与她高尚的导师作比较。贝恩特是一个"冷酷的怀疑论者和愤世嫉俗者"，而罗尔夫是一个具有"严格道德观念"的理想主义者。卡伦觉得贝恩特的"功利主义道德观"在罗尔夫提供"有效的抵消"之前就已经"开始感染"她了。

卡伦对贝恩特的愤怒直到事件发生三年后才在日记中表达出来。在她收到罗尔夫来信的一个月之前，她承认了她对哥哥的"报复行为"。贝恩特希望她给他的女朋友写信，"这样她就可以放心地在圣灵降临节和他一起旅行了"；但是，尽管卡伦在道义上不反对，她还是拒绝了他的请求，因为在她与罗尔夫谈恋爱的时候，贝恩特曾恶意地"破坏过他们的约会"。

卡伦对贝恩特的愤怒，就像她对桑妮的愤怒一样，有着比罗尔夫事件更深的根源："他对我总是不公平……而现在，所有宿怨都苏醒了，它缓慢但明确地储存起来，我的态度气得他快发疯了，是的，我却从中得到了乐趣。"除了罗尔夫事件，《青春期日记》并没有提供卡伦所抱怨的不公平待遇的具体信息，但后来的作品会对此有所说明。无论原因是什么，卡伦的心中都堆积着一股强烈的"怨恨"，这股怨恨一直被压抑着，贝恩特的要求让它暴露出来。和桑妮的情况一样，卡伦觉得她过去被欺骗了，贝恩特"总是那么不公平"，而她却"足够愚蠢"地予以配合，但现在她看到了真相。和桑妮的情况一样，《青春期日记》揭示了导致卡伦幻灭的原因，而没有解释她此前将贝恩特理想化的原因。

第三章 卡伦和克莱尔

　　人们普遍认为，作为一名精神分析学家，霍妮忽视了童年的重要性，但事实恰恰相反，霍妮经常提及童年，一再强调童年对心理发展的影响不容小觑。霍妮笔下的童年常常带有自传性色彩，特别是参照她的日记来看，情况更是如此，这些都反映了她对自己成长经历的持续关注。

　　例如，卡伦在《神经症与人的成长》(1950)中描述了自卑者的典型经历，写本书时，她60多岁。"自卑型的人……通常在某个人的阴影下长大：可能是更受宠的兄弟姐妹，可能是深受（外人）敬仰的父母，可能是美丽的母亲或慷慨专制的父亲。这是一种危险的处境，很容易引起恐惧。但是，某种形式的亲情还是可以获得的，只是要付出代价：那就是心甘情愿地完全服从。例如，这样的孩子可能有一个长期忍气吞声的母亲，如果孩子未能给予她完全的照顾和关注，她就会让孩子感到内疚。也许有这样一个母亲或父亲，如果得到子女的盲目崇拜，她或他就会很友好或很慷慨，或者有一个专横的兄弟姐妹，如果取悦和安抚他们，就可以获得他们的喜爱和保护。"

这段话中的许多细节都与霍妮的自身情况相类似。她在一个更受宠的哥哥和一个美丽的母亲的阴影下长大，她的母亲被外人崇拜，也要求别人的盲目崇拜。她只有通过取悦和安抚才能获得他们的喜爱。她的父亲是个专制的人，而她那长期忍气吞声的母亲需要大量的照顾和关注。

1912年4月2日，卡伦写道："我仍然无法从小时候的压迫中恢复过来。"（未发表的日记）在她后来的作品中，她描绘了许多带有自传性色彩的童年黑暗图景。例如，在《两性之间的不信任》（"The Distrust between the Sexes"，1931）中，她宣称"童年的天堂往往是成年人自欺欺人的幻觉"。对儿童来说，"这个天堂里潜伏着太多危险的怪物"，比如"与异性相处的不愉快经历"，难以表达自己的欲望，被成年人忽视感受，或者不得不屈居父母或兄弟姐妹之下。在《精神分析新法》（1939）中，她观察到发展出基本焦虑的儿童感到环境是不可靠的、虚假的、不懂欣赏的、不公平的、不公正的、嫉妒的和无情的。这是对他的整体发展与他最合法的愿望和努力的威胁。他感到自己的个性有被抹杀的危险，他的自由有被剥夺的危险，他的幸福有被阻止的危险。他的自尊和自立被削弱了，而且恐吓和孤立把恐惧灌输给了他。

从我们对卡伦童年的了解来看，我们很难弄清如此强烈的不公正、压迫和羞辱的感觉源自何处。然而，如果我们根据她的患者"克莱尔"的故事来重新解读这些日记，我们就能理解这些感觉。关于克莱尔经历的描述在《自我分析》（1942）中出现得最多，但它们也出现在《我们时代的神经症人格》（1937）、《精神分析新法》（1939）和《对爱情的过高评价》（"The Overvaluation of Love"，1934）中。在这些作品中，只有《自我分析》点出了克莱尔的姓名，但她与其他作品中描述的患者太过相似，很难相信这仅仅是巧合，我将在讨论中引用上述所有作品中的描述。

根据霍妮在《自我分析》中的描述，克莱尔是她断断续续治疗了四年半的患者。在没有进行精神分析的某段时间里，克莱尔成功地克服了对她的情人彼得的病态依赖，并将自己从长期以来对理想化人物的强迫性依赖中解脱出来。她采用了自我分析的技术，特别是自由联想，她通过关键词和短语把她的联想记录下来，书中给出了她用到的关键词和短语。根据《自我分析》的描述，克莱尔将她的记录提供给霍妮，并允许她将自己的故事出版。

我们很难相信霍妮能完全理解这些"大部分是由提示词"（《自我分析》，192）组成的记录，并以如此精确和详细的方式讲述另一个人的故事。根据哈罗德·凯尔曼的说法，霍妮在撰写《精神分析新法》和《自我分析》两本书之间"正在饱受自我分析的煎熬"，因此，更为可信的猜测应该是，她其实是在描述自己的自我探索过程并借鉴自己的笔记。

克莱尔的家庭状况和卡伦的家庭状况有许多惊人的相似之处。克莱尔像卡伦一样，有一个美丽的母亲，她是"家庭中的主宰者"，有一个比她大四岁的哥哥，以及一个"被母亲公开鄙视"的疏远的父亲。母亲对父亲赤裸裸的仇恨和蔑视，让克莱尔觉得"站在强大的一方会更安全"。父亲"大部分时间都不在"，因为他是"一个乡村医生"（《自我分析》，49），这个细节似乎是一个相当不成熟的虚构尝试。乡村医生不会大部分时间都不在家，但船长会。

克莱尔是一个不受欢迎的孩子，是不愉快的婚姻的产物，"在有了一个男孩之后，母亲不想再要孩子了。克莱尔是在几次堕胎失败后出生的"。（《自我分析》，48）我们无法确定桑妮是否试图堕胎，但鉴于她在婚姻中的不快乐，她很可能一想到要有另一个孩子就感到沮丧。卡伦似乎认为自己是家庭中不受欢迎的一员。雷娜特在为母亲的日记撰写的引言（未发表）中，称卡伦是桑妮"不想要的孩子"。在霍妮对病态童年的描述中，不受欢迎的感觉是一个反复出现的主题，"一个孩子可以忍受大量被认为是创伤性的经历……只要他在内心感到被需要和被爱"。（《精神分析新法》，80）

克莱尔的哥哥比她大四岁，贝恩特也比卡伦大四岁。和卡伦一样，克莱尔觉得她的哥哥被母亲所偏爱。对被偏爱的兄弟姐妹的提及，通常是兄弟，在霍妮的作品中随处可见，而且往往是作为一连串致病因素的一部分（见《神经症与人的成长》，18）。在《被压抑的女性特征》（"Inhibited Femininity"，1926—1927）中，霍妮解释说，"对兄弟的严重偏爱"会"在小女孩身上建立强烈的男性气质愿望"（78）。她在《女性功能障碍的精神因素》（"Psychogenic Factors in Functional Female Disorders"，1933b，168）和《母性冲突》（"Maternal Conflicts"，1933c，179）中提出了同样的观点。在《精神分析新法》中，霍妮抱怨说，弗洛伊德没有足够重视的文化因素之一是"家庭中的兄弟总是比姐妹更受偏爱"。我并不是说霍妮提到的所有兄弟都是带有自传性质的，但她提到兄弟姐妹关系的频率远远高于她同时代的精神分析学家。

虽然克莱尔觉得她的母亲偏爱她的哥哥，但这个女孩"在任何粗略的意义上都没有受到恶劣的对待或忽视：她被送到和哥哥一样好的学校，她收到了和哥哥一样多的礼物。他们跟着同一个老师上音乐课，在所有物质方面都得到了同等的对待"。卡伦也上了一所好学校，卡伦和贝恩特都有钢琴课。但在"无形的东西上"，克莱尔"得到的比哥哥少，得到的温柔比较少，对她分数的关注比较少，还有对她的生活琐事的兴趣比较少，生病时得到的关心比较少，把她放在身边的渴望比较少，把她当作知己的意愿比较少，对她的外表和成就的欣赏比较少"（《自我分析》，48—49）。

克莱尔对母亲没有把她当作女性知己而感到耿耿于怀，"母亲和哥哥有一个团结的小群体，虽然是无形的，而她却感觉自己被排除在外"。《我们时代的神经症人格》中有关克莱尔故事的描述也纠结于这种排斥感，"母亲与哥哥讨论她所有的麻烦"，"女孩感到完全被排除在外"。在《自我分析》中，克莱尔表示，在她母亲和哥哥的眼中，她"只是一个讨厌鬼"。

年轻的克莱尔有一种"战斗精神"：在接受精神分析的过程中，出现了"反对、叛逆、好战的要求和各种恶作剧"的早期记忆。她的攻击性本来在她输了"对阳光下的一席之地的战争"时已经消退，但在"一系列不愉快的经历之后，这种精神重新出现……在学校里以激烈野心的形式出现"。在《我们时代的神经症人格》中，霍妮介绍了克莱尔的故事，以说明"神经症的权力奋斗……是如何诞生于焦虑、仇恨和自卑感"，以及"当对感情的需求受挫时，这种奋斗会以野心的形式发展"。女孩需要哥哥的爱，但却被拒绝，"一个女孩对比她大四岁的哥哥非常依恋。他们或多或少地沉浸在带有性爱的温柔中，但当女孩八岁时，她的哥哥突然拒绝了她，指出他们现在已经长大了，不适合玩这种游戏了。在这次经历之后不久，女孩突然被激发出了在学校的强烈野心"。凯尔曼写道："对霍妮来说，分离一直是一种深刻的痛苦，这是从她被哥哥拒绝开始的。"

我们不可能知道"或多或少带有性爱的温柔"是否也是卡伦与贝恩特关系的一部分。霍妮在弗洛伊德阶段的作品中多次提到早期性刺激的影响，但这些可能反映了她的理论取向和她从患者那里得到的各种细节，而非她的个人经验。在卡伦的日记中，有一段话似乎表明她在17岁之前对性问题几乎一无所知，她描述她咬了一口"知识的苹果"，发现它"非常酸"，难以"消化"（《青春期日记》，60）。在另一段写于她性觉醒后不久的文字中，她写道，尽管在她的想象中，"我身上没有一个地方没有被灼热的嘴亲吻过"，但在现实中，"我的手指尖都没有被吻过"，"世界上没有比我更圣洁的了"。

在《对爱情的过高评价》中，霍妮描述了七个女患者，她们在男人和工作方面的问题与卡伦和克莱尔十分相似。其中一个患者的故事听起来像克莱尔，也可能就是卡伦本人。所有这些女性在童年时都"在与男性（父亲或兄弟）的竞争中屈居第二"。在一个案例中，"仍然年轻和异常美丽的母亲是父亲以及儿子们和经常来家里的各种男人的绝对焦点"。这个女孩心理发展中的一个"复杂因素"是，从她五岁到九岁，她"与一个比她大几岁的兄弟有亲密的性关系，尽管后者是母亲的最爱，而且与母亲的关系一直比与妹妹的关系更密切。此外，由于母亲的原因，他在青春期时突然中断了与妹妹的关系，至少在性关系方面是这样"。

如果卡伦和贝恩特之间有某种性关系，她先前描述自己圣洁的时候可能是在压抑早期经历的记忆，霍妮在《对爱情的过高评价》中引入了压抑的概念，文中的一些女性回忆起"在早期童年经历过类似于高潮的性兴奋"。这种兴奋"是可怕的，要么是因为它是在特定的条件下经历的，要么只是因为它相对于主体的不成熟而言具有压倒性的力量，所以它被压抑了"。

卡伦和贝恩特之间的性接触，也许是以手动刺激的形式，也许正是那些潜伏在童年这个看似天堂的地方的"危险怪物"之一。《我们时代的神经症人格》中的克莱尔"因为和哥哥的经历而感到十分羞耻"，《对爱情的过高评价》中讨论的女性因为"夸张的早期性兴奋经历"而受到伤害，产生了从"性冷淡"到女性唐璜主义等种种问题。

不管卡伦与贝恩特的关系中是否有性的成分——我认为可能有，但卡伦应该经历了她认为被她哥哥拒绝的事情，受到了创伤性的影响。克莱尔的故事、哈罗德·凯尔曼的描述以及霍妮的著作中提到的女孩在童年时对她们与心爱的男性的关系感到失望，都可以证明上述观点。在《女性功能障碍的精神因素》中，霍妮指出，患有此类障碍的女性，"她们很可能在早期的爱情生活中经历过刻骨铭心的失望：她们依恋自己的父亲或兄弟，而父亲或兄弟却让她们失望"。

在《自我分析》中，我们得知克莱尔的学术抱负是在一系列不愉快的经历之后出现的，如果对照《我们时代的神经症人格》中的故事版本，我们可以确定这些经历是什么。在感到被哥哥拒绝后，女孩"再一次尝试获得她需要的感情"，爱上了她在旅行中遇到的一个男孩。她开始"对这个男孩产生愉悦的幻想"，但当他失去音信时，她对"新的失望"的反应是变得抑郁。家庭医生把她的情况归结为她在学校的年级太高了，所以她的父母让她休学，把她送到一个避暑胜地疗养，然后把她安排在比以前低一年级的班级。正是在这个时候，她9岁了，这个女孩表现出"相当绝望的野心。她不能忍受除了第一之外的任何名次"（《我们时代的神经症人格》，165）。

虽然没有确凿证据表明上述事件曾发生在卡伦身上，但卡伦确实感到被哥哥拒绝了，在学校里确实很有野心，在班上排名第一对她来说确实是非常重要的。但是，她是否休学，是否被送到避暑胜地，是否被安排到一个较低的年级？这些部分可能是真实事件的虚构情节。

我们可以在日记中找到人们关注卡伦健康的证据。在13岁时写的第一篇日记中，她写道她"按照医生的建议免修了技术课"（《青春期日记》，3）。15岁时，在大学预科学习三周后，她的"目标仍然是医学，如果我的能力（财力、智力和体力）还能够维持的话"。六个星期后，她抱怨说每周只能努力学习一两天，并经常感到自己快要崩溃。她推测了可能造成她这种状态的心理原因，但没有得出明确结论，"因为我到目前为止还没有像以前那样过度学习"。这些段落表明，卡伦认识到她的脆弱既有情感上的原因，也有身体上的原因，她很难胜任艰苦的工作和学习。

最相关的材料是五年后卡伦写给奥斯卡的一封信，当时她还在读医学院。"想想看，"她写道，"我在过去六天里经历了一次蜕变，我变成了一个戴眼镜、秃着头、有皱纹的老教授，从早到晚都在研究，除了工作，什么都没想过。"这是一种不寻常的状态，因为卡伦似乎没有花费多少努力就读完了医学院。她很享受她的学习，但"桑妮十分关注这件事，我马上就被送到了这里（到黑森林度假）。桑妮张口闭口都是'健康'……什么事情都不要过度！适量的朋友，适量的学习，适量的放松，等等。"从这段描述中可以看出，当卡伦投入课业中时，桑妮十分担忧她的健康，而卡伦对她的反应习以为常，甚至觉得有点烦。卡伦的信证实了我的感觉，即多年来她的家人一直对她的过度劳累感到担忧，而卡伦也曾默认、分享和反抗这种焦虑情绪。这种情况（如果是真的）与《我们时代的神经症人格》中的克莱尔的经历相吻合，她的家人把她的抑郁症归咎于学业压力，并让她退学。

与这段经历吻合的还有霍妮告诉《纽约邮报》记者的一个故事，即她9岁时与父亲一起去南美旅行（1945年12月12日，每日杂志版，41）。她给她的女儿们讲过这个故事，也给哈罗德·凯尔曼讲过这个故事，哈罗德·凯尔曼认为这段旅行发生在她十几岁的时候。杰克·鲁宾斯也写到了她与父亲的几次旅行，雷娜特在未出版日记的引言中也是如此记录的。然而，苏珊·奎因怀疑霍妮是否曾经有过这样的旅行，"她的日记中一次也没有提到这样的旅行，要知道，这次旅行持续了六个月，还导致她的学业严重中断"。

奎因的反对意见恰恰让我坚信这次旅行的真实性，因为这样的学业中断也发生在克莱尔这个人物的生活中，而且是在大约相同的年龄。在我看来，克莱尔故事中的避暑胜地的细节可能是霍妮虚构旅行的方式，目的是削弱明显的自传性色彩。卡伦没有理由在日记中提到这次旅行，因为她在四年后才开始写日记。此外，如果她没有去旅行，我们必须解释她为什么说她去了。奎因的解释是："尽管她对她的父亲感到愤怒，但她内心的一部分还是希望接近他，看看他所知道的广阔世界。"也许吧，但我不确定这能否解释霍妮成年后对家人和朋友以及对记者重复这个故事的原因，除非她不是像奎因所说的那样简单地产生了童年幻想，而是产生了固定的妄想。

在《我们时代的神经症人格》与《自我分析》中的克莱尔的故事里，她的父亲在家中的地位与瓦克尔斯在丹尼尔逊家的地位基本相同。他大部分时间都不在家，即便在家也"对他的孩子很冷漠"（《我们时代的神经症人格》，164）。母亲认为他是个"土包子"，她让孩子们站在她这边。女儿一心想着母亲和哥哥，很少考虑她的父亲。然而，在《精神分析新法》中的克莱尔故事里，父亲是一个令人生畏的人物。女孩形成了"一种强制性的谦逊态度"，部分原因是有"几个可怕的例子"，"使她害怕如果不听话就会被杀死"。卡伦可能也从她那有着冷酷蓝眼睛的、动不动就扔《圣经》的父亲身上感到了类似的恐惧。然而，在大多数情况下，克莱尔的父亲是作为一个令人失望的人物出现的，他对女儿"可悲地试图接近他"的举动无动于衷（《自我分析》，49）。

在《两性之间的不信任》中，霍妮以"儿童会有被拒绝、被背叛和被欺骗的痛苦与羞辱的感受"来结束她对童年"危险怪物"的叙述。如果她对克莱尔童年的叙述是自传性的，那就表明，卡伦感到被她的父亲拒绝，被她的哥哥背叛和欺骗，她的哥哥激发了她的幻想，但当他与她保持距离时，又击碎了这些幻想。她美丽的母亲在情欲上的主导地位，使她觉得自己永远无法吸引男性。

和卡伦的日记中一样，在克莱尔的故事中，母亲也是核心人物，她们之间的关系也得到了一些详细介绍。由于克莱尔感到自己不受欢迎，受到歧视，被排除在母亲和哥哥的小群体之外，"她变得不满、乖戾和抱怨"。由于她的家庭成员不认为克莱尔受到了不公平的待遇，他们指责她的"丑恶秉性"，揶揄她"总是觉得自己是个殉道者"。起初，克莱尔"有一种本能的信心，认为自己和其他人一样好"，但她无法忍受自己被排斥，于是便放弃了为正义而战。她开始屈服于"大多数人对她的看法"，觉得一切都是她的错。她从"对他人基本真实和有根据的指责"转向"对自己的基本不真实和无根据的指责"（《自我分析》，49—50）。从前那个爱抱怨、总是不满的孩子变得过分体贴周到、自我牺牲。

克莱尔没有感到怨恨，而是把所有的责任都揽在自己身上，加入了崇拜母亲的群体。她这样做是有强烈动机的，因为如果她也赞美母亲，她"就有望得到一些喜爱，或者至少被接受"。虽然她没有得到她所渴望的感情，但她的"母亲，就像所有那些依靠别人的赞美而成长的人一样，反过来给那些崇拜她的人以赞美"（《自我分析》，49—50）。她母亲态度改变的另一个原因是克莱尔在学校的强烈野心，这种野心现在正"满载着被压抑的敌意"。克莱尔通过这样的方式排解攻击性，化解了母亲的怨恨并获得了她的支持。她"不再是那个被忽视的丑小鸭，而是一个优秀母亲的优秀女儿"。

"通过欣赏她实际上反感的东西"，克莱尔"变得与她自己的感情疏远了。她不再知道她自己喜欢什么，希望什么，害怕什么，怨恨什么"。我相信，这就是卡伦写日记时的状态。卡伦写日记的习惯开始于她压抑了对母亲和哥哥的敌意。成为母亲的崇拜者之后，她把母亲当作偶像，以温柔、关怀和焦虑的态度围着她转，并同情她的痛苦。卡伦证实了桑妮对她自己的看法，即她是理想的、自我牺牲的母亲和长期忍气吞声的妻子。作为回报，卡伦被带入了母亲和哥哥的小群体，并得到了赞赏和支持。

卡伦被压抑的敌意在学术野心中找到了出口，这份野心不仅包括在班级中名列前茅，还包括成为一名医生的宏伟梦想（于当时当地的她而言）。她的崇高目标和成就使她成为一个出色的女儿，而桑妮对她的野心的支持使其成为一个出色的母亲。卡伦被迫压抑对母亲和哥哥的怨恨，但对父亲的愤怒和蔑视是允许的，甚至是高尚的，所以她把大部分的怨恨转移到父亲身上。这种情况造成了她内心的冲突，因为这些情绪违反了孝敬父母的戒律，却得到了桑妮的鼓励。的确如此，卡伦对父亲的谴责是对母亲的忠诚，使她感到自己是占主导地位的联盟的一分子。霍妮后来会把"父母之间的婚姻冲突，迫使女儿站在父母其中的一方"视为童年的致病因素。

早些时候，我注意到，我们无法仅从日记中了解卡伦将她的母亲和哥哥理想化的原因。现在我们看到，她需要仰慕他们，才能获得他们的接受。我们参照克莱尔的故事，也可以理解卡伦对贝恩特的怨恨。因为她被排除在母亲和哥哥的小群体之外，因为她和哥哥建立了亲密关系之后又被哥哥拒绝，也许还因为哥哥对她的性剥削。难怪她在终于能报复他时，会从中得到乐趣。

卡伦对她哥哥的怨恨的觉醒，似乎也使她对母亲的负面情绪复苏了。卡伦开始批评桑妮，桑妮也开始批评她，基于卡伦是一个优秀母亲的优秀女儿的联盟开始瓦解。她是一个不可爱的人，这个信息一定唤起了她的痛苦回忆，她在整个童年时期都被认为是不可爱的人。卡伦当下在家里的地位与她加入她母亲的崇拜者圈子之前的地位相似。她觉得每个人都在反对她。

1907 年 6 月，收到罗尔夫的信时，卡伦对贝恩特和桑妮的怨恨已经浮出水面，她的情绪处于一种不稳定的状态。让她如此愤怒的，不仅仅是桑妮对罗尔夫的反对，还有童年时怨恨的复苏。她觉得桑妮对待她"就像对待空气"，也就是说，像对待一个无足轻重或毫无价值的人。卡伦的反应和童年时一样，她觉得自己的生活很悲惨，希望桑妮死掉。桑妮又开始用以前的方式对待卡伦，她曲解卡伦说的"每一个字"，"歪曲"卡伦做的每一件事（《青春期日记》，224）。卡伦认为桑妮的行为是"卑鄙无耻的"，并害怕自己被愤怒冲昏头脑。这些强烈的情感仅凭日记很难理解，但如果我们辅以克莱尔的故事作为补充信息，我们就可以把这些愤怒看作那些被压抑的情感的回归。

克莱尔的生活在其他方面也与卡伦相似。20 岁的克莱尔刚上大学时，十分孤独，给母亲写了"绝望的信"，感觉"像一根羽毛在宇宙中被吹来吹去"，直到她找到男性伴侣，才从思乡之情中解脱出来。20 岁的卡伦去了弗赖堡，第一个学期过得很孤独，直到她遇到奥斯卡和洛施，"我永远不会忘记在这里的最初几天，每一天都充满了令人绝望的孤独，充斥着被遗弃的凄凉"（《青春期日记》，147）。克莱尔在 23 岁时结婚，卡伦也是，但克莱尔的丈夫在结婚三年后去世，而卡伦和奥斯卡婚姻和谐的时间可能还不到三年。

卡伦和克莱尔之间最引人注目的相似之处之一是克莱尔难以从她的情人彼得那里解脱出来，这点也是让我第一次相信克莱尔的故事是自传性的，因为长期以来，卡伦一直幻想着"一个伟大而有主见的男人，她是他的奴隶，他给她想要的一切，从丰富的物质享受到丰富的精神刺激，并使她成为一名著名作家"（《自我分析》，82）。她对于不承认彼得的缺陷有"强烈的兴趣"，因为她不想让任何东西"阻止她在彼得身上看到她白日梦中的伟人"。霍妮将这个白日梦描述为"从未发育女孩的角度创造出来的一种皮格马利翁[1]式的幻想"。这位"伟人"向克莱尔示好，因为在她"不显眼的外表下"，他感觉到了"她巨大的潜力"。他把所有的时间和精力都投入对她的培养，最终，"丑小鸭变成了美丽的白天鹅"。在他的指导下，克莱尔努力工作，"不仅要成为一名伟大的作家，而且要修炼身心"。她需要"毫无保留地把自己献给主人"。

卡伦也觉得自己是一只丑小鸭，而且有许多证据表明，她也常常幻想着一个伟大的、主宰一切的男人，让她心甘情愿地做他的奴隶。对这样的男人的寻找和她后来的失望是她生活中反复出现的主题。1904 年 2 月 26 日，她在日记中首次记录了关于这个伟大男人的

1　皮格马利翁是古希腊神话中塞浦路斯岛的国王，擅于雕刻的他以象牙雕刻了一尊少女像，后来，他爱上了自己的作品，祈求爱神赐予雕像生命，爱神满足了他的愿望，最后他们结成夫妻。爱尔兰剧作家萧伯纳创作了同名戏剧《皮格马利翁》（又被译作《卖花女》），讲述了语言学家希金斯和朋友打赌，在六个月的时间内将目不识丁、粗俗不堪的卖花女伊莉莎教导成一位举止优雅、谈吐不俗的上流社会小姐的故事。——译者注

幻想，当时她抄下了在一本书中发现的一段话："亲爱的，你总是不断撩拨我的心弦，让我变小吧，常伴你身边，噢，成为强壮的、成功的、健康的男子汉，成为优秀的人，让我在你面前彻彻底底地失去自我，让我在你面前心悦诚服地俯首称臣。我最亲爱的，命令我跪下。因为我是个女人。不是书中描述的那种卑微的、温柔的、善良的、羞涩的小女孩，不，恰恰相反。但是，对于这个骄傲的、自由的、独立的女人来说，没有什么比为爱膜拜、为爱折腰更甜蜜的事情了。噢，我最亲爱的，你愿意做我的主人吗？"（《青春期日记》，73）差不多两年后，她读到了雷娜特·福克斯（Renate Fuchs）的一本书，其中一句话让她产生了强烈的共鸣："女人，正在寻找她的那个人，唯一的那个人，所属的那个人"，"这句话拨动了我心中所有的心弦。寻找，找错了也不停止寻找，无休止地寻找。"

这时，卡伦已经和罗尔夫及厄恩斯特都发展过关系，并发现这两个男人都很好。在她的日记中，她把厄恩斯特描述为"不是我所属于的那个男人"，虽然她渴望着罗尔夫，但她知道"他也不是那个必定到来的人"。她"累了"，希望"一切都能停止"，和克莱尔一样，她觉得她的生活"非常没意义、没价值"，因为她没有拥有她所渴望的"那个人"。

卡伦也不认为之后的情人洛施是那个人，但在她与他同居的那一年，她和他的朋友奥斯卡开始通信，她把奥斯卡理想化，认为他能够成为她的救世主。这种感觉在他们1909年开始的婚姻中并没有持续太久。两年多后，他们的第一个孩子布丽吉特出生后不到一年，卡伦就与她最好的朋友丽莎的丈夫瓦尔特·霍洛特（Walther Honroth）发生了关系。随着这段关系的恶化，她只能"劝说自己记住，至少爱一个高尚男人的梦想曾经实现过。瓦尔特毕竟不是一个能帮助我的人。我还会找到一个更好的人。但我从来都不能等待"（未发表的日记，1912 年 4 月 2 日）。她的态度与克莱尔的态度惊人地相似，她担心自己会"试图立即用一根新的柱子来代替失去的柱子"（《自我分析》，228，231）。

卡伦和克莱尔都有一种强迫性的需要，即与一个伟大的人结合在一起，除此之外，她们都抱怨自己明显缺乏自信，而且"很容易被一种瘫痪的疲惫感所淹没"，这种疲惫感干扰了她们的工作和社交生活（《自我分析》，76）。她们在独处时都感到失落，对自己的身体吸引力和智力都没有安全感。克莱尔想写剧本和故事，但感觉"自己可能缺乏天赋"，所以不敢尝试，而卡伦尽管在学校获得了最高的分数，却觉得自己"非常愚蠢"（《青春期日记》，47）。两人都给别人留下了"傲慢"的印象，而内心却感到"相当胆怯"（《自我分析》，83）。

卡伦和克莱尔都有自杀的倾向。当彼得告诉克莱尔他们最好分开时，她开始不断出现自杀的念头；她"以前曾沉浸在自杀的想法中"（《自我分析》，227，231）。在出版的日记中，卡伦不止一次地渴望灭亡；在未出版的一篇日记中，她写到因为与瓦尔特分开而出现了自杀倾向："我坐着奥斯卡的敞篷车，感冒刚好，衣着单薄，天气寒冷，我希望自己能染上严重的肺炎。"（1912 年 4 月 7 日）

虽然克莱尔是一家杂志社的编辑，但她无法开展"有成效的工作"，这种情况很可能是卡伦对自己的影射，尤其是影射她成为精神分析学家的早期阶段。在 1911 年 1 月 4 日的日记中，卡伦写道："我真的几乎从未开展过有成效的工作，我也对此感到害怕。这种恐惧来自我对自己能力的不信任。"(《青春期日记》，250）她所说的"有成效的工作"是指做一些创造性的事情，做出与众不同的贡献。尽管克莱尔有自我怀疑和顾虑，卡伦指出，"对她来说，正如她后来的生活所显示的那样，被许多人喜欢，看起来有吸引力，写出有价值和原创性的东西，这些都是可以实现的"(《自我分析》，78）。卡伦为克莱尔总结的模式其实非常符合她自己的职业生涯。卡伦虽然起步较晚，但取得了很多成就。她在 38 岁时发表了第一篇重要的论文——《论女性阉割情结的起源》（ "On The Genesis of the Castration Complex in Women"），而她所有的著作都是在她生命的最后十五年里写成的。在她成年后的大部分时间里，她可能经历了与克莱尔类似的挫败感。尽管她内心困难重重，但她有一个令人满意的精神分析师的工作，不过，她想有一些创造性的成就，却觉得自己力不从心。

克莱尔的许多症状与卡伦跟随卡尔·亚伯拉罕进入精神分析领域时的症状相同，克莱尔的职业挫折与卡伦职业生涯早期的挫折相似，克莱尔对彼得的病态依赖折射出卡伦的一个长期困扰。克莱尔和卡伦之间的这些相似之处，尤其是在内心生活方面，使我相信克莱尔的故事是自传性的。克莱尔的故事为我们讲述了卡伦年轻时的故事，这是我们在其他地方无法了解到的故事，还给我们展示了卡伦家庭经历的另外一面，与日记中展现的大为不同。

第四章　学校与"过渡时期"

　　学校为卡伦提供了一个避难所，让她远离家庭生活的不快。她写道，尽管她经常"眼含泪水地"去上学，但她总是兴高采烈地回来。她在前两本日记中，经常表现出对学校的热情，而且在她陷入热恋时，这些热情也并未减退。卡伦对学校的热情部分来自她的野心，部分来自她对学习的热爱，部分来自对老师的迷恋。

　　卡伦之所以如此野心勃勃，是因为她需要弥补被家人拒绝的感觉，她努力用智慧弥补她觉得自己在美貌上的不足。[1]当她开始写日记的时候，她已经达成了她母亲的梦想，即通过学术成就获得荣耀。她需要觉得自己是一个与众不同的人，有着特殊的命运。在 1903 年的一篇题为"不稳定"（Unsteady）的日记中，她谈到经常感到自己正

　　1　雷娜特·帕特森，《我的母亲》第 27 页。

沉入一个"无底的深渊"，并想知道是否每个年轻人都必须"经历这样的沉沦"："哦，亲爱的卡伦，你又在自命不凡了？你比别人多些什么吗？然而奇怪的是，我很难让自己相信，我是个普通人，是个一般人，是人群中的平平无奇的一员。哦，空虚！"后来，当她和亚伯拉罕一起进行精神分析时，她把她的慢性疲劳与"出人头地"的需要联系起来："无论在任何领域，我最想避免的耻辱就是被判定为普通人、一般人。"

卡伦对自己的智力能力有所怀疑，因此，她对学术成功的需求成了痛苦焦虑的来源。每当参加重要考试时，她就会感到痛苦，在大学预科的最后一个学期开始时，她处于恐慌之中，因为这个学期结束时会有毕业考试，考试会决定她是否有资格进入大学。她的焦虑使她"极度迟钝"，她反复出现疲惫、瘫痪和注意力不集中的情况。有时，这些困难让上学成了一种折磨，但她的天赋总是能让她渡过难关，而且几乎总是对学习充满热情。

卡伦对学校的热情部分是由她对老师的依恋所激发的。在修道院女校就读时，情况尤为如此，这些事情发生在她开始与年轻人交往之前。就像她把桑妮和贝恩特理想化一样，她也美化她的老师，特别是舒尔茨先生，从她开始写日记到两年后去大学预科，舒尔茨成为她生活中的一个重要人物。他是她"崇拜的""偶像化的老师"；当她去赖恩贝克（Reinbeck）拜访他时，那里"可爱""美妙"，"就像天堂"。他对她的吸引力显然包含性的成分："哦，那种感觉，当他走进房间的时候！凝视他那双美丽的眼睛是多么幸福的事。我相信我是不会轻易忘记那一刻的。"

　　舒尔茨先生不仅是她对同龄人的浪漫情怀的替代品，也是她无法"爱戴和尊敬的父亲的替代品"，是她急需的权威和支持的来源。作为她的宗教老师，他从自由主义的角度回答她的问题，抵消了她父亲的教条主义所引起的负面情绪。因为他是她的人生导师，所以当她去大学预科时，一想到要离开他，她就感到"惊恐万分"，"他是我内心的上帝。我害怕当他不再是我的导师时，我可能会误入歧途"。舒尔茨先生回报了她的赞美，确认了她的与众不同，这些都提升了卡伦的自信心。当她感谢他给予的一切时，他回答说："我很高兴和你一起学习，在这个过程中，我也学到了不少东西。"来自偶像的赞美定然是令人陶醉的。对于缺乏安全感的卡伦而言，舒尔茨先生的支持无比重要。

　　卡伦也非常喜欢女教师。班宁小姐（法语老师）"像天使一样迷人、有趣、聪明、可爱"，艾默里希小姐（英语老师）"聪明、有趣、乐于助人……是人们能想象到的最好的班主任老师"。卡伦对班宁老师产生了全方位的"迷恋"，"我想我会死于热情。我已经有了舒尔茨先生，现在又加上了班宁小姐。她真的很有魅力"。

　　也许是因为需要验证自己的特殊地位，卡伦与舒尔茨先生和班宁小姐都发生了冲突，她为此感到非常焦虑。当她质疑保罗目睹基督复活的真实性时，舒尔茨先生"严厉地训斥"了她。卡伦极为震惊："如果我不是被吓呆了，我早就该绝望了，因为……他对我生气的感觉很可怕。"在没能说服班宁小姐改变课内作业的题目后，卡伦通过应付写作来表现她的愤怒。当她被指责为"顽固不化"时，她感觉"受到了极大的伤害"。当班宁小姐在接下来的一周里对她"态度冷淡"时，她发现自己"变得相当绝望"。和舒尔茨先生一样，班宁小姐对卡伦很感兴趣，也很有感情，她也不忍心放弃卡伦。

卡伦对老师的迷恋是值得注意的，因为正如杰克·鲁宾斯所指出的，"无论我们如何倾向于将这些情感视为青少年时期的短暂爱恋……其中所涉及的态度，强烈的崇拜之情、理想化、害怕招致拒绝的愤怒，似乎预示着她以后对……男人的类似态度"。当然，她对她的母亲也表现出相同的态度。

卡伦有时会对自己的崇拜倾向感到不舒服。关于班宁小姐，她写道："我害怕我对她的爱慕之情太深了。"（《青春期日记》，34）她曾以为，"即使对其他人的暗恋会分散她的情感能量"，她也会"永远永远地喜欢"舒尔茨先生；但在上了不到两个月的大学预科后，她发现舒尔茨先生很无聊，一些新老师让她"心醉神迷"。这让她觉得自己是"一个软弱的人"。她下定决心"不再热衷于此"，但她无法控制自己，"好吧，我承认，我是一个愚蠢的青春期少女，永远在迷恋他人"。1901年12月，她自嘲地宣布，她已经"进入了一种你（小猫，她给日记起的昵称）很难理解的状态。我没有迷恋任何人。真是个奇迹，但这是事实。也许是得益于数学的影响，也许是我已经老了，理智了？因为我已经16岁了。"

在这之后，她很少在日记中谈及自己的暗恋。1902年，她提及一位叫施伦普夫（Schrumpf）的演员，是她的朗诵课老师，在他的影响下，她甚至考虑弃学登台。另一个重要的暗恋（如果这个词恰当的话）对象是一个叫肖尔希（Schorschi）的年轻人，他出现在1903年12月的日记中，那篇日记的题目为"生命的觉醒"（Awakened to

Life），当时卡伦 18 岁。

从第二本日记结束的 1902 年夏天到第三本日记开始的 1903 年冬天，卡伦身上发生了重大变化。第三本日记出版版本中的第一篇题为"过渡时期"（Times of Transition）："我的整个身心动荡着，汹涌着，迫使我去寻找能解决这种混乱的光。"题为"我自己"（I Myself）的日记则明确了卡伦内心的这种"混乱"。现在她已经 17 岁了，从前一年 3 月起就开始上大学预科，接触到了新的人和新的想法。"因此，"她写道，"我智力和道德方面的发展快得离奇。"到 1903 年冬天，她对宗教的怀疑进一步加深，而她对性道德的想法也发生了变化。

哈罗德·凯尔曼断言，卡伦在十几岁时经历了宗教方面的紧张时期，在《神经症与人的成长》（1950）中，有一段看似自传的文字，一个 11 岁的女孩试图"以她幼稚的方式在祈祷中寻求一种神秘的屈服"。卡伦失去正统信仰是在她 14 岁的时候。1900 年 12 月，她回顾了她过去经历的"真正的（虔诚的）圣诞快乐"，并回忆起她怀着"虔诚的热情"迈向新的一年。新年前夕，她感到"痛苦的自责"，因为她缺乏信仰，也因为她取笑了"最神圣的东西"。她决心"停止嘲弄，即使我不再拥有孩子的信仰，也没有其他信仰取代它"（《青春期日记》，22）。

卡伦嘲弄宗教的部分原因是她蔑视爱说教的父亲的虚伪和教条主义，但另一部分原因则是思想上的怀疑。1900 年的圣诞节，她写道："我的宗教信仰目前处于一种极度悲哀的状态。我被种种问题和疑虑所困扰，却没有人能为我答疑解惑。基督过去是、现在仍然是上帝吗？复活是真的吗？每个人心中都有一个自己的上帝吗？他是一个充满爱的上帝吗?"卡伦的坚信礼[1]课程的老师是冯·鲁克特谢尔牧师,他是她父亲讨厌的盟友,并没有让她"弄清这些问题"。她认为圣保罗在看到基督的时候处于"高度紧张的状态";她为宗教奇迹寻找自然主义的解释,怀疑基督的神性,并从贝恩特和舒尔茨先生的话中得到安慰,因为他们的话让她能够将基督视为所有人身上的神性的象征。1901年3月的坚信礼对她而言是一次痛苦的经历,因为她不再相信她必须信奉的教义,而且对父亲充满了愤怒,无法模仿基督爱人的理想。

两年后,怀疑主义已经在17岁的卡伦心里扎了根,但得不到权威答案仍然让她感到如鲠在喉。在她接受坚信礼的时候,她曾渴望拥有"像岩石一样坚定的信仰,使自己和他人幸福",但在她为庆祝过渡时期而写的诗中,她把保持怀疑的能力视为英雄行为:"一个人一定要有信仰? 过时了!"尽管如此,她并不满足于怀疑:"我必须以一种漂亮的、干净的方式分析和解释一切,'我别无选择'。"她努力以干净利落的方式分析和解释一切,这无疑是精神分析学家的工作特点。

已发表的日记中的其他部分很少提及宗教,但未发表的日记,特别是第三本日记,表明卡伦成为一个坚定的不信教者。卡伦是一个如饥似渴的读者,她从1903年冬天开始做读书笔记,并将喜欢的诗歌摘抄在日记中。在《过渡时期》这篇日记之前,有50页这样的笔记和摘抄,在日记的其余部分和第四本日记中,也有不少笔记和摘抄。

卡伦的许多日记是反宗教的。雷赫兹(Rehtz)写的一首题为"宗教教育"的诗,显示了对天启教的讽刺态度。诗中的一位老师读

---

1 坚信礼是一种基督教仪式。根据基督教教义,孩子在一个月时受洗礼,十三岁时受坚信礼,孩子只有被施坚信礼后,才能成为教会正式教徒。——译者注

到《圣经》中关于创世的记载时，叙述者感叹道："放下这本古老的神话书吧！"在另一首题为"书籍"的诗中，雷赫兹写道："《圣经》自己都未曾想到/它将成为永恒的知识/曾经想象出的幼稚念头/现在竟被奉为神的启示。"1904 年 9 月，卡伦读了斯宾诺莎（Spinoza）的《神学政治论》(*Tractatus Theologico-Politicus*)，对书中反对宗教奇迹和《圣经》的论点，写下了"不可思议的启迪"的评论。

卡伦的宗教信仰是逐渐受到侵蚀的，但她对性道德的态度却是在 1903 年冬天迅速改变的。在《我自己》中，她将这一过程的开端定格在 2 月的一个星期一，与一位名叫爱丽丝的朋友的谈话中。卡伦抱怨她正被"一个鲁莽的绅士"追求，被逗笑的爱丽丝告诉卡伦，昨天晚上，她和朋友 L 与一个叫 B 的男人邂逅了。爱丽丝说，如果 B 提出要求的话，L 可能会和他发生关系，卡伦"傻眼了"："你是说 L 会做一个女孩能做的最坏的事情？"卡伦认为"我们圈子里不会发生这种事情"，爱丽丝却向她保证这种事情"常常发生"，卡伦"惊恐万分"，"我们班上的一个女孩做过这种事，甚至和她父亲做了这种事"。这次谈话涵盖了女同性恋、滥交、卖淫、乱伦和婴儿是怎么来的，谈话结束后，卡伦筋疲力尽："所有可怕的知识一股脑地砸在面前，一下子有点接受不了。"不久之后，爱丽丝向卡伦透露，L 已经成了 B 的情人，她觉得这种关系没什么。这时，"小卡伦自然而然地爆发出一通兴奋的道德说教：'你怎么能这样，爱丽丝，这真的是一个人所能做的最糟糕的事情'"。

在几个月的时间里，卡伦从说教，到摇摆不定地讨论结婚之前把自己交给一个男人是不是错误的，到确信"如果一个人准备好承担所有的后果，那么把自己交给一个真正爱的男人永远都不会是不道德的"。她不确定自己是如何这样"喜出望外地确信的"，但莎士比亚帮助了她："'世间本无善恶，全凭个人想法'。"她觉得"对人类事物的一切考虑"都应基于此。婚姻不是一个绝对的东西，"仅仅是某种外部的东西"。从理论上讲，婚姻并不是一个坏制度，但女性往往因为错误的原因迈入婚姻的殿堂，有的是为了钱，有的是因为"对家的渴望"，这种婚姻催生了一对对怨偶和一个个缺爱的孩子。（毫无疑问，卡伦想到了自己的母亲，她就是因为想有个家而结婚的。）自由的爱情在道德上优于没有爱的婚姻。"我们所有的道德和伦理要么是'胡说八道'，要么是不道德的。"如此看来，卡伦在智力和道德方面的发展确实快得离奇。

卡伦未发表日记中的部分笔记解释了她的一些想法。可能是原生家庭的缘故，卡伦强烈抨击没有爱情的婚姻。她针对莫泊桑的《皮埃尔与让》（*Pierre et Jean*）中的罗兰夫人写下了长篇评论。罗兰夫人是一个金匠的妻子，她"在与一个心胸狭隘的花花公子的婚姻中没有得到满足感"。这段话可能是在描述桑妮和瓦克尔斯的婚姻关系。罗兰夫人在大儿子皮埃尔出生几年后，"与另一个男人展开了一段富有激情的关系"，她与这个男人生下了二儿子让。她不认为这段爱情"是她这方的过错"。"为什么？"卡伦问道，"社会认为把自己完全交给一个自己喜欢的男人是一种罪过，却宣扬没有爱情的婚姻这种极为不道德的行为？"

卡伦失去了宗教信仰，这为她的道德转变铺平了道路，这种转变与她此前所受的一切教育都背道而驰。为了对自己进行性教育，她阅读了有关卖淫的书籍、埃米尔·左拉的《娜娜》、莫泊桑的小说以及拉法耶特夫人的色情诗篇。她从阅读中获得了感官的愉悦，但她却被"良心的刺痛所折磨"，因为她根深蒂固的价值观与她自由的态度相冲突。三年多后，她告诉奥斯卡，"也许'道德'的概念，对我来说不自觉地……与自然和本能对立。也许是我基督教时期思想的残余"。（《青春期日记》，172—173）她虽然嘴上宣称传统道德要么是胡说八道，要么是不道德的，但她心中对新哲学所认可的解放自然和本能并不完全放心。因此，尽管她"喜出望外地确信"自己的观点，但她还是有一种困惑感。

她的困惑在谈及拉法耶特夫人的诗歌时十分明显。她写道，有时，这些诗"散发出的灼热的肉欲和激情"让她陶醉，但她经常厌恶这种刺激。她形容这些时候是她的"俗人时间，或者说是理智占上风的时间……人的感官在她的诗中肆无忌惮地欢呼，但人的理智本性却对此不屑一顾"。我们很难确定这种蔑视态度的理智基础，因为卡伦拒绝传统道德，也拒绝它所强调的压抑和禁欲。她认为，"精神化的感官享受是伟大人格的标志"，"有局限的人终将暴露自己在感官享受方面也有局限"。因此，感官享受是一个区别标志，但只有精神化的感官享受才能成为伟大的标志。这显然代表了她试图调和她的道德观（战胜自然和本能）和对欲望的赞美。一些"伟大的人物"与欲望做斗争，"因为他们认为这是错误的"，他们取得了巨大的胜利，"但与这些自然本能和欲望的斗争到底对不对？"卡伦引用了希腊人的"放荡的感官享乐"，以及他们的酒神节和神秘主义，她驳斥了"小资产阶级分子的禁欲主义"。

卡伦在与年轻男子交往之前就已经处于高度情欲化的状态，她对自己所寻找的那种体验有着生动的想法。她被拉法耶特夫人的诗所吸引，因为这些诗篇充斥着"欲望、感官享受和爱情折磨"。她喜欢的许多其他诗歌中也出现了这样的主题。卡伦从朱利叶斯·沃尔夫（Julius Wolff）的《唐豪瑟》中，抄下了一段从男性角度表达占有的幻想的文字："征服你／是我的愿望，在火热的怀抱中／动摇和屈服。"在一首未署名的题为"爱之春"（Spring of Love）的诗中，一对情侣觉得他们是"国王和皇后"，因为他们拥有对方和自己的"极乐肉欲"。在格蕾特·马塞（Grete Massé）的《傍晚》中，女孩回应了她爱人的"销魂蚀骨的欲望"，那种欲望"就像害怕有一天必须死去／却不知道爱和幸福"。她将"欣然承受地狱的折磨"，如果她的罪可以为他打开"人间天堂"。为爱人牺牲的主题在马塞的《少女之歌》中反复出现，女孩希望自己是一只蝴蝶，"光彩夺目但筋疲力尽"地落入爱人的手中，"在极度幸福中死去"（未发表的日记）。

克拉拉·维比格（Clara Viebig）的小说也吸引了卡伦，书中的女主人公渴望"将自己完全交给她在这个世界上最爱的人"。她特别认同《莱茵兰女儿》中的内尔达·达尔默："渴望地呼唤着伟大的爱情，这种感官的愉悦也常常攫住我，让我辗转反侧。"（《青春期日记》，72）像内尔达一样，卡伦渴望爱情，但她并不美丽。卡伦向往内尔达的命运，一是找到他，二是不顾一切把自己交给他。在和爱人最终结合之前，内尔达遇到了许多挫折，但痛苦是卡伦理想情景的一部分，因为痛苦可以把感官享受变得精神化。

除了幻想找到一个伟大的爱人，与他一起体验精神化的感官享受之外，卡伦也有性堕落的幻想。她被拉法耶特夫人作品中的受虐成分所吸引，她的《三夜》是"一本寓言书，讲述了那些'为爱受苦'的人"。卡伦有"在红灯区行走的偏好"，并写道，在她"自己的想象中"，她是"一个妓女"，没有什么"堕落是她没有尝试过的"。与她对伟大爱情的幻想不同，她认为这些幻想是"精神上的罪过，是最糟糕的，因为……它们违背了神圣生活的神谕，是一种罪"。

第五章 "生命的觉醒": 肖尔奇和罗尔夫

　　1903 年，卡伦 18 岁时，一个叫恩斯特·肖尔奇的年轻人在圣诞节期间到家里来玩了几天，在他短暂的拜访结束时，卡伦觉得她降生到一个"带着高耸的柱子的白色寺庙"，并被放置在"一个年轻的春神脚下"（《青春期日记》，91）。新年前夕，她写了一首诗，名叫"生命的觉醒"，她在诗中歌颂自己"狂喜的幸福"，因为她得到了"人类可以拥有的至上至好的东西——爱"，感到"无比的喜悦"。虽然她与肖尔奇的关系在 1904 年 3 月就结束了，但这段关系也揭示了她的性格和行为模式。

　　从卡伦遇到肖尔奇那一刻起，她就把他理想化了，赋予他梦中英雄的种种特质。他是"我的爱人，我的光明之神，我的快乐"。无论是对肖尔奇的看法，还是在她自己的感受中，她都忠实于自己先前想象的情景："我体验到了爱情的至高幸福。它像一种自然力量，像一场暴风雨一样向我袭来。没有时间思考……我在做什么和应该做什么，只能任由汹涌的感情喷薄而出。"12 月，肖尔奇离开后，卡伦经历了几周痛苦的等待，先是等待他的信，然后是等待他的归来，在此期间她阅读了更多的浪漫文学作品来激发她的想象力。

3 月初，当肖尔奇回到这里，进行为期 4 天的拜访时，他很冷漠，卡伦变得很沮丧。然而，她有很强大的青春韧性，她的抑郁症状比此后的要轻得多。肖尔奇不再爱她了，一切都显得如此苍白无趣，但她还是很高兴能够有这样的经历，她依然能感受到"对生活的渴望……对爱的渴望"。她的情绪波动持续了几个月。她用跳舞的快乐来冲刷她的痛苦，不过，不久后，她又被"灰色的幽灵拜访了，它用瘦骨嶙峋的手粉碎了我的生命力"。有时她想放声大哭，她觉得自己再也无法承受她的抑郁症了。

卡伦的爱情有两个典型特征，一个特征是将男性理想化，期望对方能改变她的生活，希望一旦落空，她就会感到抑郁。随着肖尔奇的热情退去，卡伦的步履变得"沉重而拖沓"；她眼中"阳光般的光芒"消失了，每晚都哭着入睡。而她一度还被"对死亡的病态恐惧"所攫取，但死亡已经不再像以前那么恐怖了。

另一个特征是，在"绝望的痛苦"之后，她会努力理解这个事件，从而获得解脱，"我一直在思考：为什么？怎么会发生这种事？直到我弄明白为止。然后我就会越来越平静了"。卡伦与肖尔奇的关系记录是我们所掌握的第一个这样的过程，克莱尔的故事是最后一个，尽管我认为霍妮的所有文章都是她通过理解获得解脱的努力的一部分。

诚然，克莱尔的洞察力和卡伦对肖尔奇事件的解释之间存在着巨大的差异，后者更多的是出于防御而不是自我分析。卡伦想把肖尔奇看作一个高高在上的人，只要与他结合，就能满足她的骄傲，但当她觉得对方把她当作"玩物"，然后把她"随意丢在一边"（《青春期日记》，76）时，这种看法就变得很具威胁性了。渐渐地，卡伦改变了对肖尔奇的看法，这种看法不仅改善了她对他和自己的感情，也让她能够积极地看待这段经历。她断定，他是那种"遵从本能做事"的人，"不思考自己，不思考自己的行为，更不思考自己的行为对别人的影响。或许他不过是个长不大的孩子？"（《青春期日记》，80）。这种看法既减轻了他的罪责，又安慰了她受伤的自尊，因为她可以说他不是有意对她失礼，只是不得已成了那种不反省自己行为的上等人。他不再是卡伦想要报复的"卑鄙小人"，而是"阳光下昙花一现的生物，像野蛮人一样充满朝气，却被本能牵着鼻子走"。他在"众多新事物中迷了眼，没有看到她"。他不是神，尽管他仍然是一个"被赋予神性的生物"，卡伦感谢他让她走出了童年，让她看到了她自己的"令人困惑的迷宫"。

在克莱尔处理她与彼得的痛苦经历的方式中，也有类似的模式。当彼得拒绝她时，她看到了他的缺点，并认识到"她对他的感情在无意识地膨胀"（《自我分析》，244）。随着她放空感情，她获得了一种"宁静"的感觉：她不再在渴望彼得和想要复仇之间摇摆不定，而是能够"平静地面对他"，欣赏他的优点。这段经历提升了她的自我意识，让她变得更加强大。

我们不知道这种理想化—期待—失望—沮丧—分析的模式在卡伦

的生活中重复了多少次，因为除了从《自我分析》中推断出来的信息外，我们没有她停止写日记后的详细信息。我怀疑这种模式经常发生。卡伦对爱的渴望似乎在她的失望中重新显现出来，就像她认定肖尔奇只是一个健康但残酷的孩子之后一样：

> 现在，对爱的热切渴望又重新出现在我身上，
>
> 跪下来，满怀热情地祈祷：赐予我们爱情吧，阿芙洛
>
> 狄忒。（《青春期日记》，80 ）

1904 年 4 月的一个星期天，在与肖尔奇分手一个月后，卡伦遇到了罗尔夫，一个年轻的犹太音乐学生，他来到卡伦家寻找出租的房间。（如前所述，桑妮在与瓦克尔斯分手后招收寄宿生。）她与罗尔夫的关系发展得比她与肖尔奇的爆炸性浪漫式关系要慢得多，而且没有什么身体上的激情，但她把这段关系描述为她生命中的一个决定性事件，并在接下来的几年里一直念念不忘。罗尔夫在 10 月初就离开了汉堡，这意味着他和卡伦在一起的时间只有 6 个月，但他们之间有书信往来，卡伦也到柏林看望过他，而且他们似乎都对彼此很忠诚，直到卡伦在 1905 年 7 月与一个名叫厄恩斯特的寄宿生交往。卡伦把厄恩斯特的事告诉了罗尔夫，希望能继续维持双方的关系，但罗尔夫不能容忍这样的关系，他们就此疏远了。

卡伦与厄恩斯特之间的关系断断续续地持续了一年，在此期间，她开始详细记录她与罗尔夫的经历。3 月下旬，她去了弗赖堡上大学，非常孤独；7 月，她遇到了洛施和奥斯卡，他们后来都成为她的情人。

学期结束时，她和洛施在一起，回家后又见到了厄恩斯特；秋天回到弗赖堡后，她开始和洛施同居，并和奥斯卡通信。1907 年 1 月，她开始在日记中写罗尔夫故事的第三部分；5 月，她写信给奥斯卡说，她写完了这个故事，"用四开纸写了 70 多页，写得很详细"（《青春期日记》，201）。6 月，在他们分手近两年后，她再次听到罗尔夫的消息，她"非常高兴"。

　　与罗尔夫的关系为什么对卡伦如此重要？卡伦为什么在和其他人保持恋爱关系时投入这么多时间和精力来写罗尔夫？这些问题并不容易回答，但正如我们将看到的，卡伦觉得罗尔夫在许多方面是她的灵魂伴侣，而且她对为了厄恩斯特而放弃他感到非常不舒服。她把自己对他们关系的记录描述为一种忏悔，她需要坦诚面对，放下自恋，这样的忏悔才有价值。在肖尔奇拒绝卡伦之后，她试图通过分析来抚慰受伤的自尊。在她拒绝罗尔夫后，她试图通过分析来减轻内疚。

　　卡伦对她和罗尔夫的关系感到困惑。作为一个人，她被他强烈地吸引着，但作为一个女人，她却没有，尽管她渴望性体验，渴望伟大的激情之爱。她对自己感情上的分裂感到困惑，这种情况在她与奥斯卡的关系中再次出现。在 1904 年 9 月的生日上，她回顾了前一年对罗尔夫的感情在"冷漠、友谊和爱情之间"徘徊，并得出结论，她确实爱他。他给了她"一种最深的安全感，一种休息的感觉"："我对他有无限的信心。他彻头彻尾的真实，而我也必须对他真实。我可以坦诚地把自己交给他，把真实的自己交给他。他是我的朋友。他向我倾吐他的担忧和憧憬，我向他倾诉我的不安。"这段话可以让我们很好地了解这段关系的性质——朋友之上，恋人之下——以及卡伦拒绝他时内疚的原因。

卡伦对罗尔夫的最初印象并不好。他是个"瘦瘦的男孩"，比她大一岁，"有一头深棕色的卷发，牙齿雪白，长着一张漂亮的脸蛋"，她以为他是个花花公子。罗尔夫在赖恩贝克租了一个房间，两人乘同一班火车去汉堡，罗尔夫在那里上班，卡伦在那里上大学预科。在这些旅途中，他们的友谊慢慢发展起来。他们的关系最初属于少男少女的怦然心动，但卡伦很快就在罗尔夫身上找到了智力和道德提升的源泉。他的陪伴和朋友圈为她提供了逃离中产阶级家庭僵化气氛的机会。当桑妮和贝恩特拒绝了罗尔夫后，卡伦和罗尔夫成了"同谋者"，他们开始了一段蔑视资产阶级社会的高尚的秘密关系。

卡伦写道，"最初是同情心迫使我喜欢上了罗尔夫"，"忧郁的"罗尔夫身上有一种"足以将其撕成碎片"的"不快乐的气息"。像卡伦一样，罗尔夫也忍受着悲惨的家庭生活，缺乏自信，经常情绪低落，"他向我倾吐他的抑郁情绪，很高兴我能够理解他，因为我自己也经历过这种情况"。卡伦成了他的红颜知己，"他的好朋友，只想帮助和安慰他"，"他经常把头靠在我的肩上，哀叹这个冷酷无情的世界带给他的痛苦，哀叹他年轻灵魂里满载的悲观主义，而我则试图帮他驱散那些阴霾。我和他谈天说地，让他在我的怀里哭泣"。罗尔夫和卡伦同病相怜，甚至比她更不快乐，她觉得自己有责任让他幸福。

这种关系绝不是单方面的。卡伦可以向罗尔夫倾吐心事，可以和他坦诚交谈。这对于一个内心充满不安的年轻女孩来说是非常重要的，否则她只能在日记中表达自己。罗尔夫帮她卸下心头虚伪的重担，让她不再感到孤单。她试图帮罗尔夫了解自己时，罗尔夫也鼓励她"寻找本心"。他们关系的浪漫光环来自他们都希望对方得到幸福，"如果这就是爱，那我们无疑让爱绽放出了完美的光辉"。

罗尔夫和卡伦在智力上也旗鼓相当。他是第一个让卡伦可以与之讨论新思想的人，而且卡伦认为他的思想更为先进，所以她把他当作人生导师。罗尔夫和他的朋友圈带给卡伦"巨大的智力刺激"，而他把她看作一个"大思想家"，满足了她的自豪感。他说他的朋友是"一群值得尊敬的人，他们把传统抛在一边，只追求真理"，这引起了卡伦的"强烈共鸣"，因为这正是卡伦对自己的看法：自由思考，不拘一格，但值得尊敬。

两人的关系帮助卡伦摆脱了情感和智力上的孤立状态，进入了"一种更高层次的生活"。罗尔夫"严格的道德观"给她留下了深刻的印象。他代表了"一种崭新的、高尚的世界观"，这种世界观认为，"你必须永远做你认为正确的事，不要被外在的不利因素所阻碍"。卡伦把想法藏在心里，秘密地按照信仰行事，而罗尔夫和他的朋友们则公开反抗传统和正统。卡伦试图与家人保持良好关系，但罗尔夫拒绝接受他母亲的礼物，他不满母亲的"肤浅和虚假"。这在卡伦看来是"非常奇怪"的，但也令她印象深刻。罗尔夫是她的老师，她的"更好的自己"："他的理想主义……唤醒了我身上的一切美好。"

在卡伦眼中，罗尔夫的理想主义使他比虚伪的桑妮和贝恩特高尚得多，后者只顾一心一意地追求自私的目标。在卡伦的周围，"高尚的东西并未被置于实际的东西之上"，但罗尔夫"无条件地"将他认为"正确的东西置于实际和功利主义之上"。罗尔夫影响卡伦向善的努力使她对自己产生了反感，但她还是欢迎他的做法，因为她希望改变。在她 1904 年 4 月 29 日的日记中，她指出"没有人会宣布我是不道德的，但我可能在我的谎言海洋中淹死"。她宣称："第一条道德法则"是"你不应该撒谎"！她的评价可能并不能反映出罗尔夫对她的影响，毕竟他们才刚刚认识，但这些评价揭示了她内心的冲突，她想要做个诚实的人，但实际上总是在耍手段。她把罗尔夫视为更好的自己，因为他抨击那些让她感到内疚的行为，鼓励她想要改变的愿望。

日记中没有指出，卡伦除了逃学之外还撒了什么谎，但她的成长环境助长了无意识的自我欺骗和有意识的伪装，很明显，她用谎言来应对虚伪的家庭。她对母亲的敌意直到 1907 年 6 月才在日记中直接显现出来，但却一直在她不断的谎言中间接表现出来。卡伦在她的家人否定罗尔夫之后，"以最狡猾的方式"盘算着如何和他见面。卡伦的谎言是恐惧、愤怒和蔑视的表现，她的家人强迫她做她不喜欢做的事，加剧了她的愤怒和蔑视。这进一步拉开了她和家人的距离，使她与罗尔夫的关系更加紧密，而罗尔夫既是她的道德向导，又是她的同谋者。

这就不难理解为什么卡伦觉得她和罗尔夫之间有一根"扯不断的纽带"连接着他们。罗尔夫离开时，卡伦经历了一种"绝望的渴望"。"我双手抱着阁楼里的木梁，不停哭泣，我趴在床前，把头埋在羽绒被里，想掩住哭泣声，心中满是麻痹的疲劳和冷漠。"她感谢罗尔夫在精神和道德上对她的影响，感谢他给了她"爱与被爱的无限幸福"，最重要的是唤起了她的情欲。

但这段关系中的情欲部分从来都不是很强烈。虽然无法完全解释性吸引力的奥秘，但我们也许能找出一些线索，证明为什么罗尔夫对卡伦的情欲刺激不如肖尔奇或厄恩斯特。这是一个重要的问题，因为她选择了厄恩斯特而不是罗尔夫，并且多年来一直对此耿耿于怀。

与罗尔夫的肉体关系确实发展得非常缓慢。卡伦在一夜之间爱上了肖尔奇，第二天就和他热烈地接吻，而她是在 4 月的某个时候认识罗尔夫的，他们直到 7 月 13 日才接吻。接吻后，她感到"不安和悲伤"，而他则"很沮丧"。一位寄宿生告诉她，那天晚上她在睡梦中喊道："不，我不想，我不想！"而罗尔夫说，"那天晚上他有些害怕，感到良心不安"。他们竟然会对一个吻如此大惊小怪！感官元素的引入非但没有拉近他们的距离，反而产生了疏远的效果。在他们下次见面时，她又叫他"您"，而不是更亲密的"你"，虽然她允许他吻她，但她"没有什么感觉，一点也没有，就是觉得姿势不太舒服，他的激情也有点过头了"。当爱丽丝来探望卡伦时，和她待了一个星期，这位朋友"炽热的性感"唤起了卡伦的激情，她对罗尔夫"渴望得要死"；但当他们真正在一起时，"他的挑逗令人厌恶"，她觉得"他的行为破坏了美好的夜晚"。

一段时间后，卡伦逐渐"习惯"了罗尔夫的吻，但在大多数情况下，他的吻让她感到寒冷。当他们在一起时，她"很冷静，根本没有坠入爱河的感觉"，但当他们分开时，她反而有了欲望，她的"疑虑"在"一种原始的感觉面前"烟消云散。除了几次例外，每当罗尔夫真的出现在卡伦身边时，卡伦反而没有这种原始的感觉。

尽管卡伦处于情欲高涨的状态，但她并没有被罗尔夫的肉体吸引。我们在上文已经看到，卡伦曾幻想自己被一个强壮的、成功的、健康的男人征服，与之融为一体，改变她的整个生活。她想在一场不假思索、遵从本能的激情狂欢中臣服于这样一个强势的人。她可以把这种幻想投射到她几乎不认识的肖尔奇身上，但她不能把它投射到罗尔夫身上。他太瘦弱，太漂亮，太理智，而且太抑郁了，无法让她产生反应。他希望卡伦把他当作"主和上帝"，但那和卡伦的"幻想差距太大了"。她仰视他，把他当作道德和知识方面的导师，但他在其他方面让她缺乏安全感，无法让她服从。他们之间有很多共同点，有一种强烈的情感默契，但这也使罗尔夫显得异常脆弱，难以让人兴奋。

卡伦想把自己视为一个坚强的、有独立意识的女人，她会对一个更为强大的男人俯首称臣，而罗尔夫不是那个男人。他对她的需要，甚至比她对他的需要更多。他不断地责备自己"因为遗传和培养而变得无能和堕落"，感觉如此痛苦，以至于"贝恩特说最适合他的事就是饮弹自尽"。卡伦觉得，只要有"一点轻松的情绪"和"顽强的生命力"，罗尔夫"就能过上幸福的生活"，但他却成了那些"感情细腻敏感"的犹太人中的一员，他们在自己的种族中是"正在消失的少数"，因为他们"太过脆弱，难以打赢生活之战"。

罗尔夫的不安全感延续到了他的做爱中，这种情况其实很尴尬："他不善于接吻，他的天性是如此的贞洁，他也发现自己处于陌生的水域。当然，男人必须把握好主导权，只有这样，女人才能充分享受。他不能犹豫不决，他必须继续前进，平静且坚定。"卡伦写下这段话时，正和洛施住在一起。可怜的罗尔夫等了两个月才偷得一吻，接吻时，他很害羞，很温柔，很犹豫。事后，他感到沮丧、内疚和自责。后来有一次，他问卡伦是否可以亲吻她的胸部。当她"相当惊讶和尴尬"地拒绝时，罗尔夫变得"非常忧郁"，因为他感觉没有人爱他，"此刻的我们不再是恋爱中的情侣，我再次成为只想帮助和安慰他的好伙伴"。他的悲伤浇灭了卡伦的所有情欲。离开汉堡后，罗尔夫给卡伦写了一封信，他在信中表达了这样的感受，"你对我的爱是我不配得到的礼物，我不知如何感谢你才够"。这种如下跪般的低声下气，让卡伦觉得在他们的关系中扮演女人角色的是罗尔夫。这种对强者的垂爱表达感激的情境，应该是她面对一个伟大的男人时的感觉。

第六章　罗尔夫和厄恩斯特

卡伦与厄恩斯特的爱情就像她与肖尔奇的爱情一样来得突然。虽然也有性情相投的成分，但这种吸引力主要是性方面的。有时她觉得厄恩斯特是她一直在等待的人，而有时她又认为他明显不如罗尔夫。在 1906 年 12 月给奥斯卡的信中，卡伦回顾了事件的始末。卡伦将她与罗尔夫的关系描述为"一种有无限意义的友谊，这份友谊给我们双方都带来了深刻的、纯粹的幸福"，但这种关系被打乱了，因为"我突然被一种毫无意义的激情攫取，爱上了别人，而这个人是用更为粗犷的材料建造的"（《青春期日记》，176）。卡伦不仅为拒绝罗尔夫而感到内疚，也为自己对厄恩斯特的偏爱感到困惑。

卡伦相信，如果罗尔夫还在汉堡，她会一直忠于他，但在他长期缺席的情况下，她的感觉"终于觉醒了"，她屈服于它们，结果，她迷失了方向（《青春期日记》，153）。事实上，她的情欲觉醒远在她遇到厄恩斯特之前就开始了，对象是德国剧院的演员马特斯先生，他是卡伦毕业演出的教练。虽然他"又胖又笨"，但他的演技却"优雅而聪明"，卡伦指出，作为一个男人，他"对她散发的魅力胜过她此前遇到的所有人"。当他坐在她身边时，她的血液都沸腾了，以至于她"头脑发昏"，而当他把她拉进剧院的包厢亲吻她时，她"在炽热的光芒中"回到了化妆间。她"对胖子的热情"很快就退却了，但这个事件对她和罗尔夫的关系产生了"关键性的影响"。当她告诉他这件事时，罗尔夫回答说他没有权利责备她，他的"温和评价"使她从那时起"没有任何良心上的顾虑"地开始欺骗他了。显然，她希望罗尔夫宣布他的占有权，而他没有这样做，他的态度让她开始蔑视他。

1905年11月，卡伦写道："从4月到8月，我一直都有风流韵事。一切都平静下来了。也许这样很好，我身上的一切野性都找到了出口。"在7月和8月，她与厄恩斯特交往，但在4月、5月和6月，她瞒着罗尔夫，做了很多"四处留情"的事。我们不知道这些性活动的程度，也不知道她的伴侣的身份，因为她只记录了她和马特斯先生的事件。

她的日记反映出她对自己的性行为感到不舒服，并努力压制。她觉得，一个女人只有在没有性欲的情况下才能拥有权利和独立，否则，她将永远渴望男人，"她会在对感官的夸张渴望中，淹没自身价值的所有感觉。她成了一条母狗，即使被打也要乞求，像个妓女"。卡伦害怕她的受虐狂冲动。她相信，无需婚姻，爱情也能使性变得神圣，但她旧时对自然和本能的基督教态度仍然存在，每一次"感官的胜利"都变成了"得不偿失的胜利"，并以"事后的极度厌恶"作为代价。卡伦希望摆脱"感官和理智之间的战争"。6月，她记录了"感官和理智之间的一场艰苦战斗。理性取得了胜利……'在狂野的游戏之后，我是如此的平静'"。这种平静并没有持续多久。11天后，她赞美了恣意的放纵："没有爱情的亲吻和爱抚，只有动物的本能，就像在节日大厅的炽热灯光下，从金色水晶杯中流出的香槟。"卡伦时而想要超越情欲，时而又想要享受情欲。

她一边享受"艳遇"，一边试图理解她与罗尔夫的关系，从而继续保持这种状态。像他们这样的理想友谊，"并不排除一方与第三人'相爱'，因为情欲和所有的低级本能也需要享有权利"。事实上，"如果这些欲望能在其他地方得到满足，这种关系就会保持得更完美"。因此，她不是在背叛罗尔夫，而是通过在其他地方满足她的生理需求来维护他们关系的纯洁性。她的文化中的男性在与爱人以外的女性保持性关系时，似乎就会如此辩解。

卡伦的需求是矛盾的。她想要罗尔夫提供的情感融合、智力刺激和道德提升，但他的敏感和与自己的相似性使他在性方面没有吸引力。那些在肉体上吸引她的男人并没有引起她作为人的兴趣，她与他们的接触"没有留下任何痕迹"。她试图为她爱情生活中的分裂辩解，认为同时拥有两种爱会更好。她最希望的是通过找到一个在道德上、情感上和智力上都能与之融合的强势男人，为他抛弃自己，来弥合这种分裂。寻找唯一的爱是她生活的动力，她对这个男人的想象是她评判所有其他男人的标准。

在与厄恩斯特开始交往的几天后，卡伦去柏林拜访了罗尔夫。她表明了对他的爱，"永远，永远不能失去他"，而她对厄恩斯特的感情仍然摇摆不定。她不希望放弃任何一个男人，但罗尔夫不会等到她的感情明朗化。他要求她"全心全意"的爱，而她不能给他。他跟着她到了汉堡，她在车站找到了他，"他发了疯般，不停抽泣着，整个身体都在颤抖"，他乞求她的爱，并威胁"要把厄恩斯特和他自己都杀掉"。尽管罗尔夫很绝望，卡伦还是在第二天下午"与厄恩斯特笑着接吻"："一点儿也没有想起罗尔夫。是我的感情变淡了吗？还是深沉的、非常深沉的爱让我不管不顾了？"

后来，罗尔夫又一次试图赢回卡伦，但当她不能保证全心全意爱他时，他就退出了。12 月时，他让她知道，她"对他来说什么都不是了"。卡伦认为这是一段"痛苦的"经历，尽管她当时正热切地爱着厄恩斯特。在 1907 年的文章中，她说对罗尔夫的爱是她"最神圣的记忆"，并抱怨他不能唤起"对曾经视为神圣的东西的虔诚感"。

卡伦对自己抛弃罗尔夫的行为感到不安，她试图对自己的行为进行解释，列举了罗尔夫在性方面的笨拙，她的不成熟，以及她对厄恩斯特的爱的压倒性力量，但"尽管有这些解释，仍有一些未解决的问题，她得出结论，他们关系的'基本基调'是友谊而不是爱情，是精神而不是肉体的"。她对奥斯卡解释说，"对过去的时光感到悲伤是没有用的"，相反，重要的是要"想一想一切发生的必然性。相信生活中的必然性使我平静下来"。卡伦在她了解精神分析之前，就本能地开始追求精神分析治疗的目标之一：通过理解我们过去行为的必然性来化解自我憎恨，促进自我接受。

然而，卡伦对所发生的事情无法完全理解，她继续责备自己，特别是当她听说罗尔夫与他的朋友们争吵时，"在那些日子里，我为什么不站在他那一边？我非常喜欢他，知道我对他意味着什么。我相信这是我生命中唯一一让我真正感到遗憾的事情"。她希望自己"能够再给予他一些善意，帮助他，回报他对我所做的一切，并弥补我对他所做的一切"，她用这句话结束了她在日记中对罗尔夫事件的冗长叙述。但罗尔夫不想再与她来往，她的想法似乎无法实现。

当卡伦在 6 月底收到罗尔夫的"善意的信"时，在她表示希望有机会赎罪后不到两个月，她觉得她"最热切的愿望"已经实现了。然而，正如我们所看到的，这封信再次激起了桑妮的敌意，这让卡伦很生气。她的愤怒部分源于过去的怨恨被唤醒，但也由于桑妮对她的救赎机会构成了威胁。她与罗尔夫的和解并没有让他们重归于好，但这似乎让卡伦不再对这段过往念念不忘。她在日记或给奥斯卡的信中不再提及他。1909 年她和奥斯卡搬到柏林后，她和罗尔夫偶尔会见面。

卡伦与厄恩斯特的关系由四段短暂但激烈的插曲构成，在此之间，则是漫长的痛苦折磨。他们在 1905 年 7 月相遇。8 月中旬，一系列的误解导致厄恩斯特离开了。他们在 12 月初、1 月底和 1906 年 8 月再次相遇，这时的她已经遇到奥斯卡并爱上洛施。当她在 1907 年 1 月回顾前一年时，她宣布自己已经摆脱了厄恩斯特。此后，我们很少听到关于他的消息。

卡伦说她的"感觉领先于爱情"，她与厄恩斯特的关系本质上是肉体和情欲（《青春期日记》，107），但他身上还有别的东西打动了卡伦。与罗尔夫不同，厄恩斯特是"那个人"的候选者。他虽然并非灵魂伴侣，但他们在气质和智力上相互吸引，再加上他的身体魅力，他似乎有可能成为她的那个人。卡伦对于厄恩斯特对她的影响力感到疑惑，尽管他怠慢她，而且性格比较粗暴。她更需要弄清楚她对厄恩斯特的感情，因为她为他牺牲了罗尔夫。

　　回顾这段关系，卡伦想知道她怎么会"如此深刻、如此热切地"爱着厄恩斯特，"永远是一个有争议的问题。然而，我知道原因：他和我是一样的混合物，是罗尔夫和贝恩特的混合物，只是比例不同"。像罗尔夫一样，厄恩斯特是一个认真的知识分子，他很严肃，喜欢诗歌；像贝恩特一样，厄恩斯特"聪明"且"理智"。在许多方面，卡伦发现她和厄恩斯特之间有"显著的共同点"：他们都有"强烈的情绪"，并且"都是正经和调皮的混合体，或者说，一方面想要有秩序的生活，一方面有波希米亚主义的倾向"。厄恩斯特身上折射出她自己的内心冲突，因此，他们之间有了一种默契，这点与他的性吸引力相得益彰。卡伦觉得他是她一直在寻找的男人，她经常躺在床上，思绪万千，"在一种别无他求的幸福感中容光焕发"。

　　但厄恩斯特本人不如卡伦想象中的他令人满意，当他们在一起时，卡伦并不满足。与罗尔夫一样，他们之间的主要摩擦来源也是性，尽管她对厄恩斯特的抱怨是他要求得太少。她也考虑过结婚，满足传统道德观念，但她担心这将阻碍她的继续发展。她真正想要的是与厄恩斯特的肉体关系，但他在资产阶级和波希米亚人的价值观之间摇摆不定，迟迟没有求婚。她渴望他说："来吧，我们两个，你和我，我们就是不能没有对方！"但厄恩斯特不能迈出这决定性的一步，卡伦对此充满了蔑视："他就待在他那套传统的盔甲里，动都不动，嘴上说着什么'墙'，可他的头永远都撞不上那堵墙。如此懦弱！"卡伦认为自己有能力按照自己的浪漫价值观生活，无视这个世界，但厄恩斯特仍然是中产阶级道德的奴隶。

尽管卡伦认为她比厄恩斯特自由得多，但两人都被同样的内心冲突所麻痹，都希望从对方那里得到释放。厄恩斯特强烈地渴望着卡伦，但他并没有如她心中所想那样占有她，而是要求她把自己献给他。在他们关系的早期，他给了她"一张纸，上面有两首理查德·德梅尔的诗……这些诗都是关于冲动的爱的。我明白，从他给我这张纸的整个庄严方式中，我必须明白"。冲动的爱正是卡伦想要的，但卡伦认为，厄恩斯特是个懦夫："他把德梅尔的诗给了我——我知道他在等我去说：我来了——但他自己不想承担如此直接的、不可推卸的责任。"

卡伦没有意识到她自己对社会规定的性别角色的依赖。如果她向他献身，她可能会解放他的激情，而他的攻击性可能也会解放她的激情；但她害怕他到时会说"她可是自己扑向我的，或者类似的话"。因为厄恩斯特不想表现得像个卑鄙的男人，而卡伦害怕被认为是个随便的女人，所以两人都不想先迈出那一步。卡伦觉得要么厄恩斯特在她走向"更广阔世界"之前和她绑在一起，要么她就会忘记他。这取决于他，她不能独自迈出那一步。

尽管原因不同，但卡伦与厄恩斯特的关系就像与罗尔夫的关系一样行不通。每一个情节都遵循同样的模式。当她和厄恩斯特在一起时，他们被无法满足的欲望折磨着，但当他离开时，卡伦就会遭受"难以言喻的"痛苦："一种沉重的疲惫压在我身上／我没有活下去的欲望。"厄恩斯特对卡伦的吸引中有一种受虐狂的成分。他比其他人"意味着的都多"，因为他是"唯一一个可以让我为之忍受痛苦的人"。通过痛苦的折磨，她认识到"我对他的爱是多么伟大"。

当她在 1907 年 1 月回顾上一年时，有一种解脱的感觉，她从厄恩斯特那里"解脱"了。正如她处理和肖尔奇的关系所做的那样，她通过看清那个伤害她的人，"了解他的为人，来缓解她的心情。他身上好公民的小气和懦弱，他的虚伪，他的野蛮和他的利己主义"。从罗尔夫和厄恩斯特开始，卡伦的模式是直接从一个男人转到另一个男人，同时身处几种关系——往往是不同类型的关系。当她单身的时候，她会感受到失落、空虚和绝望，与克莱尔在想到失去彼得时担心的如出一辙。

在这一时期，卡伦很少在日记中提及她为高中毕业考试和医学院所做的准备。她的"女性"需求，正如她所理解的，是最重要的，她担心这些需求会妨碍她发挥全部潜力。她还不想结婚，因为她相信在她身上有"更多的东西"需要挖掘，但当她看到"我的智力和道德生活是多么依赖于我的身体状况，以及我是如何失去自我控制的，我认为这种信念等于零"。她想与厄恩斯特的关系达到圆满，不仅仅是为了满足她的性欲，也是为了摆脱这些欲望。

第七章　洛施和奥斯卡

卡伦在弗赖堡的第一个学期非常不开心，但在 1906 年 7 月 14 日，她在学术社交协会的晚宴上遇到了路易斯·格罗特（洛施）和奥斯卡·霍妮（霍维）。第二天，她就爱上了洛施，在学期的最后两个星期里，洛施一直陪伴在她左右。这段恋情似乎在假期结束之前就已经确定了。9 月初，她和他在法林波斯特尔（Fallingbostel）待了几天，在此期间，他们的"联系"变得"更加强烈，更加亲密"。9 月中旬，桑妮搬到弗赖堡开设了寄宿之家，10 月卡伦到达时，洛施作为卡伦的情人加入了这个家庭。另一位寄宿者是伊达·贝赫曼（伊丹），卡伦在大学预科的朋友。

从一开始，洛施、卡伦和奥斯卡之间的关系就是三角恋。在他们见面的第二天，卡伦从奥斯卡的沙发上打盹醒来，发现奥斯卡轻轻地抚摸着她的脸颊。她很恼火，因为她"爱上了那个在阳台上的香烟和书籍中睡着的高个子"。在接下来的几个星期里，卡伦被这两个人的嫉妒心逗乐，鉴于她之前的被抛弃感，这种情况一定是令其欣喜的。7月26日，她给了奥斯卡一张音乐晚会的邀请函，在其中称呼他为"亲爱的心肝宝贝霍维"，而他们从9月开始的、长达一年的通信，既亲密又充满了感情。洛施显然对他们的通信感到嫉妒，但卡伦试图说服他，奥斯卡"没有从他那里夺走什么"。奥斯卡对她的意义是洛施"根本不可能具备的"。信件中经常出现的一个话题是"排他性"："即使一个人只和两个人保持亲近，是否也难免发生碰撞？"

正如和罗尔夫与厄恩斯特的情况一样。卡伦希望同时与这两个男人保持关系，因为两个人都提供了她深深渴望的东西。而她从未把洛施当作她唯一的爱人，她从一开始就认识到了他的局限性。在试图厘清爱情和友谊之间的关系时，她颇为忧愁地提到了雌雄同体的神话："如果人们能像希腊故事中描述的那样理解'爱'，人类在创世时被分成两半，现在每个人都在寻找自己的另一半，那么每个人当然只有一个命定的爱人。"这是她的理想，但事情并非如此。洛施在性方面比奥斯卡更有吸引力，奥斯卡不仅在身体上不那么迷人，而且还过于温柔。但是罗尔夫在她身上唤醒的东西被霍维唤醒，这种"内心的探索"她无法与洛施分享。

卡伦很快被奥斯卡的思想吸引，速度几乎和她被洛施的身体吸引一样快。在她给奥斯卡的第一封信中，她回忆起他们在吉恩瑟斯塔尔（Günthersthal）的阳台上度过的时光，"当你向我解释，你是如何与那些大命题达成共识的时候，你知道，我发现很少有人能和我谈及更深层次的东西，因此我更不可能忘记那些时光"。洛施是一个高超的情人，但奥斯卡读了大量的哲学，她认为也许他是那个能带领她走出智力困惑的人。在她 21 岁生日后几天写的第二封信中，她描述了"坚持不懈的、日益细致的自我观察"，她从未放弃这种观察。奥斯卡成了她的知己，她可以与之分享她的自我观察，她思考的问题，直到她"弄明白"。在她的第三封信中，她宣布"小霍维"有着"和她的日记一样的作用"！事实也确实如此，除了 1907 年的新年记录和她完成的罗尔夫的故事外，在他们通信的过程中，她的日记是暂停的。我们主要通过她给奥斯卡的信了解她与洛施的关系。

卡伦和洛施之间的关系在前几个月内还算顺利，但到了 1907 年初就出现了紧张的迹象。卡伦在洛施的"浓浓的爱"中发现了"一些无限平静的东西，使人感到幸福"。这给了她一定程度的自由，使她摆脱了孤独感和不安全感，摆脱了对寻找男人的焦虑。此外，洛施对卡伦来说是个很好的玩伴，她对"轻松"的快乐有很大的兴趣。他身上有一种孩子般的新鲜感，卡伦觉得非常有吸引力，但他却从未完全满足她。正如她后来写给奥斯卡的信中所说，她有着"对更高层次事物的渴望"，洛施身上却没有。

3 月下旬，卡伦在给奥斯卡的信中写道，她和洛施已经到了分手的边缘。洛施开始日夜出入咖啡馆，他不去咖啡馆时毫无生气。也许他对性的兴趣已经下降了，正如苏珊·奎因所认为的。卡伦继续解释说，她和洛施已经"非常习惯于彼此"，而且现在分手是愚蠢的。她知道听起来"这种理智的权衡确实非常冷漠，但我不爱洛施了。我相信一个人只能爱胜过自己的人"。奎因觉得卡伦的"傲慢要求"，即她只能爱胜过自己的人，"听起来很空洞"，并怀疑实际上是洛施在远离卡伦，她"试图表现得毫不在意"。卡伦的说法在我看来并不空洞。我们已经看到，她在寻找一个伟大的男人，成为她的皮格马利翁，而洛施从来就没有那种潜质。

卡伦和洛施之间的裂痕与卡伦的内心冲突相对应，她不喜欢他的一些东西，也不喜欢她自己。2月初，她在给奥斯卡的信中说，她在一个迷宫中徘徊，迷宫里"到处都只能看到我自己的照片，但每张照片又都不相同"。在她的下一封信中，她得出结论，她可能没有什么大问题，但还是有一些问题："也许我是一个四处留情的天才。"她和洛施经常去费斯坦尔（Festhalle），那里充满了饮酒、接吻和"平常得要命"的行为："那种氛围让我陶醉，让我感动，我其实和其他人一样。"由于这次经历，她"又变得很困惑"："我不知道该怎么看待自己，我是否真的在认真努力学习知识，是否在努力出人头地。"

2月22日，卡伦感叹"内心的空虚和厌恶"，她相信她"可以成为相当了不起的人"，但她正朝着错误的方向前进，"我现在明白了修道院生活的一个动力，那就是距离的感召力，不要让自己沦为普通人"。她告诫自己永远不要"屈服于平庸"，并恳请奥斯卡给她写信，"让我有一个可以仰望的人"。卡伦对修道院的提及表明，她的平庸和自我厌恶的感觉至少有一部分是来自性。

有证据表明，在与洛施生活在一起时，卡伦与其他男人有染。在一封她想象别人如何看待她的信中，她认为"各种各样"代表着"粗心大意，有'到处留情'的倾向"。当她在1907年秋天与奥斯卡安顿下来时，这种情况至少暂时结束了。桑妮对此的态度被描述为松了一口气，因为她的调情行为停止了。卡伦在1909年结婚后感到抑郁，奥斯卡建议她离开一个学期，她立即想到了弗赖堡，但决定不去那里，因为她不希望"在我走过的每条路上想：我曾经和这个人或那个人在这里散步，在这里接吻，在这里采摘覆盆子，在这里喝了一杯酒"。

卡伦不禁看到，洛施和她一样，内心是分裂的。他以自己的方式将贝恩特和罗尔夫结合起来，他有"敏锐的头脑"，"强烈的现实主义"和"对哲学的本能厌恶"。他也是一个音乐家，像罗尔夫一样，有"丰富的情感生活"，部分通过他的艺术表达出来。他在充满音乐和咖啡馆的波希米亚式生活与填满科学和医学研究的规范的生活之间徘徊。卡伦将他的消沉归因于他的内心分裂，当他倾向于成为一名艺术家时，她开始感到不安。在这一点上，奥斯卡代表着完整、智慧、稳定，以及她天性中严肃、理智的一面，而狂野、轻浮的洛施则折射出并可能加剧了她自己的内心冲突，以及她对自己身份的困惑。

卡伦和洛施又相处了一个学期，在此期间，她越来越蔑视她的家人，与哥哥争吵，收到罗尔夫的消息，与母亲争吵，并努力阻止洛施再次陷入"咖啡馆生活"。她的精神状态起伏不定，她与洛施的关系也是如此。唯一不变的是她对工作的热爱和与奥斯卡越来越亲密的关系。奥斯卡告诫她，要帮助洛施，"成为他的朋友"，卡伦回答说："我正在这么做，我可以成为他的朋友，我也是他的朋友。这可能是母性因素在我们关系中的强烈表达，这种成分经常存在于女人的爱中。"这也呼应了她对罗尔夫的母性情感。她最初被洛施吸引是因为她认为他很强壮，但她现在看到他是一个需要她支持的软弱之人，她试图通过她的"女人的统治"（"petticoat government"）使他不坠入深渊。他对她的爱是"感人的"，而且就她的需要而言，"具有不可估量的价值"，但她显然已经心灰意冷，准备好了开始下一段关系。

　　1907 年 8 月至 10 月间的某个时候，卡伦和洛施分开，开始与奥斯卡生活在一起，但我们不知道这一转变的细节。洛施并没有从卡伦的生活中消失。在他和卡伦在一起的时候，他和伊丹已经成为朋友，当卡伦和奥斯卡在 1909 年 10 月 30 日结婚时，他们是见证人。奥斯卡搬到弗赖堡后，他仍留在弗赖堡的房子里，这可能是他与伊丹关系发展的时候。当桑妮为了靠近卡伦和奥斯卡搬到柏林时，两人又都寄宿在桑妮家，卡伦婚后两年，他们也结婚了，他们两对夫妇一直保持着联系。雷娜特·帕特森回忆说，在她成长的过程中，"有父亲的朋友和母亲的朋友，还有一些属于'家人'范畴的朋友，比如洛施和伊丹以及他们的三个女儿"。[1]

　　奥斯卡是一个比卡伦大三岁、受过高等教育的哲学家，他的知识和修养给卡伦留下了深刻印象，并成为她的知识伙伴和向导。他们互相推荐书籍和文章，并就自由意志、伦理学、婚姻的不稳定性、女性的作用、艺术价值的本质和利己主义等问题交换意见。卡伦对奥斯卡的同理心和洞察力以及他的"精神摸索能力"（《青春期日记》，211）极为信任。她把她的快乐、挫折和悲伤托付给他，讨论她对生活中重要人物的感受，并倾吐她的心理问题。她对奥斯卡的依赖性越来越强，因为她对桑妮、洛施和伊丹越来越不满意，而且抑郁症的发作也越来越频繁。

　　1　雷娜特·帕特森，《我的母亲》第 7 页。

卡伦在日记和信件中频频提及自己的困难，以至于那个 13 岁就开始写日记的热情女孩有时似乎已经消失了，但在特定的段落中，仍然可以发现她的身影。在她与奥斯卡通信的头几个月里，我们看到了她性格中热情的一面，当时她与洛施和桑妮的关系进展顺利。在早期的一封信中，她推测，也许一切"在我手中都变成了享受"，因为"我做的每一件事，或者几乎每一件事，我都在猛烈进攻。无论是学习化学公式，还是做布丁，还是阅读一些美丽的东西，或者是在户外，就像一个恣意的享乐主义者，对吗？"。成熟的卡伦·霍妮也有一个特点，那就是她能全身心地投入她所做的任何事情，认识她的人都说她是一个对快乐和工作一样投入的人，她有享受的天赋。

卡伦在信中写到的热情之一是医学研究。她对解剖学特别感兴趣。1906 年 11 月 12 日，她写道，她在解剖室里"很兴奋"，一个月后，她宣布洛施回家了，"带来了一个好消息，我们将在星期四有一具新的尸体。你知道这是一项真正的工作，它给我带来了巨大的快乐"。随着个人生活开始变质，卡伦的情绪也变得阴暗，但她对医学的热情不减，是她"极度黑暗的精神状态"中的力量来源。化学是"迷人的"，她在研究大脑时体验到了"发现带来的纯粹快乐"。当"一些知识"真正成为她的"财产"时，她有"一种狂喜的感觉"，她问奥斯卡："亲爱的，你的研究对你来说意味着什么？"

卡伦的热情之二是自然风景。她喜欢弗赖堡和费尔德贝格的山区环境，她去那里滑雪，欣赏阿尔卑斯山的景色，"9 个小时就到了。在傍晚时分跳舞。哦，霍维，那些日子真好！年轻是多么可爱啊"。在黑森林逗留期间，她写道，她"整天都在滑雪，只在午餐时短暂休息。霍维，亲爱的，我是多么热爱生活啊！"。她对风景的生动描述表明了她强烈的喜爱。就像医学一样，大自然是逃避不尽如人意的人际关系的避难所。尽管在去孚日山脉的旅行中与同伴关系紧张，但卡伦告诉奥斯卡，她的灵魂里"填满了美景"，这些美景给她"一种秘密的快乐感觉，就像我带着一个护身符一样"。

在卡伦的热情中，最强烈的莫过于她对奥斯卡的仰慕，这种仰慕之情在这一年中稳步增加。在她早期的信件中，她表示渴望和他一起探讨问题，她认为他是一位爱情专家。他重新唤起了她对更高层次生活的渴望，这种渴望在她与罗尔夫分开后就逐渐消失了。她哀叹说，她已经适应了"周围人粗俗的思维方式"，但在奥斯卡的信中，她"又找到了更精细的语言"。她把自己对奥斯卡的感情比作一个虔诚的天主教徒"去找牧师忏悔"。她在黑森林中写道："你肯定会嘲笑我对你的尊重。"她在莱茵河畔劳芬堡（Laufenburg）的一封信中写道，她希望自己"可以坐在你脚边的凳子上，听你为我大声朗读一些美丽的语句"，她向他保证，那会跟在教堂里一样。

卡伦给奥斯卡的信不仅揭示了她的热情，也揭示了她的困扰，因为这些信常常具有忏悔的性质。她把她与他人的问题和对自己的担忧写给奥斯卡，以寻求安慰、指导和理解。虽然她对"精神裸体"有一种"恐惧"，但她发现向奥斯卡袒露自己有着"不可言喻的好处"，并本能地把奥斯卡当作治疗师。她抱怨自己疲惫、抑郁和冷漠，有时情绪非常低落，以至于她无法唤起"任何强烈的感觉"，她的"感官似乎已经死了"。当洛施吻她时，她什么也感觉不到。她为自己可笑的害羞感到悲哀，她害怕"已经被这种无法自拔的行为破坏了很多东西”。

对于一个"极其害羞"的年轻女人来说，这些都是了不起的祖露，她对一个她略知一二的男人说了这些话，这表明卡伦在多大程度上给奥斯卡注入了她需要他具备的特质。奥斯卡也感觉到了这一点，并抗议她的偶像化，但她坚持把他当作她的精神领袖。她感到她有被周围人的不道德行为腐蚀的危险，部分原因是她自己"在道德问题上完全不择手段"，而且她担心"相同的事情会再次发生"。奥斯卡是她的"道德警钟"。她依靠他把自己从早期的影响中拯救出来，就像她依靠罗尔夫一样。

在 1907 年，奥斯卡和卡伦越来越渴望见到对方，但他们也有顾虑。奥斯卡害怕达不到卡伦对他的理想化印象，而卡伦也感到不安："霍维，天哪，我多么期待见到你。然而我很害怕，总觉得你一定会发现我是多么傻，多么愚蠢，多么轻率，多么笨。"

1910 年 4 月，卡伦开始写第五本日记，在此之前，我们没有有关他们关系的记录，但在他们在弗赖堡共同生活的一年里，以及在她在哥廷根的两个临床学期里，他们似乎很快乐，当时奥斯卡正在附近的布伦瑞克（Braunschweig）完成他的博士研究。桑妮在弗赖堡期间写给贝恩特的信中描述了这对夫妇的恩爱，以至于桑妮觉得自己被抛弃了。我们对在哥廷根的那段时间一无所知，只是当卡伦重新写日记时，她提到在她的第一个临床学期里她感觉"不错"，与她当下的状态形成鲜明对比。

到了 1910 年 4 月，在他们结婚后不到六个月，他们的关系显然出现了问题。奥斯卡善良而聪明，但过于自我节制，"即使是强迫我

服从他时，他也一点儿不野蛮或残暴……他从不为本能所驱使。我们
生活在一起，当然是理想的，但在我心中仍渴望着一些别的东西"。
我们以前就看到过卡伦的矛盾需求，现在她嫁给了奥斯卡，她发现他
还不够；她渴望一个更强势、更残酷的男人。和奥斯卡在一起，她经
常发现自己很冷漠。曾经吸引她的精神和智力品质已经不再重要，因
为亚伯拉罕医生已经"可以说是取代了奥斯卡的位置"。虽然嫁给了
敬重的人，但卡伦比以前更不快乐了。她的所有症状又出现了，特别
是她在写日记的前两年里反复抱怨的瘫痪性疲劳。

　　在这个阶段，卡伦想象了很多婚外情，但没有直接证据表明她采
取了行动。当她怀上布丽吉特时，她想知道她是否对孩子有一种无意
识的怨恨，因为她的状况使她"在男人中不那么受欢迎了"，而且因
为有了孩子，她不得不压抑自己的"卖淫欲"（prostitution drive），并
限制自己的"浪荡"。一个没有孩子的女人"可以把自己交给许多男
人"，而且没有任何负担。她试图解释她再次被洛施吸引的原因，结
论是由于他能提供阴蒂刺激，而奥斯卡不能，所以洛施对她来说"在
性方面比奥斯卡更有意义"，但她认为发现另一个男人比奥斯卡更有
吸引力是"不道德的"（未发表的日记，1911 年 1 月 3 日）。可见也许
她仍然坚持一夫一妻制。

　　1911 年 1 月，卡伦写道，精神分析帮她克服了性冷淡，并与奥斯
卡实现了更加和谐的关系。当她早上醒来躺在他的怀里时，她想"有
这样一个可爱的丈夫是多么美妙啊"（未发表的日记，1911 年 1 月 9
日）。她推断，桑妮"看到我们的幸福婚姻"，对另一半的渴望也增加
了（《青春期日记》，256）。卡伦对奥斯卡的经济前景感到欣慰，因

为他的经济前景比洛施和罗尔夫的都要好，她为他取得如此大的成就感到骄傲（未发表的日记，1911 年 1 月 13 日）。

我们所知道的卡伦的第一段婚外情是与其密友的丈夫瓦尔特·霍洛特。1911 年 1 月 23 日，当霍洛特夫妇第一次出现在卡伦的日记中时，是因为奥斯卡被丽莎吸引，而卡伦正在叙述一个揭示她嫉妒的梦。她好不容易才醒过来，并得出结论，丽莎是她感到"破败和疲惫，没有能力做任何事情"的原因（《青春期日记》，261）。布丽吉特于 1911 年 3 月 29 日出生，5 月，奥斯卡告诉卡伦，丽莎吸引他的地方是"她身上的母性"。卡伦此时是最看重母性的时候，"这样的话让她感到不满"。

第五本日记的出版版本于 1911 年 6 月 29 日结束，但实际上卡伦的日记又持续了一年，在 1911 年 7 月至 1912 年 4 月之间有一段时间的中断。当卡伦恢复写作时，她正处于与瓦尔特的恋情之中，这段恋情似乎已经持续了一段时间。丽莎和奥斯卡都知道这种关系，但奥斯卡给予了祝福。卡伦担心丽莎用"严厉的字眼"描述卡伦特殊的性渴望（这一点在日记中没有具体说明），试图影响瓦尔特，使之离开她（未发表的日记，1912 年 4 月 2 日）。尽管这段关系显然是难以为继的，但它仍然持续了几个月，因为卡伦试图向自己保证，无论表面上的情况如何，瓦尔特确实是爱她的。

1912 年 6 月，卡伦开始与一个叫卡尔（Carl）的男人交往，同时继续与瓦尔特保持关系。在 6 月 20 日的记录中，她抱怨说，她无法从瓦尔特那里脱离出来，"这使我无法像平时那样完全投入这种关系"。这表明这种情况是经常发生的。在 6 月 24 日的记录中，她写道："最近，亚瑟的温柔对我帮助很大"，但"瓦尔特并不温柔"，现在她能从他身上解脱出来了。她打算使她与卡尔的关系成为"最美好的和最美丽的"，在她的最后一条记录中，她写道，他给她"一种平静的、强烈的幸福感"："当我想到'我们两个人'时，我感到骄傲，充满力量。"（未发表的日记，1912 年 7 月 7 日）

到 1912 年初，奥斯卡已经不再在卡伦的生活中扮演重要角色。她觉得他们的婚姻中缺少巨大的张力和情感，并在其他地方寻求满足。精神分析和自我分析取代了奥斯卡对她内心的引导，她向她的情人寻求情欲上的满足（她在奥斯卡那里很少得到这种满足）以及力量和骄傲的感觉。在婚后的两年内，卡伦和奥斯卡似乎已经就开放式婚姻达成了一致，在这种情况下，他们各自发展其他的关系，没有隐瞒或欺骗。雷娜特回忆说，她的父亲"总是忙于他短暂而辉煌的事业和他的秘书。母亲肯定知道，这种婚外情行为早在 1911 年就开始了。但我父亲是公正的。他与秘书的每一次旅行，他都会在另一个时间与母亲再去一次"。[1]卡伦和奥斯卡谨慎地进行着他们的婚外情，并在三个女儿的成长过程中维护着传统家庭的形象，但其实早在布丽吉特出生后的一年内，他们的关系就失去了活力。

我们只能猜测这种开放式婚姻的安排是如何产生的。瓦尔特和丽莎的女儿丽塔·霍洛特-韦尔特（Rita Honroth-Welte）在《卡伦·霍妮的回忆录》中写道："在他们的学生时代和结婚初期"，奥斯卡和卡伦以及她的父母"属于一种夫妇群体，用今天的术语来说，可能会被称

1　雷娜特·帕特森，《我的母亲》第 15 页。

为'换妻族'。对他们而言，交换女朋友和妻子是件时髦的事情，比这个国家的类似社会现象早了大约60年"。我们从卡伦的信中得知，奥斯卡在给她写信时（即1906年9月至1907年9月间）有两个女性朋友，他认为独占的要求是原始的，而且他曾经让卡伦向他保证："我'不要求你只属于我自己'。"（《青春期日记》，209）也有迹象表明，卡伦在与洛施同居时有过偶然的出轨，她对自己的"四处留情"感到不安。虽然婚外情可能是在布丽吉特出生后才开始的，但劈腿行为可能更早就开始了。卡伦在1910年4月28日的日记里记录了一首她在与亚伯拉罕会面后写的诗，大意是说她的本能促使她背叛了自己的理想。她曾希望只有在她的"灵魂同意"时才奉献自己的身体，但她却屈服于"大自然根深蒂固的驱动力"。我们无法判断她是否指的是不久前的行为。

霍洛特–韦尔特的观察表明，婚外情其实是延续了学生时代的模式，卡伦和奥斯卡的行为在他们的圈子里很常见，对这种行为的随意态度在"上层中产阶级"中相当普遍："已婚男人有婚外情几乎被认为是理所当然的，也许是作为他们阳刚之气的一种证明。对我家里的男人来说就是如此，奥斯卡和他们属于同一个群体，我一点儿也不感到奇怪。情妇往往是妻子的亲戚或亲密朋友，这种关系伴随着一定程度的开放、容忍和放任；友谊继续存在，维持表面功夫，社会交往似乎没有受到任何干扰。总的来说，妻子们在性方面不那么活跃，但她们也有自己的恋情，没有人对此感到太过不安（我在这里说的或多或少是较大的城市，特别是柏林）。"在某种程度上，卡伦和奥斯卡的婚姻反映了他们那个群体的常态，这种常态无疑影响了他们。

然而，无论社会影响如何，这种开放式婚姻适合卡伦的性倾向和心理需求。她有"一夫多妻制的卖淫欲望"（未发表的日记，1911年4月11日），并在梦中表达了对"许多强壮男人的渴望"（1911年1月13日）。奥斯卡对她来说不够"原始"，她被那些能"捕获更多猎物的野兽般"的男人所吸引，就像她在与罗尔夫交往时被"粗俗肉欲的"厄恩斯特吸引一样。罗尔夫无法忍受与另一个男人分享她，但更为世故的奥斯卡显然是同意的，只要他能得到相应的自由。

我们要认识到，尽管卡伦喜欢这样的安排，但她在其中并不是真正的快乐。也许是因为基督教影响的残余，她对自己狂野的欲望感到内疚，在一首诗中恳求亚伯拉罕"消除我的罪，让我的罪孽轻一点"（《青春期日记》, 244）。这首诗也表达了她对自己的失望，因为她没能"主宰自己的胡思乱想/赢得高贵的奖赏"。尽管她的行为可能得到了奥斯卡和朋友们的认可，但她意识到了这种行为的成瘾性，这让她深感不安。

此外，她还对奥斯卡感到失望。虽然她真心诚意地欣赏他"赠予她自由的慷慨"，但她仍然希望"被奴役"。她断定，她的"潜意识"里想要"一个只要认为我不忠就会打我的男人"。她的老朋友罗尔夫认为，她需要"一个可以残酷对待她的男人"，卡伦同意他的观点。她被迫在婚外寻找这样的男人，而瓦尔特起初似乎是一个不错的选择："丽莎被瓦尔特残暴地对待，她永远无法确定他的爱，她只能不断地讨好他，除此之外，她别无所求。"卡伦既鄙视霍洛特家的婚姻，又在其中看到了自己的"理想"："难道这一切不正是一种妥协、一种和谐吗？"（未发表的日记，1912年4月16日）。当然，她所渴望的和谐是内在的，她的余生一直在寻找这种和谐。

卡伦希望通过她与卡尔·亚伯拉罕的精神分析来挽救她的婚姻，但没有成功。女儿们未成年时，她和奥斯卡维持着正常家庭生活的样子，但他们同床异梦，用外遇聊以自慰。她的第五本日记将继续让我们看到他们的夫妻关系，特别是在她精神分析期间。我们将逐渐从她的精神分析作品（通常是自传性的）、她女儿的回忆以及认识她的人的证词中了解到更多信息。

卡伦和奥斯卡一直在一起，养育他们的三个女儿，直到1926年，他们分居。1938年，他们才离婚。在他们婚姻的前14年中，奥斯卡取得了巨大的成功。在完成了法律、经济学和政治学的学习并获得博士学位后，他加入了斯廷内斯公司（Stinnes Corporation），该公司在第一次世界大战期间成为工业和金融业巨头，他很快升到了高级行政职位。随着他的成功，他们一家人住进时尚的泽伦多夫（Zehlendorf）郊区，在那里他们有一栋大房子，三英亩的花园和草地，以及一辆派头十足的汽车。在1923年的通货膨胀期间，斯廷内斯倒闭了，奥斯卡丢了工作。同年，他差点死于脑膜炎。他再也没有恢复他的财力和精神活力，他在1926年破产，并迷上了一连串的暴富计划。1932年，卡伦搬到美国，但他们仍然是朋友，她偶尔会给他提供经济援助，特别是在第二次世界大战之后。奥斯卡于1948年去世。

第二部分 弗洛伊德阶段和女性心理学

第八章 "女性心理学家的使命"

卡伦·霍妮完成了哥廷根大学和柏林大学的学业后,于1911年通过了国家医学考试,并完成了实习,担任精神病学住院医生,布丽吉特在同年出生。卡伦于1913年获得行医执照,1914年在卡尔·邦霍夫(Karl Bonhoeffer)的指导下完成了论文,1915年1月获得医学博士学位。女儿玛丽安于1913年出生,雷娜特于1916年出生。霍妮通过广泛的阅读,与卡尔·亚伯拉罕的精神分析和参加柏林精神分析协会,保持着她对精神分析的兴趣,并于1915年成为柏林精神分析协会的秘书。第一次世界大战期间,她在一家军事神经症医院(兰克维茨水疗中心)工作,之后开始了她的精神分析实践,尽管她在1912年就已经开始给患者看诊了。

霍妮是柏林精神分析研究所的创始成员之一,她在20世纪20年代积极参与该研究所的工作,特别是筛选候选人和培训分析师。她从一开始就在该研究所的教育委员会任职。1925 年至 1930 年，她还在德国精神分析协会的董事会任职。马克斯·艾丁根（Max Eitingon）曾致函美国领事馆，为霍妮的移民申请作证，他在信中说，她的技术研讨会是"最受赞赏的"，她的讲座"出席率最高"，她在会议和大会上的论文是"最有价值的论文之一"[1]。

在此时期，霍妮意识到她作为女性心理学家的特殊使命感，并发表了一系列开创性的论文。在她为申请移民而准备的"教育和科学记录"中，她写道："我的科学兴趣越来越集中在女性心理学和相关领域，如女性心理学和男性心理学之间的区别，两性关系中的一般干扰，婚姻问题，等等。在我看来，女性心理学家的使命，至少我认为是我的使命，就是要更充分地了解女性在生活中的具体倾向和态度。"到 1932 年离开德国时，卡伦·霍妮已经在精神分析史上为自己确立了一个重要的地位。

在精神分析领域，霍妮开始是一名新秀，后来是一个学徒。霍妮一心想着掌握精神分析理论，而没有对其进行批判性思考。在她的日记中，她通常按照正统的思路分析自己，把亚伯拉罕作为她的权威。在她的第一篇文章《精神分析疗法技巧》（"The Technique of Psychoanalysis Therapy", 1917）中，她为弗洛伊德的理论和实践辩护，反对苏黎世学派，"苏黎世学派毫无理由地继续将其方法称为'精神分析'，无视其基本的差异"。（霍妮在与弗洛伊德产生基本分歧后，

1　艾丁根的信是作者在纽约心理健康研究生中心存放的哈罗德·凯尔曼论文中发现的。现存于耶鲁大学图书馆的手稿和档案馆的卡伦·霍妮文件，除了回忆录和雷娜特·帕特森未发表的母亲日记的引言外，包括其他所有材料。

也继续将她的理论称为精神分析。）然而，在她的第二篇文章《论女性阉割情结的起源》（1923）中，她对精神分析关于女性发展的描述做出了重大修改，在随后的文章中，她经常努力从内部修改精神分析。霍妮的文章最终开始挑战精神分析范式的基本特征，此举预示着她与弗洛伊德的决裂，但在大多数情况下，她的文章还是采用了正统的模式，并试图用一个从女性角度构建的女性心理学版本取代盛行的阴茎中心论。

尽管霍妮的女性心理学观点已被广泛认可，但人们对导致她与导师争吵的因素仍有疑问。在 20 世纪 20 年代，毕竟很少有女性精神分析家反对正统的女性特征的说法。在一篇关于《弗洛伊德和霍妮》（"Freud And Horney"，1986）的文章中，威廉·格罗斯曼（William Grossman）指出，霍妮提出异议"可能是由于女性性行为的情感问题"，不过这一点仍"有待仔细的历史调查"。我将在此进行这一调查。

我们不难看出霍妮被精神分析吸引的原因。她罹患许多难以解释的病症，她不快乐，她的能力受损。她具有内省、分析的气质，她一直习惯于通过试图了解自己和与她有关的人来寻求解脱。精神分析为自我探索提供了最有力的工具。此外，弗洛伊德对人类动机和发展的描述在很多方面都适合霍妮；她经常在他对女性问题的描述中认识到自己的处境。接受精神分析家治疗的想法对她来说并不可怕：她习惯于将奥斯卡作为她的治疗师，把自己暴露在一个可能理解她的人面前让她感到非常安慰。鉴于她的痛苦、她的气质和她对解释的渴望，精神分析似乎正是她所寻找的理论和治疗方法。

虽然正统理论的某些方面很符合她的经验，但有些方面却不符合。到 20 世纪 20 年代初，她开始根据她的自我理解、她对患者的观察以及她作为一个女人的经历，对弗洛伊德的理论提出修改。也许霍妮的异议中最重要的因素是，她开始认为精神分析理论再现并加强了对女性的贬低，而她在童年时曾遭受过这种贬低。她在家庭和文化中遇到过类似的态度，因此对精神分析的男性偏见很敏感，这当然是导致她与弗洛伊德和亚伯拉罕产生分歧的"情感问题"之一。

因此，霍妮开始觉得理解女性心理学是她的"使命"也不足为奇了，她希望从女性的角度探索男女之间的差异和两性关系中的干扰。此外，她希望让精神分析理论不那么威胁她的尊严，成为更有用的自我探索和成长的工具，则是关乎她的个人利益。

从霍妮开始进行精神分析治疗开始，她的弗洛伊德阶段持续了大约 25 年。她对女性心理学的大部分思考是受正统理论支配的，但她对关键问题的异议最终导致她与弗洛伊德决裂。她关于女性心理学的文章对精神分析和女性主义思想做出了重要贡献。仅因为这个原因，她的理论就值得深入研究，但这些理论还告诉我们很多关于霍妮对自我理解的探索和思想的演变。当我们根据她的日记和克莱尔的故事来看待这些作品时，我们可以看到它们往往是自传性的，或者至少是侧重于与自己相似的问题。

第九章 精神分析和自我分析：1910—1912

在卡伦的第五本日记中，她开始了一个自我分析的过程，这个过程持续了 40 年。在她寻找自我理解的过程中，她给出了大量的解释，这些解释往往是前后矛盾的，而且总的来说，未能给她提供很多安慰。

卡伦的第五本日记记录了一个非常糟糕的时期，从 1910 年 4 月开始，在她与卡尔·亚伯拉罕的第一次精神分析期间，到 1912 年 7 月 7 日结束。[1] 在第一篇日记中，她抱怨"筋疲力尽，消极倾向日益显

---

1 苏珊·奎因称，卡伦在 1910 年初开始与亚伯拉罕进行精神分析，并在当年夏天终止。我认为她在随后两年多的时间里断断续续地见过亚伯拉罕，并在间隔期内自我分析，当她觉得自己没有进展时就会回到他的身边。霍妮在纽约精神分析研究所的会员申请书中给出了她与亚伯拉罕进行精神分析的时间为 1911 至 1913 年和 1918 年（布里尔档案）。第一个时间是不正确的，因为我们知道她是在 1910 年开始进行精神分析的，但也许时间跨度是准确的。第五本日记提供了证据，证明卡伦在整个 1910 年、1911 年和 1912 年断断续续地和亚伯拉罕见面。

著，渴望睡眠，甚至渴望死亡"（《青春期日记》，238）。两年后，她提出她"有一种强烈的倾向，从生活走向疾病和死亡。我昨天考虑了自杀的可能性。完全丧失自我控制能力。对奥斯卡产生了强烈的情绪。无法工作"（未发表的日记，1912年4月18日）。她反复提到疲劳、无法集中注意力、强迫性行为、对奥斯卡的性冷淡，以及对死亡的渴望。

卡伦有时觉得她的第一次精神分析对她颇有成效，当她在1911年1月拿起日记本试图通过自我分析完成治疗时，她列出了她的"新成就"："平和、快乐的情绪占主导地位，我对奥斯卡的爱和我的性享受能力较为稳定，与以前相比，自信心明显增强，羞怯感减少，对他人的防卫倾向减少。"（《青春期日记》，247）不幸的是，这些收获是短暂的，她很快又出现了严重的症状。1月9日，她抱怨说容易疲劳，感觉烦躁、焦虑和压抑，而且"完全无法集中精力……工作"。她有发冷、心跳加快和喉咙发紧的感觉。（《青春期日记》，255）

几天后，卡伦担心她的病是"周期性的"（《青春期日记》，257）；很明显，她在相对短暂的健康和长时间的"无精打采""疲惫不堪"及"对生活的厌倦"之间循环往复（未发表的日记，1912年4月20日）。她一直怀疑自己是否会好起来。虽然她经常想到要回到亚

1911年1月，她试图通过自我分析来"掌握她的疾病"（《青春期日记》，247），并经常提出她是否应该回到亚伯拉罕身边的问题。日记的出版版本结尾给亚伯拉罕的那封未寄出的信（1911年7月9日）表明，她在间隔期间与他一起工作，并提议开始第三次精神分析。7月9日之后，她直到1912年4月2日才继续写日记，当时她写道："写日记无疑是有征兆的。现在它是对亚伯拉罕医生治疗的介绍和辅助。"（未发表的日记）这表明她又去找亚伯拉罕了，也许已经是第四次了。

伯拉罕身边，但她又发现回到他身边时，自己的情况几乎没有得到缓解，对他帮助她的能力产生了怀疑。她觉得她真的应该靠自己"解决这个问题"（未发表的日记，1912 年 4 月 16 日）。

卡伦开始写日记，因为精神分析遇到了障碍，"到目前为止，各种想法随意蹦出，毫无章法。现在的我们必须等待，因为阻力太大了"。（《青春期日记》，238）在最初的六篇日记中，她探讨了一些熟悉的主题——疲劳、害羞、受虐倾向、一夫多妻制倾向和性内疚。她还试图解释她对亚伯拉罕的矛盾情感。在随后的日记中，她试图理解她对她生命中重要人物的感情。奥斯卡，她对他失去了兴趣；桑妮，她对她感到愤怒，然后是内疚；她的孩子布丽吉特，她是她快乐和怨恨的来源；以及瓦尔特·霍洛特，作为一个情人，她对他感到失望，但很难从他身上解脱出来。我将集中讨论她如何分析她的主要症状——疲劳，以及她为理解瓦尔特对她的强迫性吸引而进行的斗争。第五本日记中的许多内容让我们想起了克莱尔，她的主要症状是"一种瘫痪性疲劳，严重干扰了她的工作和社交生活"（《自我分析》，76），而她自我分析的目标是把自己从对情人的强迫性需求中解脱出来。

卡伦在她的第一篇文章中写道，亚伯拉罕给了她许多关于她的疲惫状态的可能解释。正如我们设想的那样，他建议采用性病理学，将她的状态与手淫高潮后的疲惫相比较。卡伦试图建立这种联系，尽管她觉得手淫在她的生活中"没有发挥很大的作用"。孩童时代，她"可能是随意地做了"，后来她通过给自己讲故事来刺激自己的精神，这与"身体刺激有差不多的效果"（《青春期日记》，238—239）。虽然她不再有意识地给自己讲故事，但她现在无意识地创造了幻想，以满足她的本能欲望（未发表的日记，1910 年 4 月 18 日）。这些幻想是手淫的一种形式，让她处于一种疲惫的状态。

卡伦考虑了她的疲劳和手淫的满足感之间其他可能的联系。也许她需要疲惫，这样她就不必工作，从而有闲暇去进行色情幻想，这些幻想可以提供"生活所否定的一切"（《青春期日记》，246）。无意识是一个"内在的敌人"（《青春期日记》，268），它追求着我们"最黑暗的本能欲望"（未发表的日记，1910 年 4 月 18 日），挫败了我们有意识的目标，削弱了我们的意志。但是，这些需要被压制的无意识性欲是什么？

亚伯拉罕认为卡伦对睡眠和死亡的渴望是"对身体和精神殉道渴望"的表现，这种渴望导致她被野蛮和强势的男人所吸引，"想要融入一个将脚踩在我脖子上的男人的意志"。他将这种男人的吸引力追溯到卡伦"最初的童年印象，（追溯到）我用我所有的激情爱我的父亲的时候。我的情欲理想是从那时开始的"。她"有意识的自我"在寻找"一个才智出众、善解人意的男人"，但她的"本能"想要的是一个野蛮人。在奥斯卡身上，她找到了她有意识希望得到的一切，"看吧：我的本能生命在反抗。它觉得自己被卡尔所吸引，因为它在他身上嗅到了猎物的味道，这是它所需要的"（《青春期日记》，238）她把梦中威胁性的男性形象解释为"对许多！强壮！男人的渴望"的表达，"强壮，就像我的父亲，我在写到这里时想到的"。（未发表的日记，1911 年 1 月 13 日）

野蛮男人对卡伦的吸引并不完全是无意识的，尽管她觉得那是本能的，与她的理想相冲突。她很清楚自己对卡尔的渴望，而且，事实上，她与他的调情过于明目张胆，奥斯卡都会因此抱怨。当卡伦产生抑郁反应时，奥斯卡表示歉意，但卡伦感到"深受伤害"，并陷入"痉挛的抽泣"中："这是一次如此激烈的爆发，这种疲惫到了极致的失望感，我无法相信这仅仅是用受伤的感情能解释的。"下午，"巨大的疲惫感"扑面而来。"亚伯拉罕博士发现，我之所以如此难受，是因为责备击中了我被压抑的愿望，也就是抛弃自己、卖淫，随意把自己交给任何男人的愿望。考虑到我梦中的一夫多妻制倾向和刺激，以及在街上被人谈论时的快乐，等等，在卖淫的愿望中，总是隐藏着一个受虐狂的愿望：放弃自己的个性，服从于另一个人，让自己被另一个人使用。因此，内心屡次背叛婚姻，随意地屈服于任何男人。"（《青春期日记》，242）那么，她的"最黑暗的本能"所渴望的，就是受虐地让自己与那些野蛮和强势的男人一起淫荡，那些像她父亲的男人。奥斯卡的抱怨提醒她，她无法实现她的愿望，这让她充满了"绝望，甚至是极致疲惫的绝望"。

　　虽然她经常把自己的疲惫看作压抑本能的产物，但有一次卡伦把它与她的一些性欲的行为联系起来。在讨论了"有意识和无意识是如何交战的"之后，她给亚伯拉罕写了几句诗，其中的负担是她无法"赢得高贵的奖赏"，因为她的性冲动的力量是不可抗拒的。她曾"为人类的利益/热诚地努力奋斗"，但却被"另一种意志/蔑视世界和劳动的意志"所支配。她深感不适，因为她无法实现她的理想，她想知道她的活力丧失是不是因为没有爱的性行为，以及对她的"狂野愿望"和"大胆梦想"的内疚。她的"灵魂的煎熬"已经"啃噬掉了她的生命力"，只剩下可怕的疲惫。（《青春期日记》，243）在这种情况下，疲惫的是她心理的有意识而不是无意识的一面。

　　另一个假设是，她的疲惫来自她不愿意终止精神分析。也许她对亚伯拉罕的移情很强烈，她想"不惜一切代价维持这种关系"，因此安排了"所有的旧症状，显示我的病远远没有好"。她问，为什么精神分析对潜意识如此不可或缺？除了"对亚伯拉罕医生的依恋"之外，还有成为他全神贯注的中心的乐趣，至少在精神分析疗程中是这样。这种快乐部分是展示性的，部分是受虐性的。她的"精神裸体"给了她羞涩的尴尬和服从的感官快感。她与他人的关系总是被对注意力的渴望所支配。这与"一种殉道的冲动"结合在一起："一个人通过自己的缺点和优点来表现自己。"卡伦通过拒绝康复和告诉亚伯拉罕精神分析对她没有效果，延长了精神分析，提升了亚伯拉罕的关注，满足了殉道的需求。

　　还有另一种原始需求在起作用，"幼稚夸大狂"和"想成为一个非常特别的人"的冲动。"静静地消失在普通人中"的想法是"无法忍受的"。然而，"无意识极为厌恶"这种通过"智力工作"脱颖而出的想法，"因为这种想法会分散无意识在性生活方面的精力"。卡伦的"夸大狂倾向"使她想成为对亚伯拉罕来说特别重要的人，无论是作为个人还是作为科学兴趣的对象。她对精神分析"并不具有压倒性的兴趣"，然而，她要想让自己"在亚伯拉罕博士的眼里变得更重要，只有变得更糟糕"。她的疲惫是向亚伯拉罕表明她是独特的、不容易被治愈的一种手段。她认识到，当亚伯拉罕不在的时候，她有一个星期感觉很好，因为她"没有可能使自己让他感兴趣"。

　　然而，当卡伦停止了她的精神分析，她的疲惫感并没有消失，她继续猜测原因。她想知道她是否在制造疲惫，"以诱导自己回到亚伯拉罕身边"（《青春期日记》，255）。其他的可能性是，她被桑妮对她的影响所压迫，以及她醒来时感觉"疲惫不堪"，因为奥斯卡与丽莎·霍洛特调情。（《青春期日记》，261）在桑妮死后，她推断她对睡眠的渴望表达了像她母亲一样死去的渴望。她还指责诸如哺乳、午后小睡和无意识的幻想等自体性体验。有一次，当她感觉好些时，她问自己："为什么我现在又好了？"（未发表的日记，1912 年 4 月 18 日）她无法解释她的健康，就像无法解释她的疲惫一样。在日记的最后，她写道："突然的改善和恶化都让我感到无法理解。"（未发表的日记，1912 年 4 月 20 日）经过两年多的精神分析和自我分析，卡伦对自己的病情的困惑回到了起点。

尽管卡伦和克莱尔的症状相似，但迄今为止，卡伦的日记和《自我分析》在如何解释她们的困难方面没有什么相似之处。然而，日记中的一个篇章（1911 年 1 月 4 日）预示着霍妮对克莱尔的分析，这一点将在下文进行讨论。她对克莱尔的分析受到的不是弗洛伊德的启发，而是精神分析学家阿尔弗雷德·阿德勒（Alfred Adler）的启发，这点不但揭示了霍妮反叛正统精神分析的种子，也预示了她的成熟理论。

卡伦的主题还是疲劳，在她开始复习备考后不久，她就开始感到疲劳了。她想知道她对创造性工作的恐惧，是否源于她对自己能力的不信任，以及"阿尔弗雷德·阿德勒认为神经症患者特有的倾向：'总是想成为第一'……或者说是来自这两种倾向的共同作用：来自不确定和自卑的感觉，我担心自己不能做到一流的、出众的事情，因此宁愿不尝试，也许想通过这种夸张的拒绝为自己创造一个特殊的地位"。她抗拒工作，甚至抗拒"接受性或机械性的工作"，如准备考试，源于她对自己不会出众的恐惧。(《青春期日记》，250—251）

卡伦认为这可能解释了她对考试的"过度焦虑和她的羞涩"。她回顾了她高中毕业考试的经历，当时她"很有把握通过"，但"想做得特别好，于是就变得焦虑紧张，结果当考试真正到来时，什么都做不了"，她在准备考试的时候非常疲劳，她的表现与她的能力不符。[1]她用同样的原因解释了她的害羞：不安全感和对优秀的需求的结合。她写道："也许这也是我害怕社交聚会的原因"，"因为我害怕我不能成为人群的焦点"。她总是提防着别人，无法展示真实的自己，因为她想向自己和别人掩饰她的"自卑感"。(《青春期日记》，251—252）

在精神分析过程中，卡伦曾把她想成为一个相当特别的人的需要归结为"幼稚夸大狂"。在阿德勒的影响下，她之后认为这是一种补偿自卑感的需要。后来，在她的成熟理论中，她也将这种需求确定为补偿性的。阿德勒提到容貌丑陋这种缺陷会产生高人一等的需求(《阿尔弗雷德·阿德勒的个人心理学》，1956，46—47），卡伦写道，因为她"没有能力通过美貌来发光"，她"至少希望看起来'有趣'"或有"不寻常的智慧"。她对阿德勒关于男性抗议的说法特别感兴趣，

1　在高中毕业考试中，卡伦有八个科目成绩良好：宗教教育、古典拉丁语、法语、英语、历史、数学、化学和自然描述。德语和物理学成绩及格。她没有一个科目取得最高等级的成绩，即优秀。这个成绩很难，但她肯定是以这个成绩为目标的。她在弗赖堡的医学资格考试中表现得更为出色。她的成绩单显示，她的解剖学、生理学、物理学、化学和植物学成绩都是第一，动物学是第二。她的总成绩是优秀。

这种抗议在每个女人身上都会出现，以回应她对男性的自卑感。女孩的自卑感源于她们相对的身体弱点，根据弗洛伊德的说法，是由于缺乏阴茎。女孩"认为她的父亲是更强大的、有控制力的伙伴"，但"她很早就认同了她的母亲"，从而加强了她的从属感。作为一种抗议，"她试图尽可能多地采用男性特征，或以其他形式脱颖而出"。（《青春期日记》，251—252）

卡伦在识别自己身上的男性化抗议方面没有困难。孩提时代，她曾希望成为一个男孩。她"嫉妒贝恩特，因为他可以站在树旁撒尿"，她喜欢穿裤子，她在比划猜字游戏中扮演王子，12岁时她把头发剪到领口，"这样又成了卷发的王子"。虽然她喜欢玩娃娃，但她"根本不喜欢小孩子"，这是"对女性特有的母性的拒绝"，她通过学习成绩来弥补她身体上的自卑，"我比贝恩特成绩好，这一直是我的骄傲"。（《青春期日记》，252）在日记中的阿德勒篇章写下一周后，她梦见"奥斯卡有一个大阴道，我把手指放进去"。她认为，因为她把自己想象成"一个男人，把奥斯卡想象成一个女人"，这个梦揭示了同性恋的倾向和她"希望成为一个男人"。（未发表的日记，1911年1月11日）在她的文化中，卡伦通过学医和沉溺于淫乱的性生活，表现得像个男人。

根据卡伦的阿德勒式自我分析，她需要感觉到自己的优越性，因为她缺乏美感，还有女性自卑感，这导致了她的男性化抗议。她想通过在男性领域的出色表现来"掩盖她的自卑"，但女性的不自信使她害怕自己会失败，所以她像"一般的女性"一样，回避创造性工作（《青春期日记》，251—252），对考试过度焦虑。她的疲劳既是她焦虑的产物，也是她不想与男人竞争的借口，还是为自己创造特殊地位的手段。她无法通过出色的表现来掩饰自己的自卑，但她可以通过无法工作来掩饰。克莱尔的不自信归因于她在家庭中的经历，而不是她的性别，但对她的疲劳的分析与卡伦的阿德勒式自我分析大致相似。

克莱尔的大部分经历是在《自我分析》的一章中描述的，这章的标题为"病态依赖的系统自我分析"，卡伦在第五本日记中，特别是在有关她与瓦尔特·霍洛特的关系的篇章中，试图理解她所说的病态依赖。就像她为理解自己的疲劳所做的努力一样，她主要依靠弗洛伊德的理论，理解她从瓦尔特那里解脱出来的困难，但这里也有一篇日记预示了她后来的想法。

她与瓦尔特的关系可能始于1911年下半年，但似乎在1912年6月就已经结束了。第一次提到这段关系是在1912年4月2日，当时卡伦写下了一些问题，因为瓦尔特对她的性愿望感到"害怕"，而且似乎更喜欢与他的妻子丽莎"和平相处"，而不愿满足卡伦的要求（未发表的日记）。卡伦觉得"为了我的发展，有必要从他身上脱离出来"，并告诫自己"要坚持下去"，当晚她在电话中对他"冷淡无礼"（"为我受伤的自尊心报仇"），但随后她恳求他对她"好一点、多爱一点"："所以我毫无进展，我离不开他。"尽管他把他们上周日的做爱说成是她挑起的"旧病复发"，但她仍在"努力赢回他"："如果一个男人说这样的话，他还爱你吗？如果是丽莎挑拨的，我还想要一个由别的女人创造的男人吗？我难道没有一点自尊心吗？"（未发表的日记，1912年4月3日）

卡伦分析说，她与瓦尔特和丽莎的关系是她与父母关系的重演。

她不仅与瓦尔特联系在一起，也与丽莎联系在一起，她对两者都很矛盾，"热情的爱"之后是"同样热情的拒绝"。她试图"干预这段婚姻，一会儿是帮助性的，一会儿是破坏性的。然后是这两个人：丽莎，在智力上站得很高，歇斯底里，使人失去判断力，试图'支配他人'和'自我牺牲'，有道德上有缺陷；瓦尔特，头脑更简单，身体更强壮，性格更粗暴，但本质上低劣，处于被支配的地位。我的上帝，我一定是瞎了：这就是我父母的关系和我对他们的态度"。（未发表的日记，1912 年 4 月 7 日）

在精神分析理论的帮助下，卡伦再次试图用无意识的动机，来解释与她的意识判断和目标相冲突的行为，她再次发现这种解释并没有缓解她的问题。因为她正在重温"婴儿时期周围的人"，她无法摆脱"瓦尔特和丽莎"。这就是为什么"与瓦尔特的分离对我打击很大，以至于我有自杀倾向。而这一切竟都是为了瓦尔特，对我的意识生活来说意义不大的瓦尔特"。（未发表的日记，1912 年 4 月 7 日）第二天，她经历了"对瓦尔特的可怕欲望"，并"意识到这种情况是对婴儿时期周围的人的重复"，但"这种洞察力有什么用呢？"（未发表的日记，1912 年 4 月 9 日）。她对瓦尔特的局限性和自己的行为的强迫性都有敏锐的认识："瓦尔特，你这个傻大个：只有神经症的卡伦才爱你；健康的、自由的人会彻底地鄙视你。"（未发表的日记，1912 年 4 月 18 日）在这种情况下，神经症的卡伦是在无意识的恋母情结和同性情结的支配下强迫性地重温婴儿时期周围的人。

她对瓦尔特的病态依赖的另一种解释预示着对克莱尔的分析。卡伦认为自己被她的"爱高尚男人的梦想"束缚在瓦尔特身上，就像克莱尔被束缚在彼得身上一样。她无法从瓦尔特那里解脱出来，或者更广泛地说，从她对一个男人的需要中解脱出来，使她充满了自我憎恨。她觉得，鉴于瓦尔特的行为，他不可能爱上她，但由于她小时候受到的压迫，她"没有骄傲"，"没有自信心"（未发表的日记，1912年4月12日）。克莱尔也试图"从不幸的童年的阴影中解脱出来"，那段经历使她对爱感到绝望，没有自信，需要男人的拯救（《自我分析》，296）。

霍妮似乎早在1912年就感觉到，在她小时候受到的压迫、她对高尚男人的爱的梦想和她对男性的病态依赖倾向之间存在着因果关系（我将在第三部分末尾的克莱尔案例中探讨她对这种因果关系的发展）。在整个20世纪20年代，她继续用古典理论来分析自己，这个过程反映在她关于女性心理学的文章中。

第十章　男性情结:《论女性阉割情结的起源》和《逃离女性特征》

正如我们所看到的,南希·乔多罗(Nancy Chodorow)将精神分析女性主义的政治和理论起源定位在卡伦·霍妮身上,并认为她的理论"无论承认与否,构成了最近对精神分析性别理解的大多数修正的基础"。威廉·格罗斯曼观察到,霍妮的女性主义对精神分析的批判以及男性导向的文化对女性精神生活的影响,是当今一些最有力的女性主义著作的起源,尽管人们往往不承认这点。1991年,珍妮特·赛耶斯(Janet Sayers)将卡伦·霍妮与海伦·多伊奇(Helene Deutsch)、安娜·弗洛伊德(Anna Freud)和梅兰妮·克莱因(Melanie Klein)一起列为"精神分析之母"。

1923年至1935年间,霍妮共发表了19篇关于女性心理学的文章,其中超过三分之一的文章涉及女性的男性情结。她似乎一直试图用这种情结理解自己，并将自己从她认为它所反映的男性意识形态中解放出来。她对男性的女性观分析不可避免地涉及对精神分析的批判，因为精神分析曾为这种观点提供了基础。霍妮还专门写了一些关于两性关系的文章，在这些文章中，她努力将正统的思维模式与她从自身经验中获得的洞察力结合起来。她起初试图以符合精神分析基本前提的方式修改该理论，但她最终质疑这些前提，并拒绝将其对性和性别的依赖作为解释的原则。[1]

霍妮论述女性心理学的前四篇文章为：《论女性阉割情结的起源》（1923）、《逃离女性特征》（"The Flight from Womanhood"，1926）、《被抑制的女性特征》（"Inhibited Femininity"，1926—1927）和《女性的男性情结》（"The Masculinity Complex in Woman"，1927）。这些文章都集中于男性情结，被定义为"包括以下全部女性感情和幻想情节：女性被歧视的感觉，对男性的嫉妒，希望成为男性并抛弃女性特征"。霍妮还在随后的几篇文章和1933年5月在芝加哥举办的女性心理学讲座中讨论了女性对男性角色的偏爱。她后来对这个话题的论述比早期更具有自传性色彩。

1　威廉·格罗斯曼认为，"在霍妮和弗洛伊德之间的争论中，女性性行为是一个明显的问题，这个问题引发的争论可以引出更多基本但潜在的广泛理论观点的差异"。格罗斯曼对弗洛伊德和霍妮的女性心理学观点比较非常有价值，但他的整体论点是具有误导性的，因为霍妮对弗洛伊德的基本模式的异议发展得相当缓慢，直到她移居美国之后才具体化。霍妮在20世纪30年代与弗洛伊德的分歧是关于精神分析的模式；但在20世纪20年代，他们的分歧主要涉及女性心理学的特殊性。格罗斯曼混淆了霍妮思想的两个不同阶段。他引用了她关于女性心理学的文章和《精神分析新法》，但似乎没有认识到，到了1939年，霍妮已经发展出一个与她在20世纪20年代采用的精神分析模式非常不同的模式，但她仍然遵从弗洛伊德的范式。

为了回应卡尔·亚伯拉罕的《女性阉割情结的表现》（"Manifestations of the Female Castration Complex"，1920），霍妮写下了首篇男性情结文章，这篇文章重述了精神分析的女性观，并提供了丰富的实例。在她的反驳中，即在《论女性阉割情结的起源》一文中，霍妮没有对亚伯拉罕对男性情结的描述提出异议，但她对于他对其起源的解释感到不舒服，并开始发展她自己的"女性发展理论"，在这个理论中，女性不是具有天生缺陷和低于男性的。

亚伯拉罕认为，大多数女性希望成为男性，因为在她们发展的早期阶段，她们感到处于不利地位，"因为她们的外生殖器低人一等"。少女早期具有自恋倾向，没有"对自己身体的自卑感"，所以当她意识到自己没有阴茎时，她把它解释为"阉割造成的次要损失"，而不是"主要缺陷"。她把自己的生殖器看成一个伤口，并通过后来的月经、性交和分娩等事件提醒她被阉割的状态。

一旦她意识到自己缺乏阴茎，女孩的发展就会受到她为弥补自己的缺陷所做的努力的支配。她告诉自己，她的父亲最终会给她一个阴茎；这种情况没有发生时，她希望从她父亲那里得到一个孩子作为替代。在恋母阶段，她认同母亲，对父亲产生情欲依恋，并开始羡慕母亲拥有孩子。潜伏期过后，她的恋母情结又恢复了，在一个理想的发展过程中，她把对孩子的愿望从父亲身上剥离出来，为她的性欲寻求一个新的对象，并与她的被动性角色和解。然而，这种"正常"的发展是罕见的，因为女性被阉割的感觉被女性经历的世事变化所唤醒。亚伯拉罕的大部分文章讨论了阉割情结的各种形式，包括有意识的和无意识的。

　　霍妮的异议不在于亚伯拉罕对阉割情结形式的描述，而在于他认为阉割情结完全是基于女性对阴茎的渴望。她认为，他假设"女性因为她们的生殖器官而感到处于不利地位"，因为"在男性自恋中，这似乎……不言而喻"。对她来说，他的结论是女孩有一个"主要缺陷"，因为她的外生殖器比男性的差，这相当于"断言有一半人类对分配给她们的性别感到不满"。这种观点"不仅对女性的自恋，而且对生物科学来说都是无法让人满意的"。霍妮并不质疑女性阉割情结或阴茎嫉妒的存在，但她否认了女性固有的劣根性，以及弗洛伊德和亚伯拉罕提出的在阴茎嫉妒和阉割情结之间的因果关系。

　　霍妮在解释为什么阴茎嫉妒在女孩中很常见时认为，尽管年轻女孩的自卑感"绝不是主要的"，但她在"满足某些本能方面比男孩更受限制，而这些本能在性前期是最重要的"。这些包括尿道情欲、窥阴癖和手淫欲望。因为男孩可以以更令人满意的方式排尿，可以看到他们的性器官，并可以摆弄它，"身体构成的差异可能很容易引起一种痛苦的伤害感"和让年轻女孩产生对男性的嫉妒。他们后来以"男人在性生活方面有更大的自由"为由否定了女性的身份，"这确实是基于幼儿时期的实际经验"。

　　但霍妮不认为阴茎嫉妒是女性阉割情结的真正来源，相反，她指出对父亲的认同感是解决俄狄浦斯情结的一种手段。那些渴望成为男人的女性"十分显而易见地"经历了一个"极其强烈的恋父情结的阶段"，在此期间，她们把父亲作为爱的对象，并希望有一个他的孩子。事实上，这些女性已经幻想"由父亲进行充分的性占有"，以此来抵御她们在父亲没有回应她们的爱时对父亲的实际失望。这导致了更加痛苦的失望，因为她们觉得"她们的父亲实际上曾经是她们的情人，后来却翻脸不认人，或者抛弃了她们"。这种失望导致女孩放弃将父亲作为爱的对象，转而认同他。霍妮在一场名为"本能发育中的常见偏差"（"Common Deviations in Instinct Development"，1933）[1]的讲座中清楚地解释了这个过程，她举了一个孩子的例子，这个孩子通过假装自己是一只小猫来处理失去宠物的问题。用精神分析的术语来说，她通过纳入失去的爱的对象并扮演其角色来弥补她的损失。这个女孩以类似的方式处理她失去父亲的悲痛，她认同父亲并假装成一个男性。

当她放弃把父亲作为爱的对象时，女孩也放弃了她对父亲的孩子的渴望，这个时候，性前期"对阴茎的需求"以更强烈的形式重新出现。阉割情结所涉及的阴茎嫉妒并不是性前期的主要阴茎嫉妒，而是更强烈的嫉妒，是恋母情结的女孩对父亲的失望、放弃和随后的认同的产物。

霍妮提出了两个"原始的"或"基本的"女性幻想，这两种幻想催生了阉割情结。一个是被父亲的性占有，另一个是通过与父亲的性行为失去男性生殖器。对阉割的幻想引起了被伤害的感觉，以及"生殖器部位不正常"制造的焦虑。与女孩对被遗弃的失望结合起来，这种幻想为阉割情结所特有的"对男人的报复性态度"提供了更有力的解释，而不是对阴茎的嫉妒和"对她父亲将把阴茎作为礼物送给她的期望的失望"。

1　我在心理健康研究生中心存放的哈罗德·凯尔曼的论文中发现了这篇演讲，以及其他四篇。

到目前为止，在这篇文章中，霍妮并没有反驳有一半人类对分配给自己的性别感到不满的观点，也没有表明这一理论与生物科学不相容。事实上，她展示了女性命运的黑暗图景。女性处于不利地位，不仅是因为她们的阴茎嫉妒，包括性前期和恋母情结后期，而且还因为她们必须以损害其女性特征的方式解决恋母情结，而男性可以通过解决它来重申其性别认同。在感到被父亲遗弃后，女孩因女性爱情依恋的挫折而痛苦，因针对父亲的强烈愤怒和报复感而痛苦，因乱伦幻想产生的内疚感而痛苦。认同母亲的男孩和认同父亲的女孩都否定了他们的性别角色，但有强大的力量反对男孩的认同，支持女孩的认同。男孩对母亲的认同"与他有意识的自恋不同"，意味着他对阉割的恐惧的实现，但女孩对父亲的认同"由对阴茎的古老愿望所证实"，带有一种无罪感，因为它是对恋母情结罪责的辩护。女性希望像男性一样，因为"作为一个女人本身就被认为是有罪的"。

尽管霍妮在文章开头的措辞让读者期待她提出女性发展版本可以更令人满意地解释女性自恋，但她的叙述似乎比弗洛伊德或亚伯拉罕更暗淡苍白。我们必须问，霍妮从她的理论中获得了什么？它是如何让她对作为一个女人感到更好，并满足她自己的心理需求的？

霍妮恢复了一些女性的自豪感，她认为在恋母阶段，女孩的失望不是因为父亲没有给她一个阴茎或一个孩子，而是因为她的女性爱情依恋受挫，因为她的"受伤的女性特征"感到失望。虽然没有阴茎可能构成性前期的真正不利因素，但最严重地损害女性发展的是对父亲爱情依恋的挫折。她们的男性情结不是来自生理构造上的劣势，而是来自恋母阶段的一种状态，这种状态注定了她们的失望、退步和内疚的感觉。她们是受伤的女性，而不是有缺陷的男性。

毫无疑问，霍妮经常在精神分析对男性情结的描述中看到自己。她认为自己是亚伯拉罕所描述的那些女性之一，她们从事"具有智识和专业性质的男性追求"，升华成为男性的愿望。霍妮没有反驳几乎所有女性都有某种形式的男性情结这一观点，而是说明了这种情况的必然性。我猜想，她通过把她的命运描绘成普通的命运来安慰自己。她把女性描绘成对爱情失望的受害者，而不是有内在的缺陷，从而使这种命运更加浪漫，不那么令人感到屈辱。

在《论女性阉割情结的起源》中，最引人注目的是霍妮把重点放在父女关系上。这部分反映了关于女性恋母情结的标准精神分析思想，但霍妮的版本有一些独特之处，可能具有自传性意义。虽然霍妮的日记中并没有提供任何证据表明她对父亲有爱情依恋，反而是有很多激烈的愤怒和失望。《论女性阉割情结的起源》可能会把我们带回到卡伦生命中的一个时期，当时她有"极其强烈的恋父情结"，就像她赋予那些渴望成为男人的女人的明显特征。[1] 她把被父亲性占有描述

1　未发表的日记中记载道，大约在 1902 年，卡伦曾以她与父亲和母亲的婴儿期关系的复苏来解释瓦尔特和丽莎·霍洛特对她的强迫性吸引："我曾开玩笑地称自己对瓦尔特的感觉是'恋父情结'，我很清楚这个笑话的含义。"她觉得自己无法从瓦尔特那里解脱出来，因为他是父亲的替代品。从弗洛伊德的角度来看，卡伦觉得自己被"对高尚男人的爱的梦想"束缚住了，这一事实加强了对父亲的迷恋这一概念，因为亚伯拉罕将对"最伟大"男人的需求追溯到"幼年时期对父亲的欲望"。

卡伦把她对丽莎的依恋看作同一画面的另一部分，因为丽莎在婴儿期中代表着桑妮，而卡伦在《论女性阉割情结的起源》中认为，对父亲的认同（由于恋母情结的失望）"也相当于对母亲的渴望"。在 1911 年 1 月 9 日的日记中，她写道，她想成为一个男孩，"也与我想成为桑妮的丈夫有关"（未发表的日记）。

为"女性的原始幻想"，这表明这是她的一个幻想。当"与父母的现实关系……不愉快"，就像她的情况一样，这种幻想就更为根深蒂固。

霍妮的文章强烈表达了被父亲背叛、遗弃和严重伤害的感觉。虽然这些感觉是基于与父亲发生性关系的幻想，但霍妮观察到，她的患者体验到的情绪就像出现了一个真正的伤口。卡伦自己虽未在身体上但可能在情感上被她的父亲伤害了。当她还是个小女孩时，他不爱她；当她感到被桑妮和贝恩特排斥时，他没有帮助她；他偏爱贝恩特和他上一次婚姻的儿子们，歧视她；他反对她的学术抱负；当她是个少女时，他用无数的小方法让她痛苦。即使她的患者没有与他们的父亲发生过乱伦关系，霍妮仍然认为这些父亲要对他们女儿的受伤状态负责。那些认为自己被父亲强奸的患者，不是抱怨她们受到了性虐待，而是抱怨她们被抛弃了。

霍妮这篇文章的潜台词是，如果她的父亲对她的爱的需求做出了回应，她是否就不会发展出男性情结，以及随之而来的与男性关系的困扰？缺乏来自父亲的足够温暖，是否导致乱伦幻想和生殖器受损的幻想？尽管文章的导言很激动人心，但弥漫在文章中的悲观情绪是否反映了霍妮觉得她找不到摆脱困境的方法？她是否通过把自己的困境

在《论女性阉割情结的起源》中，她认为，在阉割情结占主导地位的每个案例中，都有"明显的同性恋倾向"，在她的第五本日记中，有许多关于她认为她有同性恋倾向的内容。她梦见奥斯卡有一个阴道，她把手指插进去，表明她有"同性恋的欲望"（未发表的日记，1911 年 1 月 11 日），丽莎对她的吸引（1911年 1 月 23 日），她的性冷淡（1912 年 5 月 4 日），以及她对女性朋友的渴望（1912 年 4 月 16 日和 5 月 4 日）也是如此。在卡伦·霍妮生命的最后 20 年里，有三个认识她的人谈到她至少有过一次女同性恋的经历。每个人口中的伴侣都不相同。

描绘成普通人的命运来安慰自己？

在《逃离女性特征：两性眼中女性的男性情结》（"The Flight from Womanhood: The Masculinity-Complex in Women as Viewed by Men and by Women"，1926）中，霍妮再次试图修改精神分析中关于女人天生不如男人的观点。这一次，她既更加积极，也更加成功，尽管她对女性状况的看法仍然很暗淡。她在这里的论点主要是针对弗洛伊德，尽管她也对海伦·多伊奇和桑多尔·费伦茨（Sandor Ferenczi）提出异议。她断言，对女性本质和发展的精神分析观点是一位男性天才和一种男性主导的文化的产物；如果我们"把我们的思想从这种男性的思维模式中解放出来，几乎所有的女性心理学问题都会呈现出不同的面貌"。

正如泽尼亚·奥德斯·弗利格尔（Zenia Odes Fliegel，1973）所观察到的，弗洛伊德的《两性解剖学差异所造成的心理影响》（"Some Psychological Consequences of the Anatomical Distinction betweem the Sexes"，1925）似乎是对霍妮的《论女性阉割情结的起源》的回应，而霍妮的《逃离女性特征》是对《两性解剖学差异所造成的心理影响》的回应。[1]弗洛伊德接受了霍妮在《论女性阉割情结的起源》中的部分论点，同意"如果女孩对父亲的依恋后来变得悲痛而不得不放弃，它可能会让位于对父亲的认同，女孩可能因此回到她的男性情结

---

[1]　我们主要通过弗利格尔的作品梳理了 20 世纪 20 年代和 30 年代初关于女性心理学的辩论历史。欧内斯特·琼斯（Ernest Jones）站在霍妮一边，但弗洛伊德在《女性性欲》（1931）和《精神分析新论》（1933）中已有定论。在奥托·费尼谢尔（Otto Fenichel）将这种分歧描述为弗洛伊德和琼斯之辩之后，霍妮的名字从讨论中消失了，后来，霍妮和琼斯在这个问题上保持沉默，弗洛伊德的观点占了上风，辩论本身也逐渐消失了。

中，并可能继续固着于此"。但他通过坚持认为女孩对孩子的愿望是对她没有阴茎的失望的回应，来论证阴茎嫉妒在女孩发展中的首要地位，而且正是这种愿望导致她把父亲作为爱的对象。对弗洛伊德来说，就像对亚伯拉罕一样，女性是被阉割的生物，她们的发展是由她们弥补没有阴茎的需要决定的。他进一步贬低女性，认为她们表现出的"正义感不如男性"，而且她们的判断"更经常受到感情或敌意的影响"，因为她们没有像男性那样，在被阉割的威胁下被迫放弃和解除恋母情结的欲望，并将其纳入超我。他坚持认为，"女权主义者急于强迫我们相信，男女在地位和价值上完全平等，我们不能允许自己被其影响而偏离正确结论"。

在《逃离女性特征》中，霍妮愤慨地认为，精神分析的女性观是片面的男性视角的产物，因此是扭曲的和不可信的。她引用格奥尔格·齐美尔（Georg Simmel）的观点，认为"我们的文明是一种男性文明"，不是因为女性的劣势，而是因为"男性在力量上占优势"；"人类据以估计男性和女性自然价值的标准""本身就是男性化的"。由于"男人的优势地位"，他们对女性的概念被认为是客观有效的，并被女性自己所采纳。[1]

女性不仅倾向于按照男性的要求来看待自己，而且她们还适应男性的愿望，然后觉得"仿佛她们的适应就是她们的真实本性"。这种适应"发生在很早的时期，而且程度很深，以至于一个小女孩的特质

---

[1] 这可能是对海伦·多伊奇的暗中攻击，霍妮在她的文章中对多伊奇的《女性性功能的心理分析》（*Psychoanalysis of the Sexual Functions of Women*，1925）提出异议。她暗示，多伊奇和其他大多数女性一样，被洗脑后采用了男性化的女性观。霍妮曾在《国际精神分析杂志》上发表过对多伊奇这本书的长篇批判。

天性都被它淹没了"。女性被一种男性化的观点所感染，这使她们没有机会按照自己的真实本性发展。

分析心理学也处于男性思维模式的"魔咒"之下。分析性研究常常为自己建立在"经验的可靠基础"上而自豪，但其实"所有的经验在本质上都包含着主观因素"。临床经验受到患者提供的材料和精神分析家对它的解释的影响。对女性心理学的解释是由男性的标准决定的，因此不能"很准确地呈现女性的真实特质"。

男性化思维模式强调男性和女性生殖器之间的差异，却忽视了"另一个巨大的生物差异"，即男女在生殖方面扮演的不同角色。女性做母亲的能力使她们"具有相当无可争议的、绝不可忽视的生理优势"，而男性则相应地"嫉妒怀孕、分娩和母性，以及乳房和吮吸行为"。男性对母性的嫉妒产生了一种无意识的"贬值倾向"，这在费伦茨的生殖器理论和一般的精神分析中都有所体现。男人让自己相信生孩子的愿望实际上是对阴茎的渴望，从而缓解自卑感，并且认为做母亲是一个他们应该庆幸自己不必承担的负担。只要假设女性实际上是有缺陷的，我们就无法看到"女性低劣的教条实际是起源于一种无意识的男性倾向"。

霍妮在回应海伦·多伊奇关于女性的男性情结比男性的女性情结要强得多的论点时指出，男性"在每个领域的创造性工作的冲动"的巨大力量，"主要是由于他们觉得自己在创造生命的过程中扮演了相对较小的角色，这不断促使他们在其他成就中过度补偿"。尽管他们升华嫉妒的能力确实更强，但他们的嫉妒本身比女人的嫉妒更强烈，这表现在他们需要贬低女人比女人需要贬低他们更多。

事实上，霍妮已经用精神分析方法分析了文化和精神分析对女性的态度，她发现，这些态度起源于男性的嫉妒和自卑。霍妮在童年时因为是女孩而感到自卑，但在这篇文章中，她宣称女性的生理优势，这引起了男性的嫉妒、敌意和贬低女性的需要。霍妮在这些想法上沉思了一段时间，她把阿德勒的话抄在日记里，说他"还没有见过一个男性神经症患者不以某种方式强调女性的劣势"（未发表的日记，1911 年 4 月）。

到目前为止，霍妮已经从根本上挑战了精神分析，质疑其认识论基础，将其视为文化的产物，并嘲笑男性中心主义。然而，当她开始推进她自己对女性发展的解释时，她又回到了精神分析思想的传统模式，并从性心理而不是文化的角度来解释女孩对自己的男性观点的采纳。虽然她提供了许多新的想法，但她的女性心理学版本并不像她引导我们所期望的那样与弗洛伊德有根本的区别。

正如她在第五本日记中对自己的疲惫感产生了许多不同的、有时自相矛盾的解释一样，霍妮在她的女性心理学的作品中也对男性情结提出了多样化的解释。在《逃离女性特征》中，她将其归结为"女性生殖器焦虑，与男孩的阉割恐惧一样"，带有"罪恶感的印记"，因为它与手淫和乱伦的欲望有关。她认为阴道和阴蒂很可能在早期性行为中起作用，因为"人们熟悉的幻想是，过大的阴茎正在强行插入，产生疼痛和出血，并预示要破坏一些东西"，而"男孩可以检查他的生殖器，看看是否正在发生可怕的"损害，女孩却无法检查这种损害。为了逃避焦虑，女孩"在一个虚构的男性角色身上寻求庇护"。成为男人的幻想使她"免受与父亲有关的性欲的影响"，并使她"摆脱现在背负着内疚的女性角色"。女性有阉割幻想，因为当她们采用男性角色时，她们的女性生殖器焦虑被彻底转化为男性视角，即对阴道损伤的恐惧变成了对阉割的幻想。她们希望恢复她们想象中失去的阴茎，作为无罪的证明。

在这一点上，霍妮不再将女性的自卑感追溯到男性标准的支配，而是追溯到女孩从恋母情结的内疚和生殖器的焦虑中逃离到男性角色。当她用"与她特定的生物性相异的价值观"来评判自己时，她必然会感到不充分。尽管她的自卑感非常折磨人，但比起"与女性态度相关的内疚感"，它更能被容忍，因此，"当女孩从罪恶感的斯库拉（Scylla）逃到自卑感的卡律布狄斯（Charybdis），无疑是自我的收获"[1]。霍妮再次得出了对女性状况的阴郁看法。

文化加剧了恋母阶段的困难，特别是女孩的自卑感。两性之间的关系是主人和奴隶的关系；霍妮引用了齐美尔的观点，即主人的特权之一是他不必经常想到自己是主人，而奴隶却永远无法忘记自己是奴隶。女性劳动在社会生活中的劣势在男性主导的精神分析理论中被忽略了，但是一个女孩从出生开始就暴露在暗示中，这是不可避免的，不管是粗暴地还是微妙地传达她的劣势，这种经历不断刺激着她的男性情结。由于各行各业一直被男性把持，女性无法展示她们的能力，因此看起来她们的自卑是有事实依据的。霍妮认为女性是生物学和文化的受害者。她们"想逃离女性特征的无意识动机"会被她们的"社

1　斯库拉是一块危险的巨岩，它的对面是卡律布狄斯大漩涡。在希腊神话中，它们分别是吞吃水手的女海妖和吞噬船只的大漩涡怪。形容进退两难的境地。——编者注

会从属地位"进一步强化。

尽管文章很精彩，但《逃离女性特征》也有矛盾之处，这种矛盾其实反映了作者的矛盾和困惑，以及她矛盾的心理需求。文章的前半部分包含了她后来强调文化在性角色中的作用的种子，但到了最后，文化被认为只是强化了逃离女性特征的无意识动机。霍妮实际上为女性的自卑感提出了两种完全不同的解释。尽管她对其社会来源进行了有力的分析，但她最终还是主要从其性病理学的角度来解释它们。在文章开头，她承诺要确定女性适应男性结构的时间点。这就是恋母情结的女孩拥抱"男性的虚构"，以逃离现在与女性角色相关的内疚和焦虑的时刻。霍妮将齐美尔的文化解释与弗洛伊德的生物学解释混为一谈，而她似乎并没有意识到这一点。

尽管霍妮在认识论上对精神分析进行了批评，但她的论点是基于弗洛伊德关于无意识的性因素的作用的假设。她提出，精神分析版本的女性无意识是男性态度的投射，但她的模型是由同样的方法论产生的，这一点同样值得怀疑。尽管她试图摆脱男性和女性在思考女性问题时受到的洗脑，但她无法从被灌输的精神分析思维模式中解脱出来。然而，我们看到她开始产生怀疑，并开始探索一种不同的思维方式。在《逃离女性特征》中，她对弗洛伊德精神分析的信念战胜了她的怀疑。

这篇文章不仅反映了她对精神分析的矛盾情绪，也反映了她对作为一个女人的矛盾情绪。霍妮似乎在与自己的自卑感和想成为一个男人的愿望做斗争，试图说服自己，做一个女人真的更好。她试图通过颂扬母性和坚持认为阴蒂不只是未发育的阴茎，而是合法的女性生殖器，来恢复女性的尊严。她提出了一种特殊的"女性形式的手淫"，并认为在年轻女孩身上存在着"器官性阴道激情"，即她是一个发育中的女性，而不是一个不完整的男性。她认为"两性的相互吸引"是一个"基本的……自然原则"，而不仅仅是女孩阴茎嫉妒的产物；相反，女孩对阴茎的兴趣是这种吸引力的一种表达。霍妮想要表明，女孩和女人有其独特的生物结构和发展模式，我们应从女性的角度来予以解读，而不仅仅是将其作为她们与男性的区别和假定的劣势的产物来理解。

　　然而，正如我们所看到的，这篇文章并没有肯定女性的优越性，甚至没有肯定女性的平等地位。霍妮将女性描绘成本质上比男性更差的生物，因为她们的性心理发展变化无常。男性情结是"一种次要的形成，体现了在向女性发展过程中流产的一切"，但这种发展似乎注定会流产。霍妮发现由恋母情结导致的阴茎嫉妒的倒退"不只在极端情况下发生……而是经常发生"。

　　《逃离女性特征》以多种方式满足了霍妮的心理需求。这篇文章为她对弗洛伊德和其他男性或以男性为主导的精神分析家们的愤怒提供了一个出口，因为他们的阴茎中心主义和对女性的贬低。此外，这篇文章还满足了霍妮的女性自恋，恢复了她的女性自豪感。最后，它使她能够以一种普遍化和非个人化的方式解释她自己在女性角色方面的困难，将其归结为女性状况的必然结果。女性之所以有男性情结，是因为她们需要逃避因恋母情结而产生的罪恶感和焦虑感，而由于男性主导的文化的压倒性力量，她们与自己基本的女性本性疏远了。

第十一章　日益重要的母亲角色

　　直到 20 世纪 30 年代中期，霍妮仍在很大程度上用男性情结来分析她的问题，并试图对这一概念做出解释，使之比当代精神分析理论中的概念更符合她的个人经验。她在继续认同关于人类发展中性心理阶段重要性的分析思想的同时，越来越重视文化因素和与家庭成员的关系，特别是和母亲的关系。因此，她对男性情结的讨论越来越多地反映了她自己的问题和家庭经历。她的女性心理学理论随着她的临床经验、个人需要和不断发展的自我理解而不断发展。

　　与《论女性阉割情结的起源》或《逃离女性特征》相比，《被抑制的女性特征：对性冷淡问题的精神分析贡献》（ *Inhibited Femininity: Psychoanalytical Contribution to the Problem of Frigidity* ）更具自传性。按照霍妮的定义，"性冷淡"总是和异性关系受损有关，表现为"冷漠或病态的嫉妒，不信任或易怒，提出或感到自卑，需要情人或与女性的亲密友谊"，以及没有能力建立包括"灵魂与肉体"的爱情关系。几乎所有这些情况都可以在卡伦的日记讲述她婚后与奥斯卡的关系中找到。

鉴于她的性生活似乎非常活跃，我们可能很难认为霍妮性冷淡，但她自己指出，性冷淡的女人可以"有情欲反应和性要求"。她们不拒绝性，但不愿意"承担具体的女性角色"。[1]性冷淡在某些条件下可能会消失，如禁忌的气氛，"遭受一些暴力"和排除"所有的情感参与"。这些因素在霍妮的经历中当然是存在的。

霍妮将性冷淡归因于男性情结，她在这里对男性情结进行了相当生动的描述。女性由于"对作为特权者的男性的愤懑"而试图打败男性，或者"通过日常游击战的千百种手段在心理上削弱他"。我们不知道这是否描述了她自己的婚姻，但这完全符合桑妮和瓦克尔斯的关系。这个女人既"贬低所有的男人"，又"认为他们比自己优秀"。因为"一切都要以男性为标准来衡量"，即使"在那些有成就、有天赋的女性身上，也存在着相当程度的不踏实"。这种不踏实"可能表现为对批评的过度敏感或胆怯"。这里的自我指涉是显而易见的：霍妮（和克莱尔，就这一点而言）是一个有天赋的女人，很胆怯，对批评很敏感。

1　女性角色可能指的是女性在性交中的角色。在她的日记中，卡伦想知道丽莎·霍洛特是否对瓦尔特"以苛刻的眼光"描述了她特殊的性要求，以及他是否"被吓坏了"（未发表的日记，1912 年 4 月 2 日）。也许卡伦想成为主动的、占主导地位的伴侣，承担起优越的（男性）地位。在《女性功能障碍的精神因素》（1933）中，霍妮描述了一个患者的症状，这个患者对一个受偏爱的兄弟的羡慕"毒害了她的整个生活，特别是她与男人的关系。她想成为一个男人，并在幻想和梦中扮演这个角色。在性交过程中，她有时有意识地希望改变性别角色"。

由于性冷淡的介入，男性情结加重了女性的自卑感，因为"在更深的层次上"，性冷淡"正好可以被感受为一种没有爱的能力"。因此，相对于女性的爱的标准，以及男性的优势和成就的标准，女性认为自己是有缺陷的。霍妮在这里引入了恶性循环的概念，她将反复使用这个概念：当女人"从女性角色逃到虚构的男性角色中"，她通过"用一个与她本质上格格不入的标准"来衡量自己，加强了自己的自卑感。在她的成熟理论中，霍妮指出，当我们试图通过活出一个不切实际的想象中的自己来逃避时，我们只会加剧我们的自我蔑视。她因此发现了自我异化的问题，尽管在她思想的这个阶段，她认为这是一个性别问题。

霍妮对男性情结起源的叙述中，涵盖了人们所熟悉的话题，即阴茎嫉妒、对父亲的失望以及"受宠的兄弟"，但她也观察到女孩可能"从她的女性角色中退缩"，因为她认为母亲在性交中"被强奸、损害、伤害或生病"了。"父亲的暴行和母亲的疾病"可能会让孩子认为"女人的地位是不稳定的，是危险的"。一个受宠的兄弟，一个残暴的父亲，一个因婚姻不幸而生病的母亲，都是霍妮自己经历中的突出特点。

在《被抑制的女性特征》中，霍妮将男性情结及其伴随的性冷淡症状的频繁出现，归因于男性主导文化不利于女性及其个性的发展。但这篇文章之后的文章是《女性的男性情结》，她在这篇文章中认为男性情结是独立于文化的，因此是"一个独立的女性心理学板块"，鉴于她自己越来越强调心理发展中的文化因素，我们认为她可能会支持阿德勒的立场，即男性情结是一种社会状况的结果，在这种状况下，"我们本能地将男性等同于高级，将女性等同于低级"，但她否定了阿德勒，因为他没有进行艰难的"深入探索"。男性情结背后的"驱动力"是"早期情感关系中产生的对女性性体验的恐惧"。

这篇文章与之前的文章不同，强调了女孩对父亲的恐惧是她寻求摆脱女性角色的主要原因。她的恋母幻想诱发了对父亲性侵犯的无意识恐惧，这种侵犯会使她的生殖器受到伤害。尽管男孩也会因为与父母的冲突而产生焦虑，但对女孩来说"有真正的危险"，因为她的"生殖器构成，让她比男孩更危险"。在《论女性阉割情结的起源》中，霍妮提出了由阉割产生的被父亲性占有的原始幻想，但她强调的是女孩的被背叛感和被遗弃感。在这篇文章中，她不仅将女孩对父亲的渴望和失望纳入她的理论，还将其对父亲的恐惧纳入其中。

在随后的讨论中，霍妮继续提到父亲或兄弟，女孩在他们身上"感到温柔的依恋，但他们却让她失望；或者是有一个比她更受宠的兄弟"；但她越来越强调与母亲关系的重要性。[1]在《女性功能障碍的精神因素》中，她谈到了对母亲的"婴儿期仇恨"，认为其是通过禁止手淫而"禁止性生活和性快乐的人"。她的证据是移情，她描述了一个患者如何"在等候室里恐惧地颤抖，在情感上觉得（霍妮）像一个无情的恶灵"。这个患者只有在她的精神分析师，即"下禁令的母亲"不在的时候，才能够和她的爱人体验到完全的高潮，她"几次用一种

---

1 在《精神分析之母》中，珍妮特·赛耶斯指出，霍妮是第一个将重点从弗洛伊德的以父亲为中心的发展描述转移到以女孩与母亲的关系为重点的描述。赛耶斯在描述霍妮如何预见后来的理论发展方面很有帮助，但她对于卡伦对桑妮的崇拜的描述有误导性。她有时过多地援引霍妮与母亲相关的各种经历进行解释，有时对霍妮思想各个方面的解读过于笼统。

胜利的声音感叹，'我给霍妮放假了'"。我们无法确定桑妮是否真的责备过女儿的手淫，尽管霍妮经常提到女性的内疚和对自慰的焦虑，表明她可能这样做过。无论如何，霍妮意识到母亲的不利影响，这种感觉强行进入她的理论，并在其中占据越来越突出的位置。

母亲的作用在霍妮的下一篇文章《母性冲突》（1933c）中得到了更充分的发展。母亲和成熟的女儿之间的竞争是自然而然的，但如果"母亲自己的恋母情结造成了过分强烈的竞争感"，那么这种竞争可能"在女儿的婴儿期就开始了"，并"形成了怪异的形式"。据推测，母亲将自己的母亲争夺父亲的注意力的竞争转移到女儿身上，她试图在争夺男人的竞争中胜过女儿，于是，母亲可能会"嘲笑和贬低"女儿，"阻止她看起来有吸引力或与男孩见面等等，其秘密目的始终是阻挠女儿的女性发展"。这样的母亲正在遭受她自己的男性情结的折磨，这种男性情结表现在她的"专横的态度"和"绝对控制孩子的欲望"上。

逃离女性特征的母亲通过传达她们对女性角色的厌恶，诱发了女儿的男性情结。她们教导女儿"男人是野蛮人，女人是受苦的动物，女性角色是令人厌恶和可怜的，月经是一种疾病（'诅咒'），性交是为丈夫的欲望所做的牺牲"。我们不难想象，卡伦从桑妮那里接收到了这样的信息。霍妮还提到，这样的母亲是"不能容忍任何性表现的"，但否认性快感只是诱发女儿们的男性情结的一个因素。虽然仍然从弗洛伊德的前提出发，但霍妮已经引入了一些符合她自己经验的因素。

霍妮在题为"本能发育中的常见偏差"[1]的演讲中再次以自传的方式讨论了男性情结。在这里，母亲是有男性情结的女性经历中的核心人物。这些女性要么担心母亲会对她们做出"可怕的事情"，要么对母亲有一种"可怕的憎恨"，这可能表现为过度焦虑，担心母亲"会遇到意外"。这种过度保护的态度（就像卡伦对桑妮的态度）掩盖了内心压抑的"希望"母亲"死亡的愿望"。当孩子"受到母亲的威胁或反对时"，她的反应是充满敌意的，而她的敌意使她害怕母亲的报复。霍妮口中的恶性循环已经开始了——孩子的恐惧增加了她对母亲的怨恨，她的怨恨又加剧了她的恐惧，她的恐惧又加剧了她的怨恨，如此反复。只有这样才能解释女儿对母亲"产生的巨大的敌意"。霍妮是想理解她对桑妮的愤怒的强度吗？女孩对母亲的恐惧和憎恨导致她不承认自己的女性角色：因为她恨母亲，所以她不想和她一样，因为她害怕她，所以她不敢做她的对手，"我不想和你或其他女人竞争。我将避免在女性跑道上的竞争。我退出"。

霍妮认为，所有偏离正常女性发展的行为都涉及从女性角色中退出，并且想要成为一个男性。有男性情结的女性往往"反感屈服于权威或任何传统的东西"，并且不喜欢"处于依赖的状态"。她们不想成

1　霍妮于 1933 年 4 月和 5 月在芝加哥举办了七场关于女性心理学的讲座。前两讲资料缺失，第三讲是"本能发育中的常见偏差"，第四讲的题目是"与男性关系中的冲突（性冷淡问题）"，第五讲和第六讲都讨论了"月经失调的精神因素"，第七讲的题目是"心理治疗的可能性和局限性"，但该讲事实上并不是关于这个主题的。这些讲座目前以打字稿的形式存在，显然是根据速记笔记整理的，目标观众似乎是产科医生和妇科医生。这些演讲的许多观点和例子在霍妮 1933 年至 1935 年间发表的论文中再次出现。其中第三讲是最有价值的，包含了我们在其他地方找不到的材料。

为"感情上的依附者"，因为依附意味着依赖。当她们与男性交往时，她们"试图表现得冷漠，无动于衷，并以这种方式保持优越感"。这种分析很可能是在描述卡伦·霍妮，一个不服从弗洛伊德或亚伯拉罕权威的女人，她的性行为是非常规的，而且她似乎需要让男人依附在自己身上，同时保持她的独立性。正如我们将看到的，她经常与年轻男子或处于依赖地位的男子发生关系，这可能是她需要保持优越角色的表现。

霍妮认为，父亲和母亲一样，也可能会驱使女性"采取男性同性恋态度"，她对父女关系的讨论也带有自传性色彩。在她的临床经验中，常常出现与父亲"没有任何情感联系"的情况，父亲是婚姻中较弱的一方；但"渐渐地，人们发现原来父亲具有非常强烈的甚至是激昂的吸引力"，而且女孩"从他那儿遭受了一些失望"。这种失望可能是一种不公正的待遇，如对哥哥的偏爱、意外的惩罚，或父亲不一致的态度。如果卡伦确实在父亲的一次或多次航行中陪伴他，她可能已经对父亲产生了一种亲近感，但当他们回来时，或者当父亲不支持她的学术抱负时，这种亲近感就被打破了。女孩的失望"投射在整个男性群体身上，这使她远离了爱情生活"。瓦克尔斯和贝恩特的行为并没有驱使卡伦远离爱情生活，但这可能启动了她对过于依赖男人的终生恐惧。

与母亲的关系在《女性青少年时期的人格变化》（"Personality Changes in Female Adolescents"，1935）中再次发挥了核心作用，这是霍妮最后发表的关于女性心理学的文章。在这篇文章里，她认为在青春期，女孩可能会发展出同性恋或"为男孩疯狂"的倾向，或者她们可能会"沉浸在升华的活动中"或"情感疏远"。这四种类型的女孩有一个共同点，就是对女性角色的不适应，女孩们完全回避、反叛或夸大这种角色。她们可能对男人表现出不同强度的对立态度，但她们对女性的敌意是"绝对破坏性的"，而且被深深地隐藏起来。她们抱怨母亲"缺乏温暖、缺乏爱心、缺乏理解、偏爱她的兄弟、对性纯洁的要求过度严格"，但对母亲以及移情中的女性精神分析师最深刻的敌意是源于恋母情结的性嫉妒。

　　为了理解霍妮的论点，我们还必须借鉴大约在同一时期写的《对爱情的过高评价》（1934）。当我们发现这个女孩的自慰幻想时，她对母亲的敌意范围就显现出来了，这些幻想涉及"对某个被囚禁、被羞辱、被贬低、被折磨的……生殖器被毁坏的女人……施加伤害"。最后一个幻想是被压抑得最厉害的，也是最基本的，它表达了这样一种欲望：母亲不与父亲或父亲的孩子发生关系，以免"在男人面前显得丑陋和令人厌恶"。由于同态复仇法，女孩担心，既然她希望母亲的生殖器被毁坏，那么她在进行性活动时也会被毁坏。然而，她一直在进行手淫，因此觉得自己已经受到了她所幻想的伤害，于是她变得和她所恨的母亲一样可怕。

　　女孩对母亲既感到内疚又感到恐惧。她的内疚是由于她的虐待狂幻想，她在手淫中体验到内疚，在手淫中出现了幻想。由于她的内疚，她有对惩罚的期望，后来她把这种期望转移到精神分析师身上，她相信精神分析师"恶意地、故意地想折磨"她。她通过反对分析师来抵御与内疚有关的恐惧，就像她之前反对母亲一样。

　　霍妮所说的四种类型女孩中有三种避免与其他女性竞争，因为她们与母亲或姐姐有过特别强烈的竞争。"为男孩疯狂"型虽然仍在竞争，但有一种巨大的忧虑。霍妮列出了加剧与家庭中其他女性的自然竞争的因素："过早的性发育和性意识；早期的恐吓使女孩缺乏自信；父母之间的婚姻冲突，迫使女儿站在父母中的一方；母亲公开或变相的拒绝；父亲过度亲近的态度。"除了最后一种可能，其他所有都是霍妮童年经历的一部分；除了最后一种可能，所有这些也都出现在克莱尔的故事中。霍妮所描述的女孩认为自己没有吸引力，感觉自己不如其他女性，因此放弃了自己的女性角色，在"男性"领域与男性竞争而不是与女性竞争。因为她们发现男性角色很受欢迎，"她们可能会对男性产生强烈的嫉妒，有贬低他们能力的倾向"。

霍妮此时从女孩与家庭中的其他女性，特别是与母亲的关系中，得出了男性情结和所有传统上与阴茎嫉妒有关的现象，如自卑感、报复心和与男性的竞争。她仍然提到对男人的怨恨，这种怨恨来自过去的失望，并导致一种秘密的报复欲望，但母亲已经取代了父亲，成为发展困难的主要来源。

《女性青少年时期的人格变化》的结论明显预示了霍妮后来的想法。她描述的青春期女孩的四种类型代表了抵御焦虑的不同方式。有些人通过追求升华的活动来保护自己，有些人沉迷于情爱领域，有些人变得疏离，而有些则成为同性恋。霍妮对各种类型之间关系的讨论有助于我们理解为什么我们在其中的几个类型中认出了她，尽管它们彼此之间是如此不同。女孩身上发生的事情以及她们的性情如何导致她们处理自己的经历，都决定了结果。在某些情况下，周遭环境起到了决定性作用，以至于只有一种解决方案是可行的，然后我们看到了一个纯粹的类型；但许多女孩在青春期或后期经历的驱使下，放弃之前的方式，尝试另一种方式，这就是霍妮自身发展出现的情况。她的基本问题来自童年，而且基本保持不变，但她的防御措施发生了变化。此外，人们可能会"同时尝试不同的解决方案"，创造出一种"典型倾向的混合物"。这也是霍妮的情况。我们看到她的性格反映在她的理论的不同方面，因为她的问题有很多原因，为此她同时或依次采用了各种相互冲突的解决方案。

我强调霍妮文章中的自传性成分，并不是说她只写自己，也不是说她所说的关于女性的一切都与她本人完全相符。她的一些解释似乎适用于她自己的情况，而其他的解释则反映了公认的思维模式和从她的临床经验中得出的洞察力的混合。然而，她越是偏离正统的理论，她的文章就越是具有自传性。她一直在探索相同类型的问题，但她的解释随着她从正统思想中解放出来而发生了变化。我认为，她对男性情结的解释从以父亲为中心转向以母亲为中心，是由于她越来越认识到她与桑妮的冲突的重要性，而现有的分析理论对此几乎没有涉及。她思想的演变与她对自我理解的探索是同步进行的。

第十二章　异性关系

　　除了男性情结的文章外，霍妮还写了一系列关于两性关系的文章。早期的文章用一般的精神分析术语解释问题，后来的文章变得更加具体和个人化。起初，霍妮似乎在试图理解为什么她与异性的关系会如此糟糕，并通过将这种失败普遍化为不可避免的失败来保护她的自尊。在她于 1927 年为《心理学婚姻读本》撰写的三篇文章（《婚姻的心理适应性和不适应性》《选择伴侣的心理决定因素》《典型婚姻问题的心理根源》）以及《一夫一妻制理想的问题》（"The Problem of Monogamous Ideal"，1928）中，有一种安慰性的悲观主义。在《两性之间的不信任》（1931）和《婚姻问题》（"Problems of Marriage"，1932）中，霍妮越发意识到个人心理对两性关系障碍的影响，并对缓解这些问题抱有希望。后两篇文章带有更强的自传性色彩。

　　在《心理学婚姻读本》的三篇文章中，霍妮认为婚姻具有基本的悲剧性，因为婚姻的要求和伴侣的心理之间总是存在着矛盾。男性经常在温柔和肉体冲动之间徘徊不定，女性则受到男性情结的影响，而且双方可能都自觉或不自觉地有同性恋倾向。人们在婚后以各自的方式发展，而婚姻本身"不可避免地导致失望和冲突，促使人们走向其他爱情对象"。人们期望通过婚姻来满足他们的恋母情结，他们必然会失望，因为配偶只能是父母的一个不完美的替代品。这种不满可能导致唐璜主义，即继续寻找完美的爱情对象。我们也把乱伦的禁忌带入婚姻，它要么抑制我们与伴侣的性关系，要么在我们享受这些关系时惩罚我们。不管是哪种情况，我们都会把我们的性欲从作为禁忌对象的配偶身上收回，就像我们在童年时一样，并升华我们的性欲，要么把它们引向其他对象，要么压制它们。

在《一夫一妻制理想的问题》中，霍妮再次试图通过援引恋母情结使自己的婚姻问题和一夫多妻制行为正常化。一夫一妻制的问题源于幻灭和乱伦禁令所带来的不可避免的疏离感，而由于展示性交能力或情欲吸引力的需要，以及同性恋的倾向和温柔与肉体冲动的分裂，伴侣们不由自主地寻找新的爱情对象。对其他爱情对象的追求与伴侣对一夫一妻关系的要求及我们为自己设定的忠诚的理想产生了冲突。

霍妮希望在这篇文章中表明，一夫一妻制的理想既是原始的也是不合理的。我们垄断伴侣的愿望暴露了占有的贪婪，我们不仅怨恨伴侣的任何其他情欲体验，而且还嫉妒朋友、工作或其他兴趣。我们想要吞并伴侣，以便使他或她完全属于我们。男性对垄断的要求更加强烈，他通过吸吮部分地纳入了母亲，而女孩则没有与父亲的相应经验。一夫一妻制的理想也表达了对女性的"肛门施虐的占有需求"，女性因此被视为奴隶。这是对婴儿时期想独占父亲或母亲的愿望的复兴，这种愿望遇到了挫折，产生了仇恨、嫉妒和一个普遍的自恋的伤疤。一夫一妻制可以被描述为"防止嫉妒折磨的保险"。我们的骄傲要求一种排他性的关系，"其苛刻程度与我们自恋伤害的敏感度"相称。"永久垄断的要求"是没有道理的，因为"它代表了自恋和虐待狂冲动的满足，远远超过了……真正爱情的愿望"。

对忠诚的要求具有本能的来源，而忠贞则是对本能的限制，因此不那么原始。忠贞通常与女性相关，因为她们已经不得不通过放弃她们的性角色来解决她们的恋母情结，性冷淡是一个常见的结果。霍妮宣称，"抑制生殖器"是"忠诚的基本条件"。忠贞的人具有强迫性的特点，他们往往由于涉及其他伙伴的自慰性幻想和与兄弟姐妹、玩伴或仆人的早期性经历而对父母产生性内疚。对这些人来说，婚姻中的不忠"将意味着旧的内疚的重复"。忠诚的另一个动机是希望确保伴侣的忠贞。这涉及"个人力量无限的幻想，根据这种幻想，一个人对其他关系的放弃就像一个神奇的手势，迫使伴侣同样放弃其他关系"。

在《心理学婚姻读本》上的文章和《一夫一妻制理想的问题》中，霍妮用精神分析理论来解释她与异性交往的问题是正常的、不可避免的和无法解决的。婚姻具有悲剧性的内核；一夫一妻制的理想是贪婪的、虐待狂的、不可行的。那些遵守一夫一妻制的人在生殖器方面受到抑制，无法摆脱，或受到神奇手势的指示。在《两性之间的不信任》中，霍妮继续将爱情关系中的障碍非个人化，将它们呈现为"完全可以理解的、无法缓解的，而且是正常的"现象。

在《两性之间的不信任》中，有一半以上的篇幅是从历史、文化和人类学的角度来研究男性对女性的贬低和怨恨。霍妮对男性态度的分析是其帮助自己和其他女性摆脱无端自卑感的部分努力，她证明了主流意识形态中对女性的贬低其实是男性不安全感的产物。在《女性的恐惧》（"The Dread of Woman"，1932）中，她认为，男人贬低女人是他们处理儿童时期产生的自恋伤痕的一种方式，那时他们意识到自己的阴茎大小与母亲的生殖器大小之间的差距。这种"惧怕（他们）自己的不足，惧怕被拒绝和嘲笑"在成年后仍然存在，因此他们需要"持续向女人证明他们的男子气概"，这是一种焦虑的表现，而女人并没有这种焦虑，因为她们可以在没有性兴奋的情况下进行性交和怀孕。男性对女性的恐惧，以及因此产生的种种破坏性后果，都是男性生理构造不可避免的结果。

尽管《两性之间的不信任》中的大部分论点都很笼统，但霍妮似乎在一些段落中表达了最深的感受。她写道："那个叫作爱的多面性的东西，成功地建立了从此岸到彼岸的桥梁，只不过桥的两岸都是孤独。这些桥可能非常美丽，但很少能永远屹立不倒，而且经常因为不堪重负而倒塌。"与爱有关的强烈情感，常常让我们望而生畏。这些情感让我们意乱情迷，让我们为爱痴狂，让我们交出自我，让我们跃入无限无边的世界；我们渴望这些体验，但我们都有一种本能的惧怕，惧怕在另一个人身上失去自我，因此，我们倾向于有所保留，随时准备撤退。这似乎是霍妮的恋爱模式：一边渴望彼此融合、意乱情迷和交出自我，一边惧怕失去自我或信任他人，这些内心的拉扯导致了那些激烈但不稳定的关系。

霍妮对女性愿望的矛盾性描述似乎也是涉及她自身的："伴侣应

该是强大的，同时又是无助的，应该支配我们，同时又被我们支配，应该是禁欲的，同时又是感性的。他应该强暴我们，同时又要温柔，应该有专门为我们准备的时间，同时也要认真参与创造性工作。"女性相信她们的伴侣实际上是可以满足这些期望的，这导致她们"在对方身上投射了过高的两性吸引力的光芒"，她们混淆了"（她们的）期望的大小"与爱的多少。当伴侣让她们感到失望时——这当然是不可避免的——她们会变得多疑和愤怒，就像她们的父母没有达到她们不切实际的要求时一样。霍妮把这些失望说成是我们正常的爱情生活中几乎不可避免的一部分，但读者可以认识到她描述的矛盾性，正是这些矛盾破坏了她在日记中描述的多段关系。

这篇文章里最具自传性的部分是霍妮探讨童年经历与两性之间不信任的关系。孩子们力量弱小，所以他们必须压抑自己的愤怒和攻击性，这些愤怒和攻击性"以奢侈的幻想形式"积压在他们心里，从"抢夺、偷窃"到"杀戮、焚烧、切碎和闷死"。由于同态复仇法，儿童担心被他们惹怒的成年人会对他们做这些事。我们后来的爱情对象往往是父母的替代品，"童年时对父亲或母亲威胁的恐惧被重新唤醒，使我们本能地处于防御状态"。我们害怕我们可能对对方做什么，或者对方可能对我们做什么，因此，我们对爱感到恐惧。

霍妮接着讨论了童年的冲突如何影响后来与异性的关系。女孩因为"对父亲感到非常失望，受到了严重伤害"，不再希望被他接受，而是想要通过手段"报复"他。被压抑的控制男性的目的可能被过度谦虚所掩盖，所以女性避免向丈夫要求任何东西，或接受丈夫的任何东西，然而，她用抑郁对未表达的，而且往往是未厘清的愿望的未能实现做出反应，这对她丈夫的打击比直接的攻击要大得多。卡伦在日记中琢磨，在她没有理由冲奥斯卡发火时，她是否需要用她的病来"为自己报仇"（《青春期日记》，241）。她在这里指出，"很多时候，女人'对男性的攻击性的压抑，耗尽了她所有的生命力'。由于感到无助，她把自己陷入困境的责任推给男性，并以此剥夺他的'生活气息'"。

在这篇文章里，霍妮似乎想把她早先的抑郁和疲劳理解为对伴侣的压抑性攻击的产物，这种攻击源于她从父亲那里受到的伤害。与她以前的作品不同，《两性之间的不信任》并没有把它所讨论的问题视为普遍存在的和不可避免的。霍妮开始探索她与男性相处困难的情况中，有多少自身的原因（不现实和矛盾的期望，被压抑的报复心，以及对权力的渴望），她开始明白，她的伴侣在某种意义上是她心态的受害者。虽然这篇文章相当不连贯，但其大部分内容都将两性之间的不信任问题非个人化，其结论强调，童年的冲突"在强度方面千差万别，留下的痕迹也深浅不一"，其破坏性影响可以通过精神分析来改善，而精神分析"也可以尝试改善童年的心理状况，防止过度的冲突"。

在《婚姻问题》中，霍妮开始探讨婚姻的失败是不是不可避免的，我们是否会"受制于我们内心的力量，虽然内容和影响各不相同，但也许是可以识别，甚至是可以避免的"。虽然她继续提出婚姻要求和人性本质之间的冲突是不可避免的，但她在这里强调的是"我们把自身发展过程中未解决的冲突带入了婚姻"，她研究了憎恶伴侣的因素中哪些可以避免，哪些可以缓解，哪些可以克服。婚姻陷入困境是因为我们经常选择不适合自己的伴侣。通常情况下，这个伴侣确实满足了我们的一些需求，因此有了最初的吸引力，但对方无法满足另外一些需求，我们因此变得沮丧和愤怒。我们内心的冲突让问题变得更加复杂，因为这些冲突产生了相互矛盾的期望，没有伴侣能够完全满足这些期望。

霍妮提供的一些矛盾的期望的例子表明，她举的还是自己的例子。她提到女性"有自己的抱负，总想站在顶峰"，但不敢追求自己的梦想，希望通过丈夫的"成就斐然、出类拔萃、名声大振或受人敬仰"来实现自己的期望。有些人满足于依附丈夫的生活，但另一些人则怨恨她们丈夫的成功，因为她们不能容忍自己对权力的渴望被掩盖。结婚初期，霍妮被疲惫麻痹了，这时的她对奥斯卡的成功感到欢欣鼓舞，但后来，她似乎对奥斯卡的成功持矛盾态度，并认为他的失业和破产并非坏事。在他失败后，她离他而去，去追求自己的抱负。

霍妮还提到了那些"因为自己的男性态度而选择了一个女性化的、细腻的"丈夫的女性，但这些女性同时又"渴望一个强壮的、野蛮的男性，希望他能用武力征服她们"。她们指责丈夫"无法同时满足两种期望"，并暗中鄙视他们的软弱。卡伦由衷钦佩奥斯卡的宽容，但又渴望有一个不会容忍她出轨的主宰型男性。

霍妮已经从将婚姻视为具有悲剧性内核的观点走了很远。《婚姻问题》的主题是，婚姻成功的机会取决于伴侣双方在婚前获得的情感稳定程度。她现在认识到，她把童年的问题带到了婚姻中，她不公平地指责奥斯卡未能满足她矛盾的需求，而且她在与男人交往方面的许多困难其实与她的伴侣无关。我们倾向于忽视这样一个事实，即决定性因素很可能是我们自己对异性的内在态度，它可能以类似的方式表现在我们与任何其他伴侣的关系中。

随着霍妮离开现有的精神分析概述，走向植根于她自己经验的特殊细节，她渐渐意识到，她自己在失败的关系中应该承担的责任。她的文章表明，她从弗洛伊德阶段的认命、自我开脱的悲观主义转向她后来理论中的希望。如果我们的困难是个人发展的结果，而不是人性和人类先决条件的不可避免的特征，也许我们并非束手无策。

第十三章 《对爱情的过高评价》

在 1991 年的一篇文章中，玛丽安·埃卡德特认为《对爱情的过高评价：当代女性常见类型研究》（"The Overvaluation of Love：A Study of a Common Present-Day Feminine Type"，1934）是她母亲最翔实和最有力的文章之一。霍妮后来的书"是客观的系统介绍"，而这篇文章却可以"让人接触到原始事件"："读者可以从这篇文章中感受到失败的痛苦，竞争的激烈，在困境中寻找出路的斗争，以及焦虑的力量。"

我也认为《对爱情的过高评价》是霍妮最有力的文章之一。这是她试图从女性心理学角度分析自己的巅峰之作。在她撰写女性心理学文章的那些年里，我们几乎没有关于她个人生活的具体信息，但那些文章是她记录自己内心挣扎的地方，让我们了解到她内心的冲突，她的行为模式，以及她与男人的关系。其中最能说明问题的就是《对爱情的过高评价》。

虽然文章一开始就从社会学角度强调了当代女性独立发展的愿望和"父权制下的理想女性"之间的冲突，但文章很快就"进入了个人心理学领域"。霍妮问道：导致一些女性因这种冲突而患病的因素是什么？这篇文章的剩余部分集中讨论了七名患者家庭经历中的具体因素，这七名患者构成了霍妮的临床病例，不过，她在文章的结尾似乎意识到，这些问题并不像她的副标题所暗示的那样具有普遍性。因为文章专门分析了那些家庭经历、症状和社会背景与霍妮本人相似的女性，我怀疑霍妮就是这七名女性之一。也许找到与她相似的患者使她感到安慰。

霍妮样本中的所有女性都有与男性和工作相关的困难。她们被自己必须有一个情人的想法所困扰，但她们要么无法与男性建立关系，要么拥有"一系列昙花一现的关系"，反映了她们的不加选择。她们一旦拥有较为持久的关系，就会不可避免地用自己的态度或行为破坏这种关系。她们在工作和成就领域也有严重的困难。她们虽然野心勃勃，但在发挥自己的能力时阻力重重，不是低估自己的能力，就是在追求目标时缺乏毅力。她们的爱情问题和工作问题有类似的心理根源，并且是相互关联的，因为工作中的阻碍部分是由对爱情的过高评价造成的。

这篇文章的大部分内容都在试图解释，为什么其研究对象对男性有一种强迫性需求，却无法建立满意的关系。她们的困扰可以追溯到童年时期，都曾"在与男人的竞争中落败"。女孩对父亲的爱必然会遭受挫折，这是女孩的典型命运，但对这些女性来说，后果更为严重，因为她们家里还有在情欲上占上风的母亲或姐妹。在大多数情况下，性发育因"夸张的早期性兴奋经验"而加速，这种经验为"本能地重视……为占有男人而进行斗争的重要性"奠定了基础。

女孩对斗争的重要性的认识，加上她的失败感，产生了"一种永久的、破坏性的与女人竞争的态度"。她产生了"一种被压制的感觉，一种对女性自尊的永久不安全感，以及对比她更幸运的对手的深深的愤怒"，这种愤怒可能非常强烈，以至于产生希望对方死亡的愿望和上面讨论的涉及母亲生殖器被毁坏的手淫幻想。女孩对失败感的反应，要么是退出与女性的竞争，要么是发展出"一种夸张程度的强迫性竞争"，竭力展示她的性吸引力。

征服男人不仅是霍妮后来所说的"报复性胜利"，也是应对焦虑和自我憎恨的一种方式。没有安全感的女孩对自己的不正常产生了焦虑，这种焦虑往往表现为担心自己的生殖器出了问题，或者担心自己很丑，无法吸引男人。这种恐惧与现实没有什么关系，但与深深的羞耻感有关，并导致对任何真实或想象中的缺陷过度敏感。作为一种防御，她可能会过分注意穿着，或希望成为一个男性。最重要的防御是证明尽管她有缺点，但依旧可以吸引男人。没有男人是一种耻辱，有男人则可以证明她是"正常"的，"因此，她们开始疯狂地追逐男性"。这种追逐是不加选择的，因为从根本上说，对方只需要满足是男人这个唯一的条件。霍妮摒弃了她先前对不加选择征服男性的一些解释，即同性恋取向、恋父情结和男性情结，而倾向于将"受伤的自尊"和与女性的竞争作为这种行为的心理来源。

文章至此，霍妮并没有将"对与男人关系的过高评价"（文章的真正主题）追溯到异常强烈的性冲动，但文中的这些女性确实表现出对异性性交的"过度渴望"。她们经常觉得，"如果没有性生活，她们就无法正常或高效工作"。她们通过"卖淫幻想"和成为男性的愿望保证自己有性生活的机会，这些都是霍妮内心生活的写照。婚姻也可以提供这种保证。

霍妮指出，这些女性之所以容易受到性的驱使，是因为她们对其他类型的满足有所顾忌，滥交却可以证明她们的吸引力，而且，童年时的性兴奋留下了"远超其他来源的快乐的记忆，让整个机体充满活力"。她们"认为性满足是生命的灵药，只有男人才能提供，没有性，人就会干涸和消亡，少了性，其他任何方面的成就都无法实现"。

这些女性的处境是可悲的，因为尽管她们将与男人的关系视为最重要的，但这些关系从来都不能让她们满意。她们之所以失败，是因为她们与其他女性竞争，对自身缺乏安全感，害怕成为情感上的依赖者，以及由于童年的羞辱而对男人产生了报复心理。

这些女性怀有"与其他女性竞争的怨恨心态"，这种心态迫使她们一边急于展示性吸引力的优势，一边对这样做的前景感到焦虑。因为她们对战胜她们的女性有"破坏性的冲动"，她们猜想那些被她们战胜的女性也有类似的冲动，害怕遭到报复。这种竞争造成的结果各不相同，有的女性因为焦虑极力压抑自己，有的女性因为报复性胜利的需要成为"名副其实的唐璜类型"。

由于她们的自尊心曾在母亲或姐姐那儿受到伤害，即使是那些似乎已经证明了具有性吸引力优势的女性也无法自视成功。她们的胜利从来没得到"情感上的尊重"，甚至当"一个又一个男人爱上她们时她们也能想出一些理由来贬低她们的成功"。因此，她们"从一段关系快速转换到另一段关系"，因为她们一直希望下一段关系能提供她们所寻求的价值感。

霍妮对快速更换伴侣的现象给予了很大的关注。她所描述的女性往往有"爱得死去活来的幻觉"，但很快会对一个男人失去兴趣——"一旦这个男人被征服了，也就是说，一旦他在感情上变得依赖她"。她们对"坠入爱河可能带来的失望和羞辱有深深的恐惧"，因此她们害怕情感上的依赖。她们童年时曾在父亲或兄弟那儿经历过"羞辱"，所以她们想通过避免深层次的情感纽带来使自己"免受伤害"。她们努力让男人爱上她们，以此来报复他们先前的拒绝。她们想"得到一个男人的好感，把他扔到一边，拒绝他，就像她们自己曾经被抛弃和被拒绝一样"。这些是否有助于解释卡伦在婚姻初期需要把奥斯卡扔到一边？

摆脱这种不理想状况的唯一途径是在其他领域取得成就。霍妮例子中的女性，虽然有能力从事创造性的工作，但"注定也要在这条道路上失败"：破坏她们与男性关系的那些问题，同样阻碍她们发挥自己的潜力。她们在工作和情欲领域中一样具有病态的竞争性。但是，无论是批评还是赞扬，都让她们感到气馁。批评触动了她们对失败的恐惧，而赞扬则激活了她们对成功的恐惧，因为成功可能招致手下败将的报复。创造性的活动需要一定的自信，但她们"低迷的士气"有一种"瘫痪效应"，让她们失去了追求目标的勇气。由于对成就的需求和缺乏自信之间的冲突，她们工作时承受着巨大的心理压力。

这些女性为了弥补在情欲领域的失败感而投身工作，但工作对她们来说变得如此痛苦，以至于她们"被加倍的力量推回……情欲领

域"。她们想"表现得弱小无助"，"唤起他的怜爱之心"，获得男人
的爱。如果她们结了婚，她们可能会将自己压抑的野心转移到丈夫身
上，"因此，她们用自己野心的全部动力要求丈夫取得成功"。然而，
与此同时，她们可能将丈夫视为竞争对手，"在与他的关系中，她们
陷入无能感的深渊，对他产生了最深的怨恨"。因此，她们可能会
"无意识地等待"他的失败。

　　霍妮对工作中的问题的描述，似乎并不符合撰写这篇文章时她作
为年届五十的成功女性这一身份，但这些问题十分符合第五本日记中
的卡伦，而且，这似乎是霍妮试图理解早期困难的又一次努力。她巨
大的野心帮她弥补了被父亲和哥哥拒绝的失落，帮她克服了被母亲伤
害自尊心的感觉。她需要成就伟大事业，但又严重缺乏自信，这种冲
突让她工作时背负着巨大的心理压力，经常处于瘫痪状态。与奥斯卡
结婚初期，她曾为他的成就感到自豪，然而，她开始不自觉地将自己
与奥斯卡进行比较，这种比较加重了她的痛苦，她越来越感到自己的
无能。像她的患者一样，她通过自己的痛苦来控制她的伴侣，并以种
种行为方式在心理上削弱丈夫，同时埋头等待他的失败。

　　霍妮认为这些女性的预后非常不乐观。由于情感上的困难，她们
很难建立令人满意的关系，开始认为爱情中的接连失败是在所难免
的。由于经济和心理上的原因，她们越来越强烈地感受到充斥在她们
工作领域中的"空虚感"。对她们来说，生活毫无意义，挫折感不断
累积，她们越来越痛苦，"一方面，她们认为只有通过爱情才能获得
幸福，而她们自身决定了她们永远不可能获得幸福，另一方面，她们
逐渐丧失了对自身能力价值的信心"。

这个描述只有一半适合卡伦·霍妮。我们所掌握的证据表明，她一生都在与她所描述的爱情问题做斗争。然而，她在成就领域是成功的。在这篇文章中，她似乎在描述许多女性的命运，假若她没有设法克服与工作有关的困难，她自己的命运也会如此。但她在这篇文章中并没有说明该如何解决这些爱情问题，事实上，她认为这些问题是无法解决的。不过我们将在下文看到，她对克莱尔病例的阐述更为乐观。

我们要认识到，当霍妮说成就是摆脱不满意的情爱状况的唯一途径时，她描述的是她后来称之为补偿性的神经症策略，而不是涉及自我实现的健康解决方案。在这篇文章中，她指出，如果一个人能够有所成就，战胜所有对手，这种成就感将"建立起一个人的自尊"。这些患者的问题是，她们无法取得必要的胜利。但霍妮后来指出，这种胜利并不能修复受损的自尊（就像对男人的征服一样）。伟大的成就让人仍感不安。在生命的这一刻，她想相信成就的修复性，也许是因为她自己也在追求这种解决方案。她认为，"为成就而奋斗"是远比与男人的关系更"值得信赖"的满足感来源。

《对爱情的过高评价》的结论试图将文章的主体与导言中提出的社会问题联系起来。霍妮先是驳斥了一种观点，即她所描述的问题是由"社会限制了女性的工作领域"造成的，然后，她通过反复提及她的公式，即社会因素影响着她所描述的"这种类型的出现频率"，一再重申社会力量在压抑女性方面的重要作用，不过，她描述的这种类型似乎并不常见。霍妮开始撰写这篇文章时，她可能打算描述一个相当广泛的现象，可文章最终却变成了探索与她类似的案例。在这里，霍妮既没有把她的问题泛化或正常化，也没有把它们归咎于社会条件。她坚信，她所描述的"神经症的纠缠"，"显然来源于不幸的个人发展"。

第十四章　"我们应该停止纠结什么是女性特征"

　　正如我们所看到的，卡伦·霍妮于 1932 年来到美国时，她认为她作为女性心理学家的任务是"更充分地了解女性在生活中的具体倾向和态度"。在此前的十年里，她一直致力于此，在此后的几年里，她也继续撰写女性心理学的文章。然而，在 20 世纪 30 年代中期，她停止了这一主题的写作，并且再也没有继续。霍妮对女性心理学失去了兴趣，这使得一些人认为她从来就不是一个真正的女权主义者，尽管她对她的文化中的父权意识形态和精神分析中的阴茎中心主义进行了尖锐的批评，远远领先于她的时代。珍妮特·赛耶斯认为，尽管霍妮"以女性自尊的名义驳斥弗洛伊德的理论，激励了许多女权主义者"，但她本人"是个坚定的个人主义者，从来没有参与过集体政治斗争，无论是女权主义还是其他方面"。

　　我在纽约心理健康研究生中心的哈罗德·凯尔曼的论文中，发现了未发表的霍妮的材料，其中包括她于 1935 年 7 月在全国职业和商业女性俱乐部联合会发表的题为"女性对行动的恐惧"（"Woman's Fear of Action"）的演讲（见附录二）。这一演讲很好地解释了她为什么不再"关心什么是女性特征"，她反对继续区别强调女性特征，因为她是一个女权主义者，希望促进女性解放。她得出的结论是，"我们目前对性别差异的唯一确切了解就是，我们对其一无所知"。《逃离女性特征》和《女性受虐狂问题》（"The Problem of Feminine Masochism"，1935）已经阐明了我们一无所知的原因，强调了文化在塑造女性心理中的作用。

霍妮虽然认识到了文化的影响，却很难将其融入自己的思想。她越来越关注社会学家、人类学家和民族学家的相关著作，文化变异和社会力量在性别认同形成中的作用给其留下了深刻的印象，但直到《女性受虐狂问题》，她才开始采用社会心理学的视角。略读一下这篇文章，就可以帮助我们理解"女性对行动的恐惧"的意义。

在《对爱情的过高评价》中，霍妮问道，父权制下理想女性的唯一渴望是爱一个男人并被他所爱，这是否符合她与生俱来的天性？女性经常按照这种理想行事，许多人将此推断为"一种天生的、本能的秉性"，但霍妮指出，生物因素从未以纯粹和不加掩饰的形式表现出来，总是被传统和环境所改变。她引用了罗伯特·布里夫特（Robert Briffault）在《母亲》（*The Mothers*，1927）中的论点："'继承的传统'不仅作用在理想和信仰上，还会作用在情感态度和所谓的本能上，其影响力无论怎样高估都不为过。"

这一思路是她在《女性受虐狂问题》中的核心论点，这篇文章挑战了"受虐狂倾向是女性本性中固有的，或类似于女性本性"的观点。后者是精神分析的立场，精神分析"借助科学工具来支持受虐狂和女性生物学之间存在密切关系的理论"。霍妮的目标是反驳精神分析的论点，特别是桑多·拉多（Sandor Rado）和海伦·多伊奇提出的论点，并坚信"社会调节"的重要性。

霍妮对拉多和多伊奇的猛烈抨击令人印象深刻，但就我们目前关心的问题来说，更重要的是她批评了精神分析所特有的过度概括和对文化因素的忽视。精神分析师根据患者经验而得出的"女性几乎普遍具有受虐倾向"的结论，是"从有限数据中得出的毫无根据的概括"。这种结论来自弗洛伊德的假设，即"病理现象就如同放大镜下的人类发展过程，更加清晰直观"。因为精神分析师经常在患者身上发现恋母情结，所以他们推断这是一个无处不在的现象。这一点在对"正常人"进行的研究中没有得到证实，还与民族学研究相冲突，"民族学研究表明，恋母情结这一术语所表示的特殊构型在广泛不同的文化条件下很可能是不存在的"。我们的结论是，"这种父母和子女之间的特殊情感模式只在特定文化条件下出现"。女性受虐狂也是如此——它是一种病态，不一定是正常女性的一部分，其发生频率可能取决于社会和文化。女性受虐狂尚未被确定为属于女性基本特征的普遍现象。

霍妮指出，有些社会文化条件使女性比男性更容易有受虐倾向，但比较研究表明，这些社会文化条件并不普遍，有些社会更不利于女性发展。在那些容易滋生女性受虐狂的文化中，有许多关于"女性'天性'的意识形态；例如，这些文化认为女性天生软弱、情绪化，喜欢依赖，无法独立工作和自主思考"。霍妮认为，这些意识形态中还包括"精神分析的信念，即女性天生就是受虐狂"。这些意识形态"使女性安于她们的从属角色"，认为她们的从属角色是不可改变的，继而以社会预期的方式寻求满足感。霍妮说，在我们的社会中，"即使仅考虑文化的影响，也很难看到有哪个女人能在某种程度上逃脱成为受虐狂"。

多伊奇等作家把文化情结看作女性解剖生理特征及其心理影响的产物，但霍妮对此提出了异议，尽管她并不否认有一些生理因素"可能为滋生女性受虐准备了土壤"。这些因素包括体力比男性差，可能被强奸，月经、失贞和分娩，以及女性在性交中的角色，即被插入。这些生理因素"本身对女性来说没有受虐的内涵，也不会导致受虐的反应"，然而，"如果存在其他来源的受虐需求"，这些因素可能会被卷入女性的受虐幻想，并促成受虐倾向的实现。生物因素是次要的和起到强化作用的，而不是决定性的。女性如何体验她们的生理是深受文化影响的。

霍妮在"女性对行动的恐惧"中告诉我们，她经常被要求指出"女性心理的特殊倾向"，她只能回答说，她希望有一天能够做到这一点，因为当下心理学家的所有思索还没有超越"生理差异"。霍妮觉得两性之间存在着重要差异，但她坚信，"只有在充分开发人类潜能后，才能发现这些差异。虽然听起来很矛盾，但只有当我们忘记差异时，我们才能发现差异"。只有当女性从男性主导文化制定的女性特征概念中解放出来时，我们才能发现两性心理上的差异。我们的首要目标不是确定什么是独特的女性特征，而是要促进"为了人类的共同福祉，充分发展所有人的个性"。

霍妮认为，强调两性差异是一种政治行为，对女性有害无益。那些"认真赋予女性所有发展机会"的文化"对女性心理的特殊倾向没有兴趣"。我们必须把对两性差异的兴趣提升"视为不利于女性的危险信号，特别是在一个父权制社会中，男性发现在生物学前提下证明女性不应参与塑造经济和政治秩序对其自身有利"。当工作机会稀缺时，就像 20 世纪 30 年代中期那样，男性提出，"女性不进入竞争性工作领域，只投身于生活情感领域，关注慈善、性和生育，绝对符合女性的'天性'"。

"女性对行动的恐惧"的大部分内容都是这些涉及女性天性的观点对女性的影响。她们变得"倚靠和依赖"，"常常把职业追求看成次于爱情和婚姻的追求"。这种行为往往证实了男性意识形态；然而，霍妮指出，任何长期被压制的群体中的个人都会经历"一种心理适应，使他们接受主导群体认为有利的限制"。虽然近年来"发生了巨大的变化"，但"长期限制所造成的心理影响仍然存在"，这些影响包括对家庭、孩子、性和爱的过高评价，对美和魅力的崇拜，以及对因年龄增长而失去性吸引力的恐惧。正如在《女性受虐狂问题》中一样，霍妮在这里用文化术语解释了许多她在《对爱情的过高评价》中归因于个人心理的现象。

这篇文章的核心观点是，针对女性本性的文化态度所产生的心理影响使女性无法"真正积极地关注我们这个时代的重大经济和政治问题，即使这些问题牵涉到的更广泛的利益涉及女性自身在这个世界上的地位，与女性的自身利益息息相关"。女性一直没有更积极地改善自身状况，是因为"这种行动超出了限制她们的魔法圈"。对美和魅力的崇拜诱发了"不够'女性化'的恐惧"，即持有"一种与男性眼中事物神圣秩序相对立的态度或信仰"。这种往往是无意识的恐惧导致了女性对重要的社会运动缺乏兴趣，包括"为改善女性地位而进行的斗争"。

"将女性限制在私人情感领域助长了自卑感"，女性无法通过成就赢得自尊，"这种建立在爱的成功给予或接受上的自信，根基不稳"。鉴于这种文化氛围，"每个为实现自己作为一个人的潜力而奋斗的女性都会将自己暴露在各种影射和嘲笑之下"，这些周遭的声音威胁着她的自尊心。诚然，美国女性比欧洲女性有更多机会扮演重要的社会角色，"信心是取得成就的精神资本，女性的普遍信心，不会因为少数女性在与男性的竞争中取得了成功而得到提升"。

霍妮实际上是在说，个别女性的成功，像她自己，不足以抵消整个文化的破坏性影响。女性需要联合起来，投身到一个共同的事业中。男性意识形态的另一个信条是，"女性身上有一些与生俱来的东西"，使他们不可能一起工作；事实上，女性"长期被限制在情感领域"，"使团结的行动变得更加困难"。她们在争夺男人的过程中经历了"大量的焦虑和不安全感"，由此产生的敌意使她们对彼此充满警惕。就连"最伟大的心理学家们"也认为，"女性比男性善妒，是有生理原因的"。虽然女性经常被描绘成具有种种局限，但这些局限并不是……"上帝或自然法则造就的不可改变的秉性"，而在大多数情况下，是"文化和社会条件的影响"。

"女性对行动的恐惧"以两个呼吁作结。第一个呼吁是我们不要再纠结什么是女性特征，而要专注于发展"我们作为人类的潜力"；

另一个是呼吁女性团结起来，"团结是任何伟大行动的必要前提"。我相信，如果卡伦·霍妮能找到一群能接受她的观点的听众，她本可以成为女权主义领袖，但她的思想太超前了。

第三部分　与弗洛伊德决裂和新范式的发展

　　霍妮在与亚伯拉罕进行精神分析后的十年时间里，一直都是传统的弗洛伊德主义者，但在 20 世纪 20 年代初，她开始在女性心理学问题上与她的导师发生了争执。起初，她只是想修改弗洛伊德版本的女性发展，但随着她对自身经验的深入挖掘和对新的知识影响的回应，她脱离了本能理论，转而强调家庭动力学和文化因素。她没有将自己的问题普遍化，而是越来越关注造成这些问题的具体条件，即她与母亲、父亲和兄弟的关系。她虽然认识到了文化的重要性，但并未将社会学观点与她在寻求自我理解过程中对个人心理学的洞察力结合起来。20 世纪 30 年代中期，在她的弗洛伊德阶段结束时，她开始采用更为一致的社会学视角。她批评精神分析法强调生物学而忽视文化，拒绝定义"女性特征"，因为她认为我们如何体验和思考性别是社会环境的产物。

　　20 世纪 30 年代，霍妮出版了两本书，即《我们时代的神经症人格》（1937）和《精神分析新法》（1939），这两本书让她被精神分析界驱逐。她在书中发展了她自己的精神分析版本，并对弗洛伊德理论进行了系统性的批判。霍妮的新版精神分析的主要特点之一是强调文化在神经症防御和冲突形成中的作用。这种特点部分是 20 世纪 20 年代中期首次出现在她作品中的社会学取向的延续，部分是她在 1932 年移居美国后遇到不同的社会环境和患者的结果。这也反映了她对当时社会科学领域正在进行的研究的接受能力。霍妮还在德国时，就已经开始引用民族志学和人类学研究，以及哲学家和社会学家格奥尔格·齐美尔的著作，并与之建立了友谊。1932 年至 1934 年，作为芝加哥精神分析研究所的副所长，她认识了社会科学家哈罗德·拉斯韦尔（Harold Lasswell）、爱德华·萨丕尔（Edward Sapir）和约翰·多拉德（John Dollard），在纽约时，她与人类学家玛格丽特·米德（Margaret Mead）和鲁思·本尼迪克特（Ruth Benedict）交换过意见。对她影响最大的是艾里希·弗洛姆，她们在柏林相识，在芝加哥再次相遇。1934 年，他们都搬到纽约的时候，两人建立起亲密的关系，这种关系持续了好几年。他们共同的朋友说，霍妮"从弗洛姆那里学到了社会学，而弗洛姆从霍妮那里学到了精神分析"。

霍妮后来被称为精神分析文化学派的领导人物，该学派还包括艾里希·弗洛姆、克拉拉·汤普森和哈利·斯塔克·沙利文。但是对霍妮来说，对文化的强调只是一个过渡时期。她在 20 世纪 30 年代的工作的更重要的特点是她提出神经症结构的新版本。霍妮并没有像人们认为的那样，否认童年在情感发展中的重要性，但她强调让儿童感到不安全、不被爱和不被重视的是家庭中的致病条件，而非性欲的挫败。

霍妮在她论述女性心理学的文章中一直在朝这个方向发展。她在

《我们时代的神经症人格》中所实现的巨大飞跃是将"基本焦虑"作为致病条件的结果，并将重点放在为应对这种焦虑而采取的防御措施上。因为她把基本焦虑而不是产生焦虑的具体条件作为出发点，所以她的洞察力不仅可以应用于那些成长背景与她相似的女性，也可以广泛应用，无论性别，无论个人经历有多迥异。我相信，这是她在生命的最后 15 年里受到欢迎的原因之一，也是她的作品散发着持久魅力的原因之一。

霍妮日益强调文化的另一个效果是使她的理论变得更加普适。尽管如此，她的理论也是有局限的，因为文化各不相同，而且不断变化。然而，她所描述的神经症在不同的文化中，即便防御形式和彼此之间的关系有所不同，结构也往往是相同的。

也许霍妮在 20 世纪 30 年代的思想中最重要的特点是她对心理现有结构的关注。她认为，试图从婴儿时期的起源来理解症状是"努力用一种不那么未知的东西来解释一种未知的东西"（《精神分析新法》，146）。她不是用过去来解释现在，而是试图从现有防御结构中的功能来解释行为。她承认这个结构是从过去生长出来的，但她指出，不管这个结构的起源是什么，现在都有了一个独特的、可以理解的内在逻辑。尽管霍妮的理论是建立在弗洛伊德的一些基本理论之上的，但她对现有结构的强调使她的理论与弗洛伊德的理论无法相容，她对精神分析的贡献也因此被低估了。

在这些论述女性心理学的文章中，霍妮的思想发展似乎主要是由她努力理解自己困难的成因所驱动的。虽然《我们时代的神经症人格》和《精神分析新法》更多的是受到理性思考和临床经验的影响，但仍然借鉴了她自己的经验，许多内容都反映了她的自我探索。她的第三本书《自我分析》将她对自我理解的探索和新范式系统地结合起来，具体体现在她把神经症结构概念和共时方法运用在带有自传性色彩的克莱尔案例中。

第十五章　文化的作用

1935 年秋天，霍妮开始在社会研究新学院任教，这项工作在她的余生从未间断。她的第一门课程名为"文化与神经症"。出版商诺顿（W.W.Norton）邀请她将自己的想法扩展为一本书，她欣然应允，并在 1936 年 6 月底提交了书稿，在墨西哥过暑假期间完成书稿修改，在秋天回到纽约时将其提交给编辑，编辑工作于 12 月初完成。到 1937 年 2 月，霍妮已经开始着手下一本书。[1]

霍妮和诺顿将书名定为《我们时代的神经症人格》。尽管诺顿曾一度提议将其改为《我们时代中的神经症人格》，但霍妮拒绝了，她认为"神经症不仅仅由偶然的个人经历所决定，还会受到我们生

1　参考了霍妮写给 W.W. 诺顿的信件。她与诺顿及其同事的信件存放在哥伦比亚大学的珍稀图书和手稿馆，该馆向我提供了资料副本。文中引用的所有写给诺顿的信都来源于此。

活的特定文化条件的影响"，这些条件造就了个人经历的"特殊形式"（《我们时代的神经症人格》，viii）。一个人可能有"一个专横的或'自我牺牲的'母亲"，但她是特定文化条件的产物，这些条件也决定了她对后代的影响。她后来指出，一个女孩可能会受到家人对兄弟偏爱的不利影响，但这不仅仅是她个人命运的偶然事件，还是"偏爱男孩的父权制社会模式"（《精神分析新法》，170）。神经症不是发生在这个时代的偶然事件，而是这个时代的必然产物。在这个意义上，"我们时代的神经症人格"意味着许多人类共同问题是我们文化中"特定生活条件"的结果。不同的"动力和冲突"将在不同的文化中催生不同的神经症人格（《我们时代的神经症人格》，34）。

我认为，霍妮对文化重要性的强调，并非出于反叛弗洛伊德的需要，而是因为作为一个女人，她早就意识到文化在塑造我们的性别概念方面的作用。此外，她对中欧和美国之间的差异印象深刻，因此她很容易接受社会学家、人类学家和文化导向的精神分析学家的观点，如艾里希·弗洛姆、马克斯·霍克海默（Max Horkheimer）、约翰·多拉德、哈罗德·拉斯韦尔、爱德华·萨丕尔、鲁思·本尼迪克特、拉尔夫·林顿（Ralph Linton）、玛格丽特·米德、阿尔弗雷德·阿德勒、亚伯拉罕·卡迪纳和哈里·斯塔克·沙利文。这些学者的观点对霍妮产生了重要影响，霍妮认为，比起生理构造，文化对心理特征的塑造作用更为显著，个人与社会之间的病态冲突是不良社会的产物，并非不可避免。

霍妮认为，弗洛伊德过分强调了人类行为的生物学来源，认为我们文化中常见的情感、态度和关系类型是为人类所共有的。他没有认识到社会因素的重要性，而是将神经症的以自我为中心归结为自恋性欲，将敌意归结为破坏性本能，将对金钱的迷恋归结为肛门性欲，将贪婪归结为口腔性欲。但人类学研究表明，不同文化中的这些特征倾向千差万别。如果我们不再把文化制约行为看作生理决定行为，我们就不会再倾向于"把现代神经症女性中常见的受虐倾向看作女性的天性，我们也不会推断当今神经症儿童的特定行为代表了人类发展的普遍阶段"（《精神分析新法》，169）。

当然，霍妮口中的特定行为是恋母情结。继布罗尼斯拉夫·马林诺夫斯基（Bronislaw Malinowski）、费利克斯·波姆（Felix Boehm）和艾里希·弗洛姆之后，她认为恋母情结是一种文化上的条件反射现象。弗洛伊德所描述的"破坏性的持久嫉妒反应"其实是"神经症父母通过恐吓和柔情迫使孩子进入这些激情的依恋"的产物（《我们时代的神经症人格》，84）。这些父母反过来又是他们文化的产物，这些文化影响了他们自身的成长，也影响了他们抚养孩子的态度。我们文化中心理比较健康的成员并没有恋母情结的困扰，而且，社会改革可以降低恋母情结的发生率。

霍妮指出，对弗洛伊德来说，文化既是本能压抑的产物，也是本能压抑的原因。各种文化之间的差异是由具体哪些本能驱动力被表达、哪些被压抑所决定的。因此，资本主义是"一种肛门性欲文化"，战争是"一种与生俱来的破坏性本能"的表达，而一般的文化成就是"性欲的升华"（《精神分析新法》，169）。霍妮则认为文化现象是"复杂社会进程"的结果，而非被压抑或升华的本能，她指出，"历史学和人类学的发现"驳斥了弗洛伊德的观点，即对本能驱动的压抑越彻底，文化就越高尚（《我们时代的神经症人格》，283）。

霍妮并没有详细阐述某种文化发展理论来驳斥弗洛伊德的理论，她把这个问题留给了社会学家，在《精神分析新法》之后，她对文化提及甚少。对她来说，还有一个问题悬而未决，即弗洛伊德是从文化和本能的冲突中推导出的神经症。在弗洛伊德看来，我们必须有文化才能生存，而我们必须压抑或升华我们的本能，才能有文化。幸福在于本能的充分和即时满足，所以我们必须在生存和幸福之间做出选择。升华可以带给我们一定程度的满足，但我们在这方面能力有限。"压抑原始驱动力而又没有升华"会导致神经症，所以神经症是我们为文化发展所必须付出的代价（《我们时代的神经症人格》，283）。本能和文化之间不可避免的冲突被内化，成为"本能激情"和"道德标准"之间不可调和的冲突。霍妮相信，我们不会像弗洛伊德假设的那样不可避免地与环境发生碰撞。即使发生碰撞，也"不是因为我们的本能，而是因为环境激发了我们的恐惧和敌意"（《精神分析新法》，191）。

因此，对霍妮来说，文明和人性之间没有必然的冲突。在她对《文明及其缺憾》的批判中，她认为不存在"天生的破坏性本能"；相反，"精神分析检查"揭示了显性和隐性敌意的充分理由，"理由被消除，敌意就会消失"。在《我们时代的神经症人格》与《精神分析新法》中，她认为我们并非天生贪得无厌、具有破坏性或反社会性；这些症状都是不良条件引起的神经症反应。霍妮后来在《我们的内心冲突》和《神经症与人的成长》中宣称，只要环境有利于我们的成长，我们就有能力达成良好的自我实现。如果我们对安全和满足的合理需求受挫，我们就会变得不快乐、具有防御性和破坏性，神经症的严重程度取决于我们需求被剥夺的程度。

第十六章 神经症的结构

在《我们时代的神经症人格》中，霍妮为神经症结构制定了一个新范式。她的关注点不是由特别紧张的情况引起的神经症，而是那些"主要症状是性格扭曲"的神经症。1980 年，神经症这个词在美国精神病学会制定的《精神疾病诊断与统计手册》（第三版）中被废除，霍妮对该词的使用已经过时了。喜欢现行术语的读者可以认为霍妮描述的是上述手册第二卷中讨论的人格障碍。

正如我们所看到的，霍妮将神经症（或人格障碍）追溯到家庭环境中的致病条件，这些条件使儿童感到不被爱、不被重视和没有安全感。这些人际关系中的纷扰会产生"基本焦虑"，即在一个潜在的敌对世界感到无依无靠，因此，儿童会发展出对安全和保障的过度需求。他们试图通过采取逐爱、求权或疏远等防御性策略来满足这些需求，但这些策略引发了恶性循环，不仅不会减少焦虑，反而会加剧焦虑。此外，这些策略彼此之间并不相容，会造成痛苦的内心冲突，产生新的困难。霍妮在她后来的书中发展并完善了这个神经症模型，但没有更改其基本特征。

尽管霍妮的主要关注点是"神经症人格的实际结构"，而不是导致神经症的个人经历。她仍然对童年给予了很大的关注，并将其视为基本焦虑的来源。她认为神经症不是必然的，因为儿童的需求本身并不是无法满足或与现实相冲突的。神经症的滋生土壤是缺乏爱心的父母和不利的成长环境。通常而言，缺乏温暖和感情的父母也是他们自己神经症的受害者，他们的行为不利于孩子的发展，引起了极大的敌意。他们的行为可能包括"偏爱某个孩子，不公正的责备，时而过度溺爱，时而轻蔑拒绝，让孩子无法预测他们的行为，言而无信"以及不尊重孩子的需求和喜好（《我们时代的神经症人格》，79—80）。童年时期的性欲挫折可能也是引起敌意的一个因素，但霍妮觉得精神分析过分强调了这个因素，一般来说，"强加的挫折感氛围"比挫折本身更重要。如果整体成长氛围充满爱意，儿童是可以接受大量挫折的。恋母情结是由神经症父母引起的焦虑的产物，而不是性欲依恋的产物（《精神分析新法》，82—84）。

在《精神分析新法》中，霍妮提出了"自发性个体自我"（the spontaneous individual self）的概念，后来被称为"真实自我"（the real self），开始将由于父母的压迫而失去与这个自我的联系视为童年的最大悲剧。独断专制或自以为是的父母营造了一种氛围，使儿童为了"和睦相处，被迫遵从他们的标准"；自我牺牲的父母使儿童感到他们没有自己的权利，只应该为他们的父母而活；雄心勃勃的父母使儿童相信他们之所以得到父母的爱是因为想象中的品质，而不是因为他们真实的自我。其他自我疏远的条件包括"对自尊的直接打击，父母的贬低态度，他们不放过任何机会让孩子觉得自己一无是处，以及父母对其他兄弟姐妹的偏爱，这种偏爱削弱了孩子的安全感，一门心思想超越他人"。这个清单上的种种让我们想到了霍妮的童年。孩子开始觉得，为了被接受和被喜欢，他必须满足别人的期望。父母"已经如此彻底地将自己的想法强加在孩子身上"，以至于"他因恐惧而顺从，从而逐渐失去威廉·詹姆斯所说的'真实的我'（real me）。他自己的意志，他自己的愿望，他自己的感觉，他自己的好恶，他自己的不满，渐渐变得麻木了"。

这些不利条件让儿童开始害怕整个环境，他觉得环境是"对他的整体发展与合法的愿望和努力的威胁。他感到自己的个性有被抹杀的危险，他的自由有被剥夺的危险，他的幸福有被阻止的危险"。霍妮说，这些并不是想象中的危险，比如对阉割的恐惧，而是一种基于现实的威胁。孩子们感受到这种威胁，对环境产生了基本的不信任和基本的敌意。

霍妮不仅高度重视儿童的敌意，而且重视压抑敌意带来的压力和压抑的后果。这些心理上处于危险边缘的孩子对他们受到的待遇深恶痛绝，但又不敢表达他们的愤怒，因为他们极度需要父母，而且害怕遭到报复。此外，在父母被赋予巨大权威的文化中，打破父母制定的规则或批评父母是一种禁忌，这种禁忌让孩子为感受或表达愤怒而感到内疚。当孩子不得不向父母开战时，就会造成十分不幸的局面，但不抗争就意味着过一种伪装的生活，孩子的无助感也会被无限放大。

那些被压抑的敌意不会消失，而会"分裂"——变得具有高度爆炸性和暴发性，想要得到释放，正如卡伦在 21 岁时对桑妮暴发出来的怒气。我们默默"记录"下我们的愤怒，知道"它就在那里，无须有意识地去感受"，然后进一步压抑它，因为它让人感觉很危险。为了处理这种可怕的情感，我们需要把它向外投射，想象这些"破坏性冲动源于……外部的人或事物"。当我们把我们的敌意投射到那些让我们愤怒的人身上，想象他们想对我们做我们想对他们做的事情，他们就会在我们的脑海中占据"可怕的比例"，增加我们的无力反击感和愤怒感。我们的投射不仅强化了我们的愤怒，也证明了我们的愤怒是有道理的，因为我们有权利对那些对我们有恶意的人进行报复。霍妮似乎仍在努力理解她对桑妮高强度的恐惧和敌意。

那些被压抑的敌意所能带来的最严重后果是加剧焦虑。弗洛伊德认为，性冲动是焦虑背后的动力，但霍妮认为敌意冲动是"神经性焦虑的主要来源"。儿童变得焦虑是因为他们的需要没有得到满足，他们感到自己的发展受到威胁。这激起了一种反应性的敌意，这种敌意在被压抑和投射时，放大了他们的内在弱点和外部威胁感，从而加剧了焦虑。随着他们变得更加害怕自己和他人，他们对那些让他们感到威胁的人更加愤怒，然后因为愤怒而变得更加焦虑，这样就开始了一个恶性循环，焦虑和敌意都不断增加。鉴于这些动态变化，我们无须用死亡本能的假设来解释为什么"我们会在神经症中发现如此大量的残酷敌意"。

儿童对挑衅的反应会凝结为一种感觉，霍妮称之为基本焦虑。这是"在一个充满虐待、欺骗、攻击、羞辱、背叛、嫉妒的世界里一种渺小的、无足轻重的、无助的、被遗弃的、濒临危险的感觉"。这种基本焦虑可能"从个人特征中剥离出来，转化为一种被雷雨、政治事件、病菌、事故、罐头食品危害的感觉，或者（这适用于霍妮）命中注定的感觉"。人们在基本焦虑的控制下，把自己夹在了渴望通过接近他人来摆脱情感孤立和害怕背叛之间，无法建立良好的关系。他们希望"得到保护和照顾"，但他们的敌意和不信任使他们害怕依赖他人。

基本焦虑与"正常"类型的焦虑相似，但在本质上却又不同。"正常"人在经历了幻灭之后，将会变得"矜持"和"谨慎"，但他们不会感到无助，不会不加区分地不信任他人。基本焦虑与原始焦虑不同，后者是由"比我们自身更强大的力量，如死亡、疾病、衰老、自然灾难、政治事件、事故"所引起的焦虑，虽然两者都有无助的成分，但后者不把敌意归为更强大的力量。基本焦虑中的"无助感主要是由被压抑的敌意激起的，而且认为危险的主要来源是预期的他人敌意"。

我们为了应对基本焦虑，发展出了旨在提供安全和慰藉的应对方法。霍妮在《我们时代的神经症人格》中称它们为"保护性机制"和"神经症倾向"，在《精神分析新法》中称它们为"防御策略"。她说，在我们的文化中，人们用四种主要方式保护自己："逐爱、顺从、求权、逃避。"（《我们时代的神经症人格》，96）她指出，"事实上在神经症中起最大作用"的两种驱动力是对感情的渴望和对权力与控制的渴望（《我们时代的神经症人格》，105），她还在《我们时代的神经症人格》中用了大量篇幅来探讨这两种驱动力。

霍妮从一开始就仔细地将逐爱、顺从、求权、逃避的"正常"形式和神经症形式区分开来。这些倾向"以不同形式的组合存在于我们所有人身上，但并不等同于神经症"，而且，不同文化中处于主导地位的倾向各不相同：例如，阿拉佩什（Arapesh）文化的主导倾向是"母性的关怀和顺从"，而夸扣特尔（Kwakiutl）人的是追逐声望，佛教的是遁世绝俗。如果我们是被获得满足的直接愿望驱使，我们在与他人的关系中就会表现出"自发性和辨别性"，但如果我们被基本焦虑驱使，我们的行为将是"强制性和不加辨别性的"（《我们时代的神经症人格》，102—104）。

在一个险恶的世界中，寻求感情是应对孤独感和无助感"最合乎逻辑和最直接的方式"。神经症患者寻求的不是爱情，而是依附于他人来满足自己的需要。他们的感情中无可靠性或稳定性可言，当他们的愿望没得到满足时，他们会随时随地表现出反感。他们不知道自己没有爱的能力，因此常常产生一种爱人的幻觉。放弃这种幻觉"意味着揭露了他们情感中的两难境地，他们既对他人怀有敌意，又想得到他人的爱"。

对感情的神经症需求的特点还包括强制性、不加辨别性、高估被人喜欢的价值，以及无法独处的能力。被这种需求控制的人"有一种在宇宙中孤独漂浮的感觉，任何人类接触对他们来说都是一种解脱"。他们过分顺从，自我否定，在情感上依赖他人。他们把自己被奴役的状况归咎于他人，但他们的敌意增加了他们的焦虑，导致他们更加依附于他人。他们害怕被回绝，避免将自己暴露于"任何可能被否定的情形之下"，然后变得过度胆怯（霍妮的早期特征之一）。对感情的神经症需求是无法得到满足的，这就导致了嫉妒和对无条件的爱的要求。一个健康的孩子，在温暖可靠的氛围中成长，不需要"不断证明"他或她是被需要的，而神经症的亲情需求永远无法得到缓解。

霍妮坚持认为，神经症的亲情需求特征不是成年人未能摆脱的幼稚特征，而是由他或她的环境中的不利条件造成的病理状态。当我们在儿童身上发现这种特征时，我们知道那是因为他们因家中缺爱而感到焦虑，寻求安全和慰藉。当我们在成年人身上发现这些特征时，那是因为他们已经形成了性格上的神经症，而这正是小时候缺爱的结果。

霍妮描述的防御策略是注定要失败的。对爱的需求的挫败感使得欲望无法满足，而随之而来的苛求和嫉妒使得这个人比以往更不可能得到爱。没有被爱过的人，会产生一种不可逆转的不被爱的感觉，因为他们无视任何相反的证据，并认为任何爱意都是别有用心。他们被剥夺了感情，这使他们依赖他人，但他们又害怕这种依赖，这使他们过于脆弱。"这样的情况类似于一个人饿着肚子却不敢吃任何食物，因为担心食物有毒。"我想，这就是霍妮的困境。

对感情的寻求是不可能成功的，因为就像其他的保护性措施一样，那些用来安抚焦虑的手段转而会产生新的敌意和新的焦虑。根据霍妮的说法，这些恶性循环代表了神经症中最重要的过程之一，而且是即使外部条件没有发生变化，严重的神经症也一定会变得更糟的主要原因。个人不能掌握它们的动态，但能注意到它们的结果，即感觉自己陷入了无望的境地。揭示自我挫败的行为模式是精神分析的主要目标之一。

尽管对感情的神经症需求常常表现为永不满足的性饥渴形式，但它也存在于那些从生理角度看性生活令人满意的人身上。受挫的性欲不能解释诸如占有欲、对无条件的爱的要求以及对拒绝的敏感等症状。霍妮认为，很多看起来是性行为的症状实际上与性并没有什么关系，而是渴望慰藉的一种表达，这种对慰藉的渴望源自基本焦虑。对一个渴望爱的人来说，性关系似乎是获得人类接触的唯一途径。这对于那些对获得真正的感情感到绝望的人来说尤其如此。

尽管霍妮的性需求也很强烈，但她坚决反对将神经症的致病源归结为性行为。她在《精神分析新法》中简洁地阐述了自己的立场，她驳斥了性问题是"神经症的动态中心"的观点，宣称它们"是神经症性格结构的结果而非成因"。这也正是霍妮对其自身困难的看法。神经症是"人类关系紊乱的最终结果，这种紊乱必然会出现在每一种关系中，不管是性关系还是非性关系"。

霍妮在《我们时代的神经症人格》中用大量篇幅论述了对爱的神经症需求，这无疑是因为她已经和这个问题激烈地"搏斗"了一段时间。她还关注对权力、声望和占有的追求，这种追求"只有在证明了无法通过感情获得潜在焦虑的慰藉时才会得以发展"（《我们时代的神经症人格》，163—164）。对权力的追求，追求的是应对无助感的慰藉，并在支配他人的倾向中表达敌意；对声望的追求，追求的是应对羞辱的慰藉，并在羞辱他人的倾向中表达敌意；对占有的追求，追求的是应对贫困的慰藉，并在剥削他人的倾向中表达敌意。以上的每一种追求都开启了一轮恶性循环。弗洛伊德和阿德勒都曾讨论过这些倾向，但他们都没有认识到焦虑在带来这些倾向方面所起的作用，也没有认识到它们的表达形式的"文化含义"。

权力、声望和占有可能是源自提升自身优势和控制自己生活的正常愿望，但神经症的人对这些目标的追求是"源自焦虑、仇恨和自卑感"。具有神经症攻击性的人不断地衡量自己，"与他人作比较，甚至在不需要的情况下"。他们需要超越其他人，"成为独一无二的人"；"对他们来说，看到别人被打败比自己成功更重要"。对权力、声望和占有的正常追求可以带来某种程度的满足，但神经症的追求是无法满足的，就像神经症对感情的需求一样。再多的成功也不能使具有神经症攻击性的人感到安全、有保障，或对自己感到满意。

对权力、声望和占有的追求伴随着破坏性冲动，这种冲动同样作用于两性关系中，其中"打败、制服和羞辱伴侣的倾向起着巨大的作用"。霍妮这时把男性爱情生活中的分裂归结为男孩被母亲羞辱后，想反过来羞辱母亲，但他又惧怕母亲，所以他把敌意隐藏在"夸张的奉献背后"。性交在他心目中是与羞辱欲望联系在一起的，所以他压抑着对他所爱的女人的性欲，却对他不尊重的女人自由地表达这些欲望。他通过"挫败他所爱的女人来显示他对她的敌意"。

女人也可能有一种"贬低伴侣的无意识倾向"。霍妮罗列的原因似乎都带有自传性色彩："对被偏爱的兄弟的怨恨，对软弱的父亲的蔑视，认为自己没有吸引力，预料自己会被男人拒绝。"一个一心想要制服和羞辱男人的女孩可能会开始一段感情，但这段感情的"动机很坦诚，就是把男人置于她的控制之下"，或者她也可能"吸引男人，一旦他们用爱意回应，她就把他们丢掉"。

男人和女人都可能用"钦佩的态度"来掩盖他们的"贬低或击败的动机"。暗地里想伤害和唾弃女人的男人可能会把她们当女神膜拜，而试图击败和羞辱男人的女人"可能会把他们当英雄崇拜"。在神经症女人的英雄崇拜中，有"对成功的盲目崇拜"，因为她自己也渴望成功，尽管这种愿望与摧毁成功者的愿望结合在一起。

我认为，霍妮在证明以上这些结论如何解释一些典型的婚姻冲突时，描述了她与奥斯卡的关系。如果一个女人嫁给一个男人，"因为他现有的或潜在的成功吸引了她"，只要他的成功持续下去，她就可能得到满足；但她的内心充满了冲突，因为她也憎恨他的成功，想颠覆它。她可能会用种种方式宣泄她的怨恨，比如通过令人窒息的争吵让丈夫不得安宁，通过阴险的贬低态度破坏他的自信心。她的怨恨在失败的迹象中会变得更加明显。在他成功的时候，她可能显得很深情，但在他失败时，她会站在他的对立面，而不是帮助和鼓励他，因为参与他的成功时，她能掩盖她的报复心，但一旦有了失败的迹象，恨意就会浮出水面。因此，当奥斯卡失去职位并差点死于脑膜炎时，卡伦表现得冷酷无情。霍妮似乎再次审视了她在那次婚姻失败中应负的责任。

《我们时代的神经症人格》中对英雄崇拜的进一步讨论，让我们对霍妮的矛盾需求有了更深入的了解，也解释了为什么她从未找到一个能满足这些需求的男人。在那些需要主宰他人的女性身上，往往有一种奇怪的矛盾感，这种矛盾感可能会严重损害任何爱情关系。她们不可能爱一个软弱的男人，因为她们鄙视软弱，但她们又不能接受一个强壮的男人，因为她们期望伴侣总是屈服于她们。她们秘密寻找的是英雄，是强壮的男人，同时又是软弱的，可以屈服于她们所有愿望的男人。

霍妮的神经症结构概念的一个重要部分是，冲突不仅产生于防御策略内部，而且产生于防御策略之间。人们通常以几种互不相容的方式来应对基本焦虑。他们可能"既受驱使想去支配每个人，又想得到每个人的爱；既想顺从他人，又想将他们的意志强加给他人；既想逃离人群，又渴望得到爱情"。这就产生了"不可调和的冲突，而这些冲突往往就是神经症的动态中心"（《我们时代的神经症人格》，100—101）。

神经症患者往往具有强迫竞争性，但又经常对竞争退避三舍，因为竞争让他们产生了巨大的焦虑。这种焦虑有几个来源，其中包括对报复的恐惧和对失去爱情的恐惧。这种夹在野心和爱情之间的状态是"神经症的核心冲突之一"，霍妮后来称之为基本冲突，它导致了"对失败和成功的双重恐惧"。有些人对这种两难境地的反应是为自己支配他人的倾向辩护，加倍努力争取成功，而另一些人则遏制自己的野心，放弃努力，这样他们既不会失败，也不会有被拒绝的风险。在一场令人焦虑的考试即将到来的时候，有的人也许会"很少学习……也许会明显地沉溺于社交活动或兴趣爱好，从而向世界展示他对这场考试缺乏兴趣"。同样，这听起来像卡伦的情况。

强迫性抑制自己的人可能工作很出色，但逃避成功的证据。他们倾向于贬低自己，把自卑的一面当作真实的自己，并坚信于此。例如，霍妮描述了这样一个女孩，她在和哥哥发生了令人羞辱的事情之后，在学校里产生了过度的野心：她总是在班上名列前茅，被大家视为出色的学生，但在她自己的心中，她仍然坚信自己是愚蠢的。一个被男人重视的女人，可能仍然以铁一般的信念坚持认为自己没有吸引力。这些自卑感的作用是抑制野心，从而减轻与竞争有关的焦虑。

野心勃勃的人产生这些感觉的另一个原因是他们对自己的价值和重要性的过高评价。因为他们的实际成就永远无法达到他们"作为天才或完美的人的自我评价"，所以他们总是感到不满足。现实和想象的差异让他们难以忍受，他们只能在宏大的幻想中避难，以掩盖"难以忍受的虚无感"，允许自己"感觉自己很重要，而不至于招致失败的风险"。然而，他们的幻想更容易使他们产生自卑感，因为与精神病患者不同，他们"不得不痛苦地准确记录现实生活中所有与他们有意识的幻觉不相符的成千上万件小事"。他们很容易感到被轻视或被伤害，然后产生报复性的怨恨反应，并在"自我感觉很伟大和自我感觉很渺小"之间徘徊不定。这一切又造成了另一轮的恶性循环。

霍妮成熟理论的基本特征最早出现于她的第一本书提出的神经症结构范式中。人际关系紊乱产生了一种基本焦虑，基本焦虑导致了防御策略的发展。霍妮在这里聚焦于对爱和权力的追求，但她也提到了疏远，在《精神分析新法》中，她将自恋和完美主义加入她的人际关系策略分类中。在她的前两本书中，她还介绍了心理内部的策略，如自我膨胀、自责、神经症的痛苦和内疚，以及过度循规蹈矩。这些内容将在她后期的作品中得到更充分的发展。她早期提出的神经症结构范式包括防御性策略的自我挫败性，以及解决方案之间的相互冲突，这导致了难以调和的冲突。在霍妮分析文化与神经症的关系中，这些冲突显得尤为重要。

第十七章　文化与神经症

在《我们时代的神经症人格》中，霍妮一开始强调了文化的重要性，但将大部分篇幅用于论述她的神经症结构范式。直到最后一章，她才探讨了文化是如何造成神经症人格的。她还关注在我们关于什么是"正常"和什么是"神经症"的概念中，文化施加了多少影响。是否存在一种普遍的人性？是否可以通过普遍的人性得出心理健康的标准？我们对"正常"的概念是否应该随着文化的不同而变化？我们所说的"正常"是指在一个特定的文化中什么是理想的，还是什么是典型的？霍妮在《我们时代的神经症人格》中确立了文化相对论的立场，但在《精神分析新法》和《什么是神经症？》（"What is a Neurosis"，1939c）中，她开始提出一种心理健康的概念，在这个概念中，文化可以据此来对自身进行评估。

在《我们时代的神经症人格》中，霍妮认为，在美国文化的诸多特征中，对竞争的强调要对神经症倾向负有最大责任。在经济领域，个人必须与他人竞争，超越他人，将他人用力甩到一旁。竞争性也渗透到人际关系中。女人要争夺男人的注意力，男人和女人都在寻找能够提高他们财富、权力或声望的配偶。一旦结婚，他们就会在家庭中展开争夺主导权的斗争。这种文化中也存在着"父亲和儿子、母亲和女儿、孩子和另一个孩子之间"的竞争（《我们时代的神经症人格》，285）。由于我们生活在竞争的氛围中，我们一直处于恐惧之中，害怕别人的敌意，也害怕我们自己的敌意会引起别人的报复。我们害怕失败，觉得我们只有在成功的时候才有价值。

竞争、敌意、紧张的人际关系和动摇的自尊心，这一切既造成了对爱的夸张需求，又让给予爱和获得爱变得极为困难。爱变成了"一个幻影，就像成功一样，似乎可以解决所有问题"。我们对爱的期望太高，以至于我们必然会感到失望。

我们文化中的一些矛盾引发了神经症冲突，比如"文化一方面要求我们竭力竞争和取得成功，另一方面要求我们有兄弟般的爱和谦逊"。出于对成功的需要，我们被驱使着把别人推开，但我们也被深深地灌输了"这样的标准，即为自己着想是自私"。由于这种矛盾，我们往往"在两个方向上都受到严重抑制"。通过广告和炫耀性消费的意识形态，文化刺激了我们的经济欲望，但我们大多数人却无法满足自己的欲望。这就产生了欲望和满足之间的持续差异。在"所谓的个人自由和现实限制之间也存在着矛盾"。我们得到的信息是，我们可以通过提高效率和付出精力得到我们想要的东西，但在现实中，我们却受到现实限制和意外情况的影响。因此，我们在无所不能和一无是处的感觉之间徘徊。

我们文化中的矛盾与我们时代的神经症人格所特有的冲突完全对应：攻击性倾向和屈服倾向，过度的要求和对一无所获的恐惧，自我扩张的努力和无助的感觉。因此，霍妮将文化与《我们时代的神经症人格》中对神经症的描述联系起来，但其中有一个严重的不一致之处。她在文本早期观察到，对权力、声望和占有的追求通常来自对亲情需求的挫败，她把这种需求追溯到家庭关系的干扰。然而，在她对于文化对神经症的影响的分析中，她颠倒了因果关系，把对亲情的需要说成是竞争性社会引起的孤独感、不安全感和自尊心动摇的产物。这便会让读者产生困惑，亲情需要和竞争哪个是主要的。

霍妮对文化和神经症之间关系的研究意义深远，但发展不足。她认为，家庭中的致病条件是文化的反映，但没有说明它们之间的联系。弗朗兹·亚历山大注意到，霍妮的分析不够精确，缺乏细节，但不应苛责，因为对这个话题的充分观察并不存在。我们必须记住，霍妮是把文化视角带入精神分析的先锋人物。她并不希望"入侵社会学领域"（《精神分析新法》，173），并期待其他人来充实她的想法。[1]正如鲁思·本尼迪克特在对《我们时代的神经症人格》的评论中所说，霍妮提出了许多值得关注的问题，"需要研究社会问题和个人心理学

1　霍妮在给诺顿的信中写道："就社会学家和民族学家而言，我认为他们会欢迎（《我们时代的神经症人格》），因为这本书为他们提供了可以利用的心理学数据。这至少是我从鲁思·本尼迪克特、玛格丽特·米德、约翰·多拉德、哈罗德·拉斯韦尔那里得到的回应。我不打算引入其他文化资料，因为我觉得那是民族学家的工作。出于这方面的考量，我的工作只不过是为了起到启发思考的作用。"（1936 年 8 月 1 日）

的学者开展合作"。

霍妮本人并没有对这类合作做出更多贡献。她的伟大天赋不在于探索文化条件和个人心理学之间的关系，而在于分析人际关系和心理内部动态的复杂性。也许正是因为她认识到了这一点，所以她在后来的书中并未过多提及文化。

在《我们时代的神经症人格》中，霍妮是以与文化的关系来定义神经症的。她最初认为，"正常"是指符合某一社会中普遍和可接受的行为模式，"神经症"是指偏离这些模式的行为。由于在一种文化中正常的东西在另一种文化中可能是神经症的，所以"不存在一种适用于全人类的正常心理"。因此，在美国的主流文化中，竞争是正常的，但对于普韦布洛（Pueblo）印第安人、生活在意大利南部或墨西哥村庄的艺术家或古希腊人来说，竞争是不正常的。文化内部也有差异，在不同的时期，不同的社会阶层对"正常"的定义也不同。此外，还有性别差异，在同一文化中，男性和女性往往因类似的行为而受到不同的评判。

除了偏离被视为"正常"的行为模式外，神经症还有一些明显的特征，如"缺乏对不同情况做出不同反应的灵活性"。然而，"只有当这种不灵活性偏离了文化模式时，才是神经症的标志"，因为可能存在一种"正常的僵化"，如欧洲农民怀疑一切新鲜事物，再如资产阶级对节俭的过分强调。"所有神经症共同的基本因素"是"焦虑和为此建立的防御"。但不是所有的恐惧和防御都是神经症的，每种文化都有恐惧，也有公认的防御方式，如仪式。尽管正常人也分享他们文化中的恐惧和防御，但他们可以"最大限度地利用手头的一切可能性"；而对于神经症的人而言，由于个人生活的条件，他们不得不"为他们的防御付出高昂的代价"，包括"损害他们的成就和享受的能力"。

霍妮似乎描述了一个这样的社会：这个社会损害其所有成员，并将受损程度较轻的人归为"正常"。她在《精神分析新法》中说，实际上每个人都会产生防御和内心冲突，只是强迫性和僵化程度不同罢了。每个人都受到竞争的影响，以及竞争造成的孤立和对爱的补偿性需求。我们社会中的大多数人"没有能力获得真正的友谊和爱"，并且"倾向于高估他们的个人重要性"。这些特征是文化的产物，这种文化造成了"人与人之间恐惧和敌对的紧张关系"，扼杀了"个人的自发性"，"依据外表，而非本质"评价他人，并规定"把争取声望作为克服恐惧和内心空虚的手段"（《精神分析新法》，98）。

由于缺乏判断文化的基础，霍妮将社会中一般受损的成员视为"正常"，将偏离平均水平的成员视为神经症，这种差异是程度上的，而不是种类上的。社会条件为"神经症的发展提供了肥沃的土壤"（《我们时代的神经质人格》，287），但一个人是否会成为神经症患者，取决于他或她在早期家庭经历中"受到困难打击"的程度（《精神分析新法》，178）。尽管霍妮赋予文化以决定神经症的重要作用，但她把更多的责任放在家庭上，她虽然无法评估文化，但可以评估家庭。如果一个家庭的环境中产生比平均程度更高的干扰，就是不良的家庭环境，但每种文化都是自成一类的，不能用它自己以外的规范来评判。

尽管霍妮有时也认同这种最初的立场，但她很快就远离了文化相对主义，因为它隐含着适应病态社会和接受现状的要求。在《精神分析新法》中，她区分了心理正常和心理健康，并认为应该从心理健康的角度来评价文化和个人。神经症和精神病的频繁出现表明人们生活的条件存在严重的问题。

霍妮在《精神分析新法》中开始逐步发展她对心理健康的定义。她借鉴了特洛特（W.Trotter）的《和平与战争中的民众本能》（*Instincts of the Herd in Peace and War*，1916），将心理健康描述为一种内心自由的状态，在这种状态下，所有能力都可以得到充分发挥。个人摆脱了强迫性和僵化的神经症特征，能够实现潜能。现在，神经症的核心特征是自我异化，与自发性个体自我失去联系。健康等同于自我实现（尽管霍妮还没有使用这个术语），治疗的目的是将个人恢复成他自己，恢复他的自发性，在他自己身上找到他的重心。霍妮引用了奥托·兰克的意志概念和威廉·詹姆斯的精神自我概念作为灵感来源，但她主要感谢艾里希·弗洛姆为她提供的思维新方向。她说，弗洛姆给了她一个新视角："丧失自我是神经症的核心之处。"自发性个体自我，她后来称之为"真实自我"，成为霍妮对健康和神经症理解的基础。

健康的概念是自我实现，是自由充分地利用能力，与文化无关。自我异化的人即使符合其文化的价值，也是神经症的，因为这些价值可能反映了其成员的自我异化状况。可以根据文化促进或阻碍自我实现的程度对其进行评价，这种评价为社会批评提供了基础。[1] 适应病态

1　霍妮和其他新弗洛伊德主义者（这个学派包括霍妮、弗洛姆、沙利文，有时还有弗朗茨·亚历山大和亚伯拉罕·卡迪纳）遭到了保罗·古德曼（Paul Goodman）的攻击，因为他们提出了"一种非革命的社会适应心理学"。新弗洛伊德主义者将心理健康定义为自由人格的自发性发展，但既然他们已经取消了

社会反而会使神经症根深蒂固，在很多情况下，不去适应现有的条件

本我及其强大的本能，对此，古德曼问道："自发性的内容……从何而来？"他控诉道，弗洛姆和霍妮的方法是"清空灵魂，然后用社会的一致性和理性的信仰来填充它"。对他们来说，"个人和社会的目标是一致的"，而对弗洛伊德来说，"本能的剥夺"存在于所有的文明中。赫伯特·马尔库塞（Herbert Marcuse）在《爱欲与文明》中对新弗洛伊德主义进行了类似的但更为复杂的批判。根据马尔库塞的说法，新弗洛伊德主义者把自己表现得比弗洛伊德更有文化意识，但他对弗洛伊德的性爱理论的拒绝"必然导致社会学批判的削弱"。尽管他们拒绝"以最强烈的措辞调整疗法"，"声称他们的精神分析本身就是对社会的批判"，但他们"除了现行的价值标准外，没有其他的客观标准"，他们在操作上将心理健康等同于"调整的成功"。

马尔库塞指控说，通过把心理的核心定为自由人格而不是本能，新弗洛伊德主义者没有认识到，"个人要发展的人格"从一开始就已经被严格控制了"。对弗洛伊德来说，心理健康"是成功的、有效的顺从"，它使我们能够在"普遍不快乐"的"人类共同命运"中处于平均水平而不是过于不快乐。这就是我们能从精神治疗中得到的所有希望。新弗洛伊德主义者的目标是"一个人的潜能的最优发展和他的个性实现"，但这其实是无法实现的，因为文明的结构本身阻止了它。弗洛伊德已经"证明了约束、压抑和放弃是'自由人格'的原料"，而"社会的'普遍不快乐'是正常和治疗的不可逾越的极限"。

马尔库塞控诉道，新弗洛伊德主义者接受了被批判的文化的理想化价值，给人的印象是"'更高的价值'可以而且应该在背叛它们的条件下实践"。和古德曼一样，他找不到与弗洛姆的"自由人格"或霍妮的"真实自我"相对应的内在心理现实，他认为这些都是空洞的建构（与弗洛伊德的本能不同），其中充满了文化为了使其成员与文化强加给他们的挫折相协调而发展的虚假的理想。

我在本书第五部分关于"真实自我"和"第三势力心理学"的讨论中，从新弗洛伊德的角度对马尔库塞的指控做出了回应。现在，我想提请读者注意马丁·宾巴赫（Martin Birnbach）的研究，他的《新弗洛伊德社会哲学》对霍妮、弗洛姆、沙利文、亚历山大·卡迪纳和拉斯韦尔的贡献做了很好的说明，并将他们的社会哲学与弗洛伊德的社会哲学进行了比较。宾巴赫将弗洛姆的人本主义伦理学描述为相当于自然权利理论的精神分析学（而其他新弗洛伊德主义者是功利主义者）。人性中存在着独立于文化之外的不可改变的规律，"违反这些规律会对人格造成严重的损害"。与古德曼和马尔库塞一样，宾巴赫觉得弗洛姆把他自己对人性的哲学预想强加到一门经验科学中，并抱怨他作品中"奇怪地缺乏精神分析的案例"。然而，科学证据可以"用来加固弗洛姆的部分道德堡垒"，因为他反复提到"一种'实现心理健康和幸福的冲动'，没有这种冲动，治疗努

反而更好；不过，不去适应也会产生问题。从社会学的角度来看，不合群的人或叛逆者是不正常的，但他们可能是在为优于其文化的价值观站台。精神分析家需要有文化意识，这样才能避免认可不健康的行为。那些熟悉艾里希·弗洛姆早期书籍的人，即《逃避自由》（*Escape from Freedom*，1941）、《为自己的人》（*Man for Himself*，1947）和《健全的社会》（*The Sane Society*，1955），会认识到霍妮在《精神分析新法》中预见了他的想法。尽管她是第一个发表文章的人，但他们无疑共同探讨了许多想法。[1]

　　在她那篇题为"什么是神经症？"的文章中，霍妮提出了绝对定义与相对定义的问题。如果我们用基本焦虑和神经症倾向，而不是偏离常态作为区分特征，我们就能以一种普遍有效的方式定义神经症。一个有效的心理健康标准拥有"对自己和他人的良好态度"和"自由使用自己的能量"。然而，霍妮也承认这个标准的主观性：这个标准作

力将是徒劳的"。这就是卡伦·霍妮的用意所在。她的"人类具有建设性的信念"不是"单纯的猜测"，而是基于观察到的儿童发展、临床经验和精神分析治疗中发生变化的证据，而且她提供了大量的支持材料。霍妮和弗洛姆一致认为，"个人有一种内在的成长能力"，"环境在促进或阻碍这种能力方面起着至关重要的作用"，但"弗洛姆在伦理方面规定了成长趋向的确切目的，而霍妮则在心理方面提出了成长趋向的几个不同目的"。

1　霍妮曾劝说诺顿出版一本艾里希·弗洛姆的书，她表示，这本书将是对《我们时代的神经症人格》的补充："弗洛姆博士是一位杰出的社会心理学家，你可能已经注意到我在书中的一些引文中提到了他的名字。弗洛姆博士正在写一本关于性格和文化的书，其中涉及文化和人格结构之间的关系。在某种意义上说，这本书在处理正常人格方面与我的书有相似之处。弗洛姆博士试图将精神分析理论建立在社会学的基础上，而不是像弗洛伊德那样建立在生理学和生物学的基础上。"（1936 年 11 月 3 日）虽然这本书并未出版，但据推测，弗洛姆在《逃避自由》和《为自己的人》中表述了以上观点。霍妮的信表明，弗洛姆和她的兴趣点在这个时候是多么相似。

为一般表述是可以接受的，但"我们很难避免让自己成为评判者，判断什么是对自己和他人的'良好'态度或什么是'自由'使用能量"。

霍妮提出了一种解决方案，即退回到"实际标准，比如说残疾程度或痛苦程度"。这类似于《我们时代的神经症人格》中的相对主义，但霍妮试图将这两种立场结合起来，她同意神经症是"偏离平均水平"，同时坚持认为这种偏离涉及的不是明显的行为，而是基本焦虑的数量和防御策略的质量。

霍妮尽管在过程中摇摆不定，有所迟疑，但还是稳步地走向了可以适用于所有文化的健康和神经症的概念。事实上，即使在《我们时代的神经症人格》中，她也承认，有些人可能偏离常规，但他们并不属于神经症，而另一些人可能有严重的神经症，但似乎已经适应了现有的生活模式。她赋予神经症的大多数特征既不是与文化相对，也不是由文化决定的，仅是以文化为媒介。

尽管霍妮着手描述的是她那个时代的神经症人格，但她为神经症的结构开发了一个超越文化的范式。事实上，一位评论家曾经想知道，既然这本书对神经症的描述适用于任何文化、任何时期、任何阶层和任何性别，为什么还只限于"我们的时代"。霍妮进一步指出，焦虑和防御的反应"不限于人类。如果一只动物被某种危险吓坏了，也会进行反击，或者选择逃跑，这时的它们就和人类有了完全相同的恐惧和防御情况"（《我们时代的神经症人格》，24）。不同的文化可能偏向不同的防御方式，并有不同的防御方式变体，但防御的基本模式在动物界也存在，因此，我们可以说防御是有生物基础的。不过，霍妮并没有承认她援引动物行为的意义，可能是因为这种观点颠覆了

她对弗洛伊德的生物主义的攻击和对文化的强调。她认为她是在构建
人类行为的新学说，因为人类行为被特定的社会所制约，但她实际上
建立了一个新范式，这个范式包含着未被承认的生物因素，因此具有
了更大物种范围的适用性。

第十八章　结构还是起源：霍妮的共时范式

霍妮在评论奥托·兰克的《现代教育》（*Modern Education*）时，曾呼吁"对精神分析所包含的知识体系进行批判性审查"，在《精神分析新法》中，她承担起了这项任务。她肯定了弗洛伊德"不朽的"贡献（《精神分析新法》，18），抨击了他"有争议的前提"，并在其余各章中对弗洛伊德理论和实践的不同方面进行了审议。她通常的程序是先对弗洛伊德的观点进行阐述和评价，然后陈述自己的立场。虽然她自称非常尊重弗洛伊德，但她提出批评时毫不留情，许多评论家抱怨她的论战策略。J. F. 布朗（J. F. Brown）在《国家》（*The Nation*）杂志中指出，"这本书变成了'新方法'（霍妮）和'旧方法'（弗洛伊德）之间的长达十四个回合的擂台战"，霍妮赢了三个回合（女性心理学、死亡本能以及文化与神经症），弗洛伊德赢了七个回合，还有四个回合是平局。

据霍妮所说，弗洛伊德对精神分析的不朽贡献在于："精神过程是受到严格决定的；行动和感觉可能由无意识的动机决定，驱动我们的动机是情感力量。"（《精神分析新法》，18）她认可弗洛伊德对压抑、反应形成、投射、置换、合理化和梦境的阐述，而且她认为弗洛伊德提出的移情、抵抗和自由联想等概念，为我们提供了不可缺少的治疗工具。

霍妮对弗洛伊德精神分析的主要反对意见之一是，它是"一种遗传心理学"，过于关注婴儿期的起源。我们很难确定为什么霍妮在理论和临床实践中都从强调过去转向强调现在。她承认她受到了哈罗德·舒尔茨-亨克（Harald Schultz-Hencke）和威尔海姆·赖希（Wilhelm Reich）的影响，她在柏林的时候就认识这两位精神分析师。在对《精神分析新法》的评论中，弗兰兹·亚历山大引用了他自己、费伦茨和兰克作为其他强调当前情绪问题的精神分析师。虽然这种强调不是霍妮的原创，但我认为她是第一个认真探索其含义的人。

霍妮在 20 世纪 30 年代初至中期开始阐述她的新立场[1]，首先是在哈利·斯塔克·沙利文领导的巴尔的摩—华盛顿精神分析家小组的演讲中，然后是在《精神分析方法的概念和错误概念》（"Conceptions and Misconceptions of the Analytical Method"，1935c）和《消极治疗反应问题》（"The Problem of the Negative Therapeutic Reaction"，1936）中。她认为："我们在成年患者身上看到的态度并不是婴儿期态度的直接

1　在霍妮的相关资料中，有 24 页霍妮于 1933 年在芝加哥分析协会以及于 1933 年至 1935 年在巴尔的摩—华盛顿小组发表的演讲的打字版笔记。她的主题包括受虐狂、解释、分析技术、移情、消极治疗反应和案例研讨会。

重复，而是在质量和数量上发生了变化，这些变化是早期经历造成的后果。"在次年出版的《我们时代的神经症人格》中，她坚持认为她并没有放弃神经症是由早期童年经历发展而来的观点，而是想表明过去和现在之间的关系比那些"宣扬简单因果关系"的人"所假设的要复杂得多"。

在《精神分析新法》中，霍妮区分了她的"进化论"和弗洛伊德的"机械进化论"思想。进化论思想的前提是，"今天存在的事物并非从一开始就以同样的形式存在，而是从以前的阶段发展而来。这些先前的阶段可能与现在的形式没有什么相似之处，但如果没有先前的阶段，现在的形式将不复存在"。机械进化论的思想则是，"在发展的过程中，没有真正的新东西被创造出来"，"我们今天看到的只是改变了形式的旧东西"。对霍妮来说，并不排除早期经验的深刻影响继续发展的可能性，而对弗洛伊德来说，5岁以后没有什么新东西产生，后期的反应或经验应被视为过去的重复。弗洛伊德的机械进化论思想体现为，他认为无意识、重复强迫症、固恋、回归和移情都是永恒的。这种思想"说明了各种倾向被归因于婴儿时期的程度，以及用过去解释现在的趋势"。

弗洛伊德关于童年经历和成人行为之间关系的概念的核心是无意识的永恒性。童年时期被压抑的恐惧和欲望，甚至整个经历，"不受日后经历或成长的影响"。这就引出了固恋的概念，固恋可能与早期环境中的一个人或性欲发展的一个阶段有关。孩子虽然在其他方面发展了，但依然固恋母亲，或者他或她的"'性'愿望"可能"仍然集中在前生殖器官时期"。固恋的概念把后来的依恋或其他行为看作过去的重复，只不过一直被无意识包裹着，没有发生过改变。那些"不符合一般成年人应该有的感觉、思考或行动等理性准则的行为，被指定为婴儿期行为"，理解和治疗婴儿期行为的方法是将其与早期的起源联系起来。"如果没有重复强迫症的假设，"霍妮说，"我们很难理解为什么破坏性野心……或贪婪或对环境的无度要求应被视为婴儿期倾向。这些行为与健康儿童格格不入，只有在神经症儿童身上才会出现。"

　　霍妮试图既不反驳无意识的永恒性学说，也不反驳其相关概念，而是将她的理论建立在一套截然不同的前提之上。"非机械论的观点是，在生物发展过程中，不可能出现简单的重复或倒退到以前的阶段。"（《精神分析新法》，44）过去总是"以某种方式……包含在现在之中"，不过是通过发展过程而非通过重复实现。（《精神分析新法》，153）如果我们告诉一个患者，他不想和女人有任何关系，是因为他对他的母亲感到失望，我们只"给了他链条上的第一个和最后一个环节，所有中间环节都不见了"。人格的"真正发展"方式是通过"一环扣着一环"实现的，因此，"将现在的困难直接联系到童年时期的影响……这种解释实际上毫无价值"。

　　在霍妮的模型中，早期经历之所以对我们影响深远，并不是通过产生固恋，重复之前的模式，而是通过调节我们对世界的反应方式。这些方式会受到后续经历的影响，并最终演变成我们成年期的反应模式。早期经历可能比后期经历影响更大，因为"前者决定了个人发展的方向"，但早期经历的最终影响取决于后期经历对早期经历最初产生的态度和反应模式的加工和修改。成人期的心理是其精神结构和环境之间所有先前互动的进化产物。

对弗洛伊德来说，童年时期起决定性作用的经历相对较少，而且大多是性方面的，但对霍妮来说，"童年经历的总和"是神经症发展的原因（《精神分析新法》，153）。神经症的产生受到多种因素的影响，比如文化因素，朋友因素，特别是家庭因素——如果孩子在家庭中感到不安全、不被爱、不受重视，就会产生基本焦虑。这些不利条件激发了神经症性格结构的发展，而"正是这种结构导致了后来的困难"。性格结构的发展可能在某一阶段停止，如五岁、青春期、三十岁，也可能一直持续下去。

既然过去和现在之间的联系如此难以追踪，我们不如关注"实际上驱动和抑制一个人的力量；即使对童年知之甚少，也不妨碍了解这些力量"。我们在分析"患者身上可观察到的态度的直接动机"时，经常可以"追踪到一条条情感因果链，这些链条可以把现在的症状追溯到影响性格形成的最早因素"。我们从现在开始回溯，一环一环地复原过去，而不是立即追寻婴儿时期的起源。然而，"只有当这种复原有助于功能性理解的时候"，我们才不是在做无用功（《我们时代的神经症人格》，33）。

霍妮区分了起源和结构两种解释，这两种解释呼应了历时性和共时性两种理解模式的差异。这两种理解模式源于索绪尔（Ferdinand de Saussure），并已成为20世纪的思想共识。历时性方法，即用过去解释现在，在19世纪占主导地位，在语言学和生物学（例如进化论）等领域取得了令人瞩目的成就。弗洛伊德就是在历时性思想氛围中成长起来的，并据此构建了他的理论。共时性方法在20世纪占主导地位，理论家们用现象在现有系统中的功能来解释它们。我们可以通过一种语言的特征来自何处来解释它的历时性，也可以通过分析它如何融入当前的语言系统来解释它的共时性。同样，我们可以从历史或功能的角度，以历时性或共时性的方式解释一种文化、一种生物体或一部文学作品的特征。两种理解模式并不相互排斥，甚至可以交叉使用。

霍妮建议将两者结合起来使用，但她认为，了解过去之所以有价值，是因为这有助于理解现在的性格结构。弗洛伊德的方法导致"忽视实际存在的无意识倾向及其功能和与其他倾向的相互作用"（《我们时代的神经症人格》，33）。在《精神分析新法》的一段话中，霍妮区分了"结构性"和"垂直性"解释。在结构性解释中，我们画的不是"从倾向a、b、c到儿童时期的因素a-1、b-1、c-1的垂直线"，而是"水平线"，以试图"理解a、b、c之间是如何相互关联的"。意识到"一种态度的历史来源并不足以解释它"（《我们时代的神经症人格》，250），我们最需要理解的是这种态度在当前性格结构的防御系统中的功能。这种性格结构从过去演变而来，但现在是一个自主的系统，有自己的内在逻辑。

霍妮从四个方面反对弗洛伊德的解释方法：过度简化了过去和现在之间的关系；建立于机械精神观基础之上；对"深层"分析构成的观点很狭隘；把类比关系变成了因果关系。霍妮的整体心理规则是，没有哪种变化可以发生在"一个活的有机体的某个部分，却不影响整个有机体"；而弗洛伊德却认为，心理的神经症成分不一定影响整个人格。力比多理论诱使我们"从一个轮子理解整个机器，而不是理解所有部件是如何相互作用产生某些效果的，在这个过程中，我们也要理解为什么一个轮子在它所在的位置，为什么它必须这样运作"。受虐倾向被解释为"个体曾在痛苦的情况下出现性兴奋的结果，如被殴打"，而不是被视为"整个性格结构的一种表现"。但女性的许多不同特征都被归结为"一个所谓的生物来源的结果，即阴茎嫉妒"（《精神分析新法》，70—71）。

弗洛伊德理论把性欲表现视为所有倾向的根源，于是助长了这样一种印象，即"只有这样的解释才是'深层的'，因为其显示了可能的生物根源"，但这是"理论先入为主的幻觉"（《精神分析新法》，70）。对霍妮来说，深层解释很重要，因为经常有人指责她的理论过于肤浅，而她在弗洛伊德阶段又曾对阿德勒提出这样的指控。她认为她的解释是"深层的"，即使她没有把当前的问题追溯到早期对被禁止的性对象或身体器官的固恋，而是探索无意识的焦虑和敌意以及防御和内在冲突。

霍妮认为，力比多理论的"所有论点"都缺乏依据。弗洛伊德主义者所提供的依据往往是一种类比推理，将相似性变成因果关系："生理功能和心理行为之间存在着相似性……但他们却竭力想证明前者决定后者。特殊性癖被武断地假设为造成性格特征中相似癖好的原因。"（《精神分析新法》，68）霍妮并没有把贪婪或占有欲解释为在口腔期或肛门期固恋的结果，而是把它们理解为"对早期环境中经历总和的反应"。弗洛伊德指出，一个人的行为在许多方面有相似之处，并呼吁我们注意这些重复的模式，这点毋庸置疑，但这些行为其实是性格结构的产物。

　　霍妮对结构性解释提出的最成熟示例是克莱尔案例，我将在讨论她的新范式对精神分析过程的影响后对其进行探讨。

第十九章　新范式和精神分析过程

霍妮表示，她想重新评价精神分析理论的原因是"对治疗结果的不满"（《精神分析新法》，7）。在《精神分析新法》中，她重新定义了移情、反移情和治疗的目标，在《自我分析》中，她按照她的新范式对精神分析过程进行了阐述。她在随后的作品中完善了她关于精神分析疗法的设想，但重视结构而非起源的思想始终不变。[1]

根据弗洛伊德的观点，精神分析会导致退行反应，患者会将源自童年的情感转移到精神分析者身上。霍妮对移情的看法是，患者对精神分析师的行为符合他们的性格结构；因此，精神分析师可以利用移

1　霍妮在《我们的内心冲突》的最后一章、《神经症与人的成长》的倒数第二章以及《精神分析疗法的目标》（"The Goals of Psychoanalytic Therapy"，1951）中完善了她关于精神分析疗法的思想。《最后的演讲》包含了她最后一门课程的录音带的转录。如果她没有去世，她的下一本书将是关于分析技术的。

情来理解患者的防御和内在冲突。与移情一样，反移情不是婴儿期反应的表现，而是性格结构的表现，这里是指精神分析者的性格结构。精神分析师必须了解他们自己的防御，以免他们对患者的类似防御视而不见或加以放纵。因此，良好的辩证式分析和"永不停歇的自我分析"（《精神分析新法》，303）是很重要的。

霍妮专注于了解患者的防御，发现这些策略的功能和后果。治疗的目的"不是帮助患者掌握本能，而是帮他减轻焦虑，摆脱'神经症倾向'"。患者的防御不仅扭曲了他的人际关系，而且导致其与自发性自我失去联系。治疗的最终目标是"帮助患者恢复自我，重拾自发性，在自己身上找到生活的重心"（《精神分析新法》，11）。

霍妮在《自我分析》中详细阐述了她在新范式基础上提出的分析技巧。为了摆脱我们的神经症倾向，取得自我实现的进步，我们必须认识到自己的防御，探索其影响，看到它们是如何相互关联的。我们要想在这个痛苦而艰难的过程中取得成功，需要有力的激励和无情的自我坦诚，还要求患者和精神分析者承担起特定的角色和责任。在自我分析中，个人必须尽可能既当患者，又当精神分析师。

霍妮的分析程序是以患者最明显的神经症倾向作为起点。有些患者一开始就提到他们的"绝对独立的需要"，有些患者则提到他们的"被爱和被认可的需要"，还有一些患者提到他们的"高度发达的权力驱动机制"。首先出现的倾向不一定是影响最大的倾向，却是压抑最少的倾向，也是"最符合患者有意识或半意识的自我形象"的倾向（《自我分析》，74—75）。更受压抑的倾向将在后期出现。精神分析必须经过三个步骤：认识神经症倾向；"探索其起源、表现和影响"；

以及"发现其与人格其他部分的关系，特别是与其他神经症倾向的关系"。

对所有神经症倾向的分析都必须经过这些步骤，这三个步骤的次序并不固定，但每个步骤都有特定的治疗价值。认识神经症倾向通常不会带来根本性的改变，但可以减少人们的无力感或受制于无形力量的感觉，给他们带来希望，帮他们减轻痛苦。探讨神经症倾向的不幸后果可以让他们意识到改变的必要性。每一种神经症倾向都与其他往往相互矛盾的倾向交织在一起，所以患者想要了解一种倾向，就必须接受其他倾向，了解它们之间的关系。他们必须面对这样一个事实：他们的内心冲突要么使他们瘫痪，要么使他们分裂。

在精神分析疗法中，激励是至关重要的，患者想要克服他们的神经症倾向，改变他们的性格，就必须忍受痛苦和挣扎，就必须有强烈的动机。在自我分析中，激励更为重要，因为人们在克服抵触情绪时，不能指望外界的任何帮助，只能依靠自己。激励的具体来源有两个，一是希望自己少受折磨，二是希望挖掘自己的潜能，"在既定环境允许的情况下，过上尽可能充实的生活"。霍妮提出了一种成长的激励，这种激励可以促使一个人不顾重重磨难，彻底认识自己。

对弗洛伊德来说，自我发展的冲动来自自恋的自我扩张。对霍妮来说，自恋的冲动不是主要的，而是神经症的。这种冲动迫使我们放弃真实自我，试图实现"虚假自我"。在精神分析过程中，虚假自我渐渐"蒸发"，我们就会接触到真实自我。真实自我是——或者应该是——心理生活中最有活力的中心。精神分析工作寻找的正是这个心理中心。寻找自我、发展自我和实现自我潜能的渴望是经受住进一步分析的动力。这是人的本性所决定的。

霍妮将精神分析过程描述为一项合作事业，其中"精神分析师和患者都积极地朝着同一个目标努力"。如果精神分析师端起"权威的架子"，患者可能会产生"瘫痪的感觉，感觉他们是无助的"，而分析的目的应该是培养患者的"主动性和智慧"。在霍妮的模型中，患者和精神分析师双方都有需要承担的责任。患者有三个任务：其一，通过自由联想等方式，尽可能完整地表达自己；其二，发现自己无意识的驱动力，以及这些力量对自己生活的影响；其三，改变那些干扰自己与人际关系的行为模式。

经常有人指责霍妮抛弃了精神分析中的无意识概念，因此，我们有必要理解她所说的无意识驱动力到底是什么意思。总的来说，她指的不是那些在幼年时期被压抑的、仍在迫切要求实现的驱动力。对霍妮来说，尽管我们到现在可能仍然害怕承认，但我们最需要接触的、被压抑的早期情感是敌意。敌意源自神经症倾向，这些倾向要么与我们的主导倾向相冲突，要么与我们有意识的自我形象相冲突，要么我们不愿意承认其全部含义。

在深入了解自身人格中的无意识部分后，我们可能会发现一些被完全压抑的东西，比如，一些"强迫性谦虚或仁慈"的人发现他们实际上对他人有"一种莫名其妙的蔑视"。我们可能会弄清自己一直模模糊糊意识到的某种倾向的程度和强度，比如，一些野心勃勃的人意识到他们的野心其实"是一种想要吞噬一切的强烈情绪，这种情绪支配着他们的生活，包含着想要报复性地战胜他人的破坏性因素"。我们可能会发现看似不相关的因素之间的联系，比如，一个患者一直有一种大难临头的感觉，因为他的宏伟愿望落空了，他出现了一种潜在的死亡愿望。在这类例子中，每个人的无意识因素都是当前性格结构的一部分。

由于我们自身的抗拒，我们很难洞察到这些无意识因素。我们内心有一部分希望维持"神经症结构所提供的幻觉和安全感"，而另一部分则寻求成长和改变。想要维持现状的那部分在每次洞察自我时都会感到受威胁，然后会试图阻止精神分析过程。这就是激励如此关键的原因。霍妮建议我们接受自己的抗拒，因为我们无须对抗拒背后的力量负责，而它们所保护的防御措施给了我们"一种所有其他手段均宣告失败时应对生活的手段"。抗拒应该被看作"既定因素"和"有机体的发展"。认识起源可以帮助我们实现这种自我接受。我们必须认识到，我们之所以成为这样的人，有我们无法控制的原因，我们的父母也"陷入了内心冲突的泥沼，禁不住伤害"我们（《精神分析新法》，284）。然而，接受我们的神经症是不可避免的，并不意味着认可它们，或放弃改变的努力。

霍妮相信，如果我们能够克服我们的抗拒，那么我们获得的洞察力可以产生治疗效果，特别是如果它不仅仅是理性的，而是"在我们的'内心'中感受到的"。正视我们的真实感受，可以释放出在压抑中浪费的能量，为行动开辟道路。一旦我们实现了更充分的自我理解，我们就可以想出"摆脱痛苦的方法"，这种可能性是希望的源泉，即使我们对洞察力的最初反应是"受伤或受惊"，即使我们不能立刻做出改变。

患者的第三个任务是改变干扰自己发展的内部因素。霍妮并没有详细说明具体的改变机制，但她很清楚她希望看到的结果。她希望患者对自己有"更现实的认知"，"而不是在自我吹嘘和自我贬低之间摇摆不定"；他们将拥有"一种积极、坚定和勇敢的精神"，而不是被"惰性和恐惧"所麻痹；他们能够"规划人生而不是随波逐流"；他们将在自己身上找到生活的重心，而不是过度期待或过度指责他人；他们将"对他人更友好、更体谅，而不是怀有防御性的……敌意"。

精神分析师在精神分析过程中可以做出五种贡献：观察、理解、解释、帮助克服抗拒和提供普通人的帮助。在观察过程中，他们要尽量保证"不过早地选定某个因素"，而是要对患者呈现出的一切给予同等关注。然后，他们要努力"抓住贯穿一大堆表面上杂乱无章材料的红线"。他们解释重复的主题、过度反应、梦境和幻想、抗拒、逃避和遗漏以及移情。他们辅以患者的自由联想进行解释，这是一个双方合作的过程。患者准备好后，精神分析师就各种倾向的可能含义提出建议，他们两个人一起设法测试这些建议的有效性。

正如我们所看到的，在霍妮的移情概念中，患者会在精神分析中无意识地表现出他们在其他关系中表现出的同样的非理性情绪因素，同样的努力，以及同样的反应。由于（理想情况下）精神分析师已经接受过良好的精神分析，并且也在不断地进行自我分析，患者的行为模式不会因为精神分析师的特殊性而发生变化，我们可以更顺利地追溯到患者的真实性格结构。因此，精神分析师通过他的存在，给了患者一个独特的机会，来了解自己面对他人时的行为。

在处理抗拒情绪方面，霍妮为精神分析师指定了一个积极的角色。他们必须先认识到这些抗拒情绪，然后帮助患者认识到这些抗拒情绪，不管能否得到患者的帮助，他们都要尝试找出患者正在抵御的是什么。他们可以通过提供鼓励和情感支持来帮助患者克服他们的抗拒情绪。

对霍妮来说，提供"普通人的帮助"是精神分析师角色的主要部分。如果精神分析是在"十分友好"的气氛中进行（《精神分析新法》，299），焦虑就会减少，患者就能更好地认识并放下他们的防御。患者常常是自我异化的，所以他们很难认真对待自己——也就是他们的真实自我，而不是他们非常认真对待的"夸张的自我形象"。精神分析师要保持友好、认真和好奇，从而帮助患者认识到自己成长的重要性，让他们有勇气与自己友好相处。如果他们把精神分析师当作可靠的朋友，"这种良好的体验可能帮助患者找回他对他人的信心"（《自我分析》，144—145）。

在帮助患者处理灰心、焦虑和找到痛苦的真相方面，精神分析师的支持特别有价值。精神分析师协助患者克服恐惧或无望，让他们感觉到他们的问题可以得到解决。当他们"被剥夺了荣耀"，意识到他们"不像自己所相信的那样是圣人、那么充满爱意、那么充满力量、那么独立自主"时，患者会深感威胁。在这一点上，他们需要"一个不会对他们失去信心的人"，即使他们对"自己的信心已经消失殆尽"。在精神分析过程中，患者必须面对的不仅是他们失去的荣耀，还有他们不光彩的特征，这些特征对自己和他人都有破坏性。他们通常的反应是消极的自我憎恨，而不是可以促进他们成长的自我接受。精神分析师认为他们是努力却挣扎的人，因此仍然喜欢和尊重他们——这种鼓励抵消了患者的自我憎恨，帮助他们喜欢和尊重自己。

自我分析比精神分析要困难得多，因为被分析者不仅要扮演患者的角色，还要扮演精神分析师的角色。没有经过良好自我分析的精神分析师，很难理解自己面对他人时的行为，会和患者上演神经症互动模式，但如果我们一心想要理解我们的问题，霍妮说，我们可以发展出一种敏锐的自我观察能力。自我分析中最重要的问题是克服抗拒情绪，以及在没有他人帮助的情况下对自己充满希望和保持积极的态度。尽管困难重重，但霍妮认为，如果这个人以前有精神分析经验，自我分析是可以成功的。她的主要例子是克莱尔伪装下的她自己。

第二十章 克莱尔、新范式和精神分析过程

　　《自我分析》中举出的克莱尔案例，是霍妮对《我们时代的神经症人格》和《精神分析新法》中提出的新范式，以及基于该范式的精神分析过程的最全面说明。克莱尔案例是自传性的，我们能够从中看到霍妮如何根据她后来的想法来理解她早期的自我。出于说明性目的，她在这里简化了案例，只介绍了她的问题和对自己的洞察中的一部分。

　　我们初次接触克莱尔时便会发现，她的家庭环境让她已经形成了三种神经症倾向：强迫性谦虚，对伴侣的需求，以及神经症野心。她的精神分析相应地经历了三个阶段，她在每个阶段认识到自己身上的一种倾向。在每个阶段中，她必须再经历三个阶段，即认识神经症倾向，探索其起源和影响，并理解其与其他倾向的关系。

　　克莱尔首先认识到，她过于贬低自己的价值和能力。她觉得自己

不如别人，别人不公正地对待她时，她觉得对方是对的。她虽然担任行政职务，但她要么根本无法发号施令，要么在发号施令时充满歉意。她在各方面都"靠自己生活"，"社会方面、经济方面、职业方面、精神方面"都是如此。她自我贬低带来的结果是"自信心逐渐减弱，对生活感到不满"。霍妮并没有介绍具体的治疗步骤，但霍妮报告说，克莱尔第一阶段的治疗成果是开始对自己有信心，开始有勇气去感受和坚持自己的愿望和意见。

第二阶段主要是自我分析，克莱尔意识到一个压抑更深的倾向，即她对伴侣的依赖。她认识到，一段爱情结束时，她会感到迷茫，恋爱时，除了这段关系外，其他东西对她来说都不重要，而且她还时常幻想有"一个伟大的、有主见的男人，成为她的主人"，满足她的所有需求。她的强迫性依赖的后果是产生了"压抑的寄生态度"，她还期望，遇到这个人后，她的问题会全部迎刃而解，她不必努力，就可以变成一个出色的人，然后，一旦伴侣未能满足她的期望，她就会极度失望。她的依赖性让她在每段爱情关系中都感到被动和不安，滋生了自我蔑视。

在探索依赖性的过程中，克莱尔开始意识到这种依赖与强迫性谦虚的关系。她需要有人满足她的愿望，因为她自己无法追求；她需要有人为她辩护，因为她无法为自己辩护；她需要有人肯定她的价值，因为她无法欣赏自己的价值。由于她的强迫性谦虚和她对伴侣的过度期望之间存在无意识的冲突，她需要将自己视为"难以忍受的严厉和虐待的受害者"。如果她意识到自己对伴侣的要求是不合理的，这种感觉就会与她的谦虚发生激烈冲突。她对自己受到的对待感到痛苦和愤怒，但由于害怕被遗弃，她不得不压抑自己的敌意。"由此产生的不安，"霍妮指出，"让她感到疲劳，严重影响她的创造性工作。"

作为第二阶段分析的结果，克莱尔克服了她的"寄生性无助感"，变得更加积极，疲劳得到了缓解，现在她的疲劳是间歇性的，而不是持续性的。以前，她不能进行创造性工作，现在，尽管她仍然要与抗拒情绪做斗争，但她开始写作了。她与他人的关系有所改善，但仍然称不上自发性；她给别人的印象是傲慢的，但她自己仍然感到相当胆怯。

在分析的第三阶段，克莱尔处理了被压抑的野心，这些野心的存在不仅表现在她对一切形式认可的欣喜，而且表现在她对失败的恐惧，以及对尝试任何独立工作的焦虑上。与其他倾向相比，克莱尔的野心是积极掌控生活的尝试，因此她认为这种野心是有价值的。这也是她需要恢复自尊和报复性地战胜所有羞辱过她的人的一种表现。

克莱尔在分析中认识到，她的野心在她的成长过程中经历了一系列变化。她输掉了"争取自己在阳光下的地位"的斗争后，她的野心消退了，但在 11 岁时，在一系列不愉快的经历后，此前的野心又以"在学校的激烈野心"的形式重新出现。在整个高中阶段，克莱尔一直是班上的第一名，但她没有努力去迎接大学中更激烈的竞争。她缺乏竞争的勇气，一是因为怀疑自己的才智，二是因为她对战胜他人的需求是如此强烈，以至于她害怕失败，不敢冒险。克莱尔现在的野心不像她的学业野心那样直接表现出来，而是以一种狡猾的妥协方式，通过情欲征服，特别是征服一个会使她变得伟大的强势人物表现出来，这个人可以让她有机会代入他的成功。

克莱尔现在必须认识到她的野心与其他倾向之间的关系。她的野心加剧了她对伴侣的需求，因为拥有伴侣成为成功的标志，伴侣的胜利可以恢复她受伤的自尊。但她对伴侣的依赖进一步挫伤了她的自尊心，增强了她的报复性，加强了她对胜利的需要。她的"强迫性谦虚"和战胜他人的需要显然是冲突的。她对胜利的需求越强烈，她就必须越谦虚，从而掩饰她的野心。每种需要都威胁着另一种需要，产生了焦虑和瘫痪。霍妮观察到，"这种瘫痪效应"，是疲劳和影响创造性工作的最深层因素之一。

克莱尔的第三阶段任务是认识到她被压抑的野心，探索其影响。她的治疗成果是无法工作的感觉减轻了，但霍妮从未说明这种变化是如何发生的。和霍妮的理论写作一样，克莱尔的案例同样缺少详细解释——克莱尔如何产生洞察力，从而在某种程度上从神经症倾向中解放出来。霍妮只是说，神经症倾向的研究目的是把一个人的幻想、恐惧、脆弱和抑制从它们的根基中解放出来，让这个人变得不那么不安，不那么孤立，不那么敌对，他与他人以及与自己的关系因此得到改善，反过来使神经症倾向不再那么有必要，从而让他更有能力应对他的这些倾向。她对克莱尔自我分析的描述，可以有助于我们更好地理解这一过程。

克莱尔自我分析的动力是她对她与彼得的关系的不满，我认为彼得是卡伦的情人艾里希·弗洛姆的虚构版本。起初，克莱尔希望了解她对这段关系中的问题负有哪些责任，从而改善这段关系，但后来彼得离开了她，她必须应对这一心理上的打击。她之所以能成功地做到这一点，是由于她之前的自我分析工作，让她认识到彼得对她如此重要的许多原因。其中最主要的是她病态的依赖性，霍妮在早期的作品中以对爱情的过高评价和对感情的神经症需求等名称讨论了这个问题。克莱尔的自我分析可以分为两个主要阶段，即彼得离开之前和彼得离开之后。

起初，克莱尔对她的爱情的某些方面不满意，但没有意识到她的怨恨的力量，没有意识到她想脱离的愿望，也没有意识到她对彼得的迫切需求。她通过一系列片段意识到这些感觉，在这些片段中，一个特定的事件会激发她的情绪、记忆和梦境，然后她会尝试着去解释。她的联想有时会把她带回过去，但她试图把注意力放在当前的需要上。这个过程展开得很慢，因为洞察力常常会受到痛苦的刺激，然后受到抗拒情绪的阻挠。霍妮评估了克莱尔的自我分析工作，告诉我们她正确地理解了什么，以及她错过了什么或还不能看到什么。一天晚上，彼得出乎意料地送了克莱尔一条漂亮的围巾，突发的剧烈的情绪波动引发了克莱尔的自我分析，这个片段让我们清楚地了解这个过程是如何运作的。

第一次收到礼物时，克莱尔很高兴，但彼得随后表示不愿意制订夏季计划，她突然变得疲惫和冷淡。那天晚上，她做了一个梦，梦见一只色彩艳丽的大鸟飞走了。当她"带着焦虑和坠落感"醒来时，她立刻意识到，这个梦表达了对失去彼得的恐惧。这只鸟的美丽让她怀疑自己是否像先前美化别人那样美化了彼得，虽然他确实是个英俊的男人，但她在这个时候还没有准备好深入研究这个问题。她把她对主日学校（Sunday School）里的一首歌的回忆联系起来，在这首歌里，孩子们请求耶稣把他们放在他的翅膀下，这与她醒来时的坠落感和她最近意识到的对保护的需要有关。她意识到，她最近几次变得疲惫、沮丧或寒冷，都是因为彼得的行为引起了她对被抛弃的恐惧。霍妮观察到，克莱尔的这部分分析说明了一个惊人的事实，即一个人可能对某种恐惧毫无意识，但这种恐惧实际上非常强烈。克莱尔还远远没有完全理解她的恐惧本质，但她明白，她收到围巾时很高兴，因为它暂时缓解了这种恐惧，而彼得对夏季计划缺乏兴趣又重新勾起了这种恐惧。

　　一周后，克莱尔在看电影时哭了，因为一个可怜女孩的处境意外地转好，她更充分地理解了自己的情绪波动。她记得她总是因为类似的情形哭泣。此外，她还回忆起她的英雄幻想中的两个方面：这个男人单单把她挑出来施与恩惠，她感到很高兴；他预见到了她对奢侈品的渴望，而她无须主动索要。这让她得到了一个惊人的认识，即她是男人的剥削者，她的爱在本质上不过是对别人的吸食。霍妮没有反对这种观点，但在我看来，克莱尔似乎对自己有点苛刻。她可能也一直在渴望得到证据，证明她值得受到一个她重视的男人的馈赠。

　　克莱尔为电影女主角的好运而流泪，为彼得的礼物而高兴，这是她对自己无须费力就可以意外实现"最隐秘和最热切的愿望的反应"。她从小就压抑着自己的愿望，"她需要有人为她许愿，或者猜到她的秘密愿望，在她不需要自己动手的情况下，帮她实现这些愿望"。她意识到这一点时，感到相当吃惊，几乎就像一个罪犯面对着无法反驳的证据，但她很快就感到如释重负，因为她发现了自己对这段爱情关系中的问题应负的责任。她发现，她情绪波动那晚的抑郁不仅是因为对失去彼得的焦虑，也是由于她的愿望受挫而压抑的愤怒。她认识到，她有一种无意识的坚持，希望自己的愿望得到满足，希望别人满足她莫名其妙的要求。

克莱尔有了一些自我发现，包括她对彼得的失望、怨恨和希望摆脱彼得的暗示。她开始意识到自己对被保护的需要和对失去彼得的恐惧，她感觉自己可能高估了他。她还看到，她把自己的期望和要求误认为是爱，她之所以如此需要别人，是因为她对自己的愿望或为自己做任何事的念头的抑制。她已经认识到，她的"吸食态度"导致她对伴侣付出很少。她还意识到，一旦她的期望没有得到满足，她就会感到不快和沮丧。经过自我分析，克莱尔"随时随地暴发的怒火"熄灭了；她试图了解彼得的兴趣，考虑他的愿望，付出更多；她的要求更为节制。她感到更加快乐，因为她的新认知给了她一种掌控感，她与彼得的关系也得到了改善。

后来，彼得取消了他们的夏季旅行，斥责她不应为此心烦意乱，克莱尔更清楚地意识到她是多么地高估了他。他让她以为"一切都是她的错"，他就像她的母亲和哥哥一样，"踩着她的感情，让她感到内疚"。他是个骗子，而她又允许自己被欺骗。她花了这么长时间才看穿彼得正直、奉献和慷慨的表象，因为她需要他成为她白日梦中的英雄。

但克莱尔没看到彼得已经下定决心要离开她，而且由于她的依赖性，她无法完全面对自己想要摆脱他的愿望。她对彼得的期望值降低了，接受他的不足，但她的生活仍然围绕着他。在彼得取消夏季旅行的三周后，她突然想到了玛格丽特，一个她很久没有见过的已婚朋友，玛格丽特"可怜地依赖着她的丈夫，尽管他无情地践踏着她的尊严"。克莱尔曾"对玛格丽特没尊严的样子有所轻蔑",但她曾试图帮助她的朋友找到挽救婚姻的方法。现在她对自己和玛格丽特之间的相似之处感到吃惊。她从不认为自己是个依赖者,但她现在意识到她也是在依附于一个并不真正需要她的男人时失去了尊严,而且她还怀疑这个男人的价值。

在认识到自己的依赖性之后,克莱尔开始理解其影响。她的依赖性在很大程度上造成了她对被抛弃的恐惧和对英雄的崇拜,她把对方当作可以提供她一切所需的源泉。这个认知伤害了她的自尊心——"对她尊严的伤害"并不如抓住对方更重要。这种相处方式让她成为别人的"威胁和负担",这种洞察力"消解了她对彼得的敌意"。克莱尔看到了她的依赖性的强迫性,以及它对她的关系造成的损害,但她远远没有认识到它的强大力量,她高估了自己的进步,屈服于常见的自我欺骗,认为认识到问题就是解决问题。

后来,有外遇的彼得提出分手,克莱尔才被迫正视她的依赖性和摆脱它的必要性。她"陷入了疯狂的绝望之中","自杀的想法不断在她脑海中浮现",就像她此前处于其他类似的情境中一样。她现在感觉到"她需要与另一个人融合的强大力量",这不是爱,而是"像毒瘾一样"。她只有两个选择:屈服于这种依赖性,寻找下一个伴侣;或者克服这种依赖性。克莱尔害怕没有情人的生活会没有价值,但当她意识到她埋头恋爱时会贬低周遭的一切,她开始觉得有了希望。她感受到了"为了挣脱束缚,应该做点什么"的需要。

克莱尔之前的自我分析工作让她可以用积极的方式处理危机。如果没有自我分析,她可能会尽快找一个新伴侣,延续相同的经验模式。但是，单靠分析工作可能永远不会迫使她面对这样一个事实：
"她的依赖性就像一个必须被'根除'的癌细胞。"正是分析和经验的
结合，引导着克莱尔开始与她的依赖性做斗争。

然而，克莱尔身上仍然有强大的无意识力量阻碍着她的进步。她
发现她身上有一种积极的抗拒，反对她过自己的生活，反对她感受自
己的感情，反对她思考自己的想法，反对她拥有自己的兴趣和计划，
总之是反对她做自己，反对她在自己内心找到生活的重心。她对这种
阻碍的来源一无所知，她只是能感觉到它的存在。

她抱怨每个人都比她好，对这件小事的分析，让她对自己的抗拒
有了全新的认识。她意识到她有一种倾向，即"夸大自己的痛苦"，
她记得她小时候在床上哭，"觉得母亲竟然不来安慰她，简直令人不
敢相信"。在她的联想中，有一首主日学校的歌曲，承诺"无论我们
有多么悲伤，只要我们向上帝祈祷"，我们就能得到主的安慰。她认
识到一种夸大痛苦的模式，以及对帮助、安慰、鼓励的期望。她在童
年时扮演殉道者的角色，一定也是一种无意识的求救。

克莱尔目前处于新认知的边缘，她马上就能理解她抵制以自己为
中心的主要原因之一了，但她很难相信自己会如此不理智，竟然因为
痛苦而期待"魔法帮助"。而她必须接受她确实这样做了，因此她倾
向于"把每一个困难夸大成一个大灾难……而自己则陷入完全无助
的状态"。这种无助实际上是一种力量来源，因为她有"一种私人宗
教"，在这种宗教中，她的依赖性会实现她的愿望。克莱尔与命运做
了一个交易，如果她保持"谦逊和自我牺牲，所有的幸福和胜利"都
将属于她。自力更生或坚持己见会"危及这些对人间天堂的期望"。

因此，她"积极反抗"，不愿抛弃她的依赖性，反对把生活掌控在自己手中。因为她把"神一样的、有魔法的救苦救难者的角色"赋予了男性伴侣，他对她来说非常重要，她只想被他所需所爱。

现在她已经失去了彼得，发现了依赖性的一些深层来源，克莱尔真的想学会如何自力更生，但她仍然无法忍受孤独，并产生了对亲密朋友的强迫性渴求。她意识到，她无法忍受孤独的一个原因是，她对自己的评价完全取决于别人的态度。如果不是她主动选择孤独，那么这种孤独会让她感到丢脸、不受欢迎、被排斥、被排挤——她的问题与其说是不能独处，不如说是对被拒绝的过度敏感。当别人不注意她的时候，她觉得自己被扔到了狗窝里。克莱尔把这种感觉与她早先被母亲和哥哥排斥在外的感觉联系起来，她担心在他们眼中，她是个讨厌鬼。她为应对这种排斥所采取的防御措施进一步削弱了她的自信心。她默许了家人对她的评价，认为自己低人一等，承认他们高人一等，这是她对自己的人格尊严的第一次打击。

霍妮赞同克莱尔自我分析中的这一部分，但在我看来这部分是有问题的。根据克莱尔的说法，只要她反抗歧视性待遇，她就感到痛快，但她屈服时，她就失去了自尊。反抗可能比屈服好，但也是一种防御性反应，损害了她的人格，消耗了她成长所需的能量。她不得不一再确认自己的价值，因为她生活在一个具有威胁的环境中，缺乏安全感，而反抗会让她间接变成一个难缠的孩子。这种方式会使她的问题变得更加复杂，因为她会被进一步拒绝，最终这些拒绝会累积起来成为她无法承受之重。我把克莱尔（和霍妮）的错误解读归结为她对自己谦逊自卑的一面的蔑视，以及对童年攻击性行为的赞许。

　　根据霍妮的说法，克莱尔的自知之明非常有益。她意识到失去彼得是如此令人难以接受，让她产生了一种一无是处的感觉，而且正是因为这种感觉，她无法忍受孤独；那么，当她对情人的愿望失去了强迫性的特征，她便可以忍受孤独，甚至有时会享受孤独。她现在看到，她蒙蔽了自己的眼睛，无视彼得想要离开的证据，并疯狂地努力留住他，不过是为了恢复她的自尊。这些努力不仅涉及"不加批判地屈从于彼得的愿望"，而且还涉及"无意识地放大她对他的感情"，这使她更紧地被束缚在禁锢之中。她对构成这种爱的需求的洞察力表明，事实上她对彼得的爱非常少。因此，她可以平静地看待他，而不是在渴望和报复的欲望之间摇摆不定。她欣赏他的优点，但她知道她永远不会想和他重修旧好。

　　霍妮对克莱尔案例的叙述以乐观的态度收尾。克莱尔又开始进行精神分析，尝试摆脱创造性写作时的抑制感，这种抑制与她被压抑的攻击性和报复性倾向有关。克莱尔已经认识到自己害怕孤独的深层原因，她因此能更好地理解自己被压抑的野心，理解战胜他人是"释放她被压抑的自尊"的另一种方式。经过对攻击性倾向的分析后，她可以更好地理解自己的依赖性（她需要通过别人来间接体验这种倾向），消除抑制自我表达的因素，避免重新陷入另一种病态的依赖关系。"但是，能够基本上打破她需要与伴侣融合的魔咒，"霍妮告诉我们，"主要靠她独自完成的自我分析。"

第四部分　成年霍妮

除了日记之外,《自我分析》是霍妮的作品中最具自传性色彩的。然而, 书中的克莱尔花费了大约五年的时间完成了自我发现和成长, 卡伦·霍妮却花费了近三十年的时间。尽管卡伦笔下的克莱尔案例不乏遗漏、简化和虚构, 但足以让我们了解霍妮是如何看待自己的发展的, 这不仅帮助我们了解了她的生活, 也帮助我们了解了她的个性。霍妮可能认为自己已经发现并应对了自己的倾向, 其分析顺序与克莱尔的非常相似, 取得的进展也非常相似。

1942 年, 霍妮相信自己已经克服了许多困难。她在 1912 年 7 月完成她的最后一篇日记, 彼时, 她的心理状态实际上与她开始与卡尔·亚伯拉罕进行精神分析时一样。我们几乎没有卡伦接下来二十年的详细个人信息, 然而我们知道的情况表明, 她虽然取得了重大的进步, 但各种问题也接连不断地出现在她身上。在她到达美国和《自我分析》出版之间的十年里, 霍妮成为精神分析领域的重要人物, 人脉甚广。她笔下年轻的克莱尔会"抑制扩张性计划", 但她后来的生活表明，她可以被人喜欢，可以看起来很有吸引力，可以写出有价值的原创内容（《自我分析》，78）。我认为，这个评价颇有些霍妮为自己平反的味道。

在 1912 年至 1932 年间，霍妮在职业上取得了不俗的成就，但她的个人生活却充斥着不少烦恼。她很喜欢做母亲，却一心扑在工作上，很少有时间陪女儿。根据哈罗德·凯尔曼的说法，她觉得自己"不够漂亮、不够温柔、不够可爱"，奥斯卡"对其他更有魅力、更美丽的女人感兴趣"时[1]，深深地伤害了她。霍妮聊以自慰的方法是也涉足婚外恋，但这些恋情可能具有我们在她的日记结尾看到的那种绝望的特征。她对于自己对男人的强迫性需求和无法建立与维持令人满意的关系感到苦恼，并把这些都记录在她关于女性心理学的文章中。

我认为，霍妮说克莱尔的职业生涯是"相当成功"的，这其实反映了她在离开德国之前对自己的职业生涯的感受。她此时的成功并没有完全反映出她眼中自己的能力。她已经开始坚持自己的观点，在女性心理学的话题上与弗洛伊德和亚伯拉罕出现分歧，在她与奥斯卡分开后，她的论文源源不断；但是她的工作没有得到她所期望的关注，对精神分析界的影响也不大。玛格丽特·米德写道，霍妮"十分憎恨弗洛伊德"，因为"他从未承认她在女性心理学方面的工作"。霍妮在柏林精神分析研究所很受重视，但据亚伯拉罕·卡迪纳说，她在那个

1　参考自美国精神分析学院牵头的名为"卡伦·霍妮的口述历史画像"的录像带项目。该项目的其他参与者是哈里·格什曼（Harry Gershman）、玛丽安·埃卡德特和亚历山大·马丁（Alexander Martin）。下文将在参考这盘录像带时在括号中标注"学院档案"。

经典理论的堡垒中"不属于核心圈子"。[1]

从为数不多的关于霍妮的描述中，我们发现霍妮是一个相当低调的人。在1931年至1932年间，精神分析学家G.H.格雷伯（G.H. Graeber）是研讨会导师和主管分析师，他在写给杰克·鲁宾斯的信中说，他无法想象霍妮会有任何敌人，很可能连同事之间的嫉妒者或对手都没有。她的学生钦佩她，但她没有什么"特别的魅力，显得没什么活力。我从来没有听到她大声笑过，也没有看到她在讨论或辩论中表现得面红耳赤"。他口中的霍妮与撰写《自我分析》时的卡伦·霍妮大相径庭。据霍妮在柏林的同事伊迪丝·韦格特（Edith Weigert）说，霍妮在专业会议上并不"外向"："我认为她越来越退缩。舒尔茨－亨克被开除时，我也在场。他提出了抗议。卡伦·霍妮却从来没有抗议过。"霍妮在她的文章中表现得相当自信，甚至有时是好辩的，但韦格特觉得"在社会上，她隐忍克制；她总是缄默不言，有时我觉得她害怕表达自己，害怕提出不同意见。我不记得她曾经公开表达过异议"。[2]在霍妮身上，似乎存在着一种冲突，一方面她希望表达自己的不同观点，就像她在文章中所做的那样，另一方面她又害怕被拒绝，希望得到同事的认可，这使得她在学会的会议上表现得很沉默。

1932年，霍妮应弗朗茨·亚历山大的邀请，参与建立芝加哥精神分析研究所，并担任副所长，她接受邀请的部分原因可能是她希望更

1　1977年7月20日，玛格丽特·米德与杰克·鲁宾斯的访谈；1973年2月2日，亚伯拉罕·卡迪纳与鲁宾斯的访谈。

2　1973年6月5日，G.H.格雷伯致鲁宾斯的信；1973年5月5日，伊迪丝·韦格特与鲁宾斯的访谈。

自由地表达自己。但她很快发现自己与亚历山大不和，并意识到她在研究所里不会有机会遵循自己的想法。移居美国似乎释放了霍妮的扩张性，她再也无法容忍自己处于从属地位（尤其对方是在柏林时资历比她浅的人），不想再压抑自己的思想和情绪。

1934年，霍妮搬到了纽约，在那里她的机会大大增加。她加入了纽约精神分析研究所，加入过程中遭到了桑多·拉多的反对，因为她曾在《女性受虐狂问题》中嘲笑过他，她还被任命为巴尔的摩—华盛顿研究所的教员，定期在那里授课。她和艾里希·弗洛姆建立了良好的关系，成为哈利·斯塔克·沙利文在20世纪30年代中期成立的非正式精神分析小组的成员，这个小组被称为十二宫俱乐部（the Zodiac Club）。她应未来社会研究新学院院长克拉拉·梅尔（Clara Mayer）的邀请在该院授课，课程很受欢迎，也因此促成了她与诺顿出版社的合作。新学校帮她扩大了朋友圈，其中包括许多知名的政治避难者和社会学家。1937年至1942年间，她出版的三本书引发热议，她也因此名声大振。随着她在精神分析领域的地位不断提升，她变得更加有自信，更加有战斗力，也更加有魅力。她的非正统思想迫使她从纽约精神分析研究所辞职，而霍妮其实一直想拥有一个属于自己的研究所，1941年，她的愿望达成了。

我们不难看出为什么带有自传性色彩的克莱尔案例会以如此积极的姿态收尾。虽然霍妮与弗洛姆关系破裂，但她觉得自己已经从中恢复过来，并从对伴侣的依赖中解脱出来。缺乏自信、疲劳和工作中的抑制不再让她感到困扰，她变得更加自信和果断，精力十分充沛，发表了大量创造性成果，特别是她在此期间还兼顾教学、精神分析、监督、演讲、研究所管理、阅读、旅行和社交。旁人口中的她是个对生活充满热情、懂得享受的人。霍妮一定觉得，经过三十年的精神分析工作，她已经改变了。《自我分析》和后期的作品中都有一种对变化的乐观信念，便也不足为奇了。

在整本书中，我一直想强调的是，霍妮的精神分析作品在很大程度上是受到她努力理解和解决自身问题的启发，她的理论之所以能不断向前发展，不仅是因为她接触到了新的临床病例和文化知识，还因为她意识到了继续进行自我探索的必要性。我们可以从克莱尔案例中感受到，霍妮认为她已经解决了自己的主要问题，未来也不会出现太大问题。但根据其他传记资料和霍妮的生活后续发展来看，事实并非如此。《自我分析》表达的可能是霍妮在 1942 年对自己的感受，但事实上，她的问题远未得到解决。在一些领域，她一直无法做出改变，在另一些领域，她正面对着新的困难。她的自我分析和理论演变都在继续。

正如我在导言中提到的，我在探讨霍妮的成熟理论时，将忽略其自传性质，因为该理论本身就是一个意义非凡的知识体系，对人类思想做出了重要贡献，我不想偏离对理论的详细论述。然而，在探讨该理论之前，我将用霍妮生命最后二十年里认识她的人的证词，以及她写给女儿布丽吉特的信来描绘该理论的缔造者。[1] 在研究了霍妮与异

1　这部分的资料来源包括已出版的传记和未出版的回忆录、录音和录像带以及访谈。除非另有说明，所引用的人都是霍妮的同事、学生、分析者或监督者（如我没有进一步指明的玛格丽特·米德或罗洛·梅这样的知名人士）。虽然受访者和霍妮的相处经历各不相同，对她的看法和判断也大相径庭，但有很多重叠的地方和许多共识。我对霍妮的每一个陈述都有不止一个来源。即使是直接引

性的关系、她在精神分析机构的经历以及她与女儿们的互动之后，我们就不难理解她最后两本书中的洞察力是如何从她对自我理解的持续探索中发展出来的。

用，也通常代表了不止一种观点，因为我经常不得不在类似的引文中进行选择。

第二十一章 异性关系

霍妮在写日记和撰写《自我分析》期间，取得了很大的心理进步，但她与异性的关系并没有发生变化。这些关系从一开始就存在问题，在她的一生中都是如此。正如我们所看到的，年轻卡伦的爱情生活中一直存在着一个主要矛盾。她渴望找到一个能提供情感交流、智力刺激和道德提升的男人，但当她找到这个人时，比如奥斯卡或罗尔夫，这个人在性方面却并不能吸引她，缺乏她渴望的那种粗暴。她一方面渴望精神导师和灵魂伴侣，一方面对性堕落有着种种幻想，这些幻想表达了她想放弃自己的个性、任凭自己被对方摆布的受虐狂愿望。她希望找到一个能满足她所有渴望的优秀男人，从而解决她的矛盾。她的爱情关系的典型模式是首先将男性理想化为"唯一"，然后是失望和抑郁，努力通过分析失败的原因来减轻她的痛苦。她的失望，让她换了一个又一个情人，她还经常试图同时抓住几个情人，因为不同的情人可以满足不同的要求。

这种多重关系的模式很早就建立了，卡伦甚至在成为精神分析师之前就认识到了这种模式的强迫性。她觉得，只有拥有了性生活，她才能工作，但她担心她对性生活的依赖会妨碍她的野心，阻碍她的能力发挥。她经常感叹自己缺乏自制力。没有伴侣或感情破裂时，她会感到失落、孤独、绝望，有时甚至有自杀倾向。她会陷入病态的依赖关系，憎恨自己无法挣脱。她将自己对男人的迫切需求和不加选择归因于她不快乐的童年。

霍妮关于女性心理学的文章表明，早期的模式一直存在，但发生了一些变化。她为了寻找自己的理想，不断地选择和抛弃情人。她总是希望她的下一段关系能提供她所渴望的慰藉，但她的需求只能通过不断地征服来满足。赢得一个男人，拒绝他，然后征服另一个男人，这是一种证明吸引力的方式，而且不会有被抛弃的风险。这也使她能够避免情感上的依赖，并对让她感到受到伤害的整个男性群体进行报复。

霍妮在对男人的恐惧和对他们的强迫性需求之间徘徊。由于她在父亲和哥哥身上经历过失望，她试图通过避免深层次的情感联系让自己免受伤害，不过，她内心深处仍渴望这种联系。有时，她紧紧抓住那些冷漠或拒绝她的男人，有时，她在他们能够伤害她之前就抛弃了他们。她的唐璜主义方式既能让她保持与人类的接触，又不必许下承诺。小时候，她与母亲在性爱领域竞争父亲和哥哥时失败了，她现在对男人的强迫性需求部分是源于她希望弥补曾经的失败感。她的母亲让她觉得自己作为一个女性是失败的，她不得不反复证明自己可以吸引男人。征服男人不仅可以带来报复性的胜利，还可以应对焦虑和自我憎恨。然而，这种做法反过来也刺激了自我憎恨，她内心深处渴望深刻而有意义的关系，现实中却只能经历一段段短暂而不加选择的关系。霍妮在她的作品中，将这种行为描述成神经症。

霍妮在《我们时代的神经症人格》中用大部分篇幅讨论对爱的强迫性需求，因为这是最令她困扰的问题。在她看来，基本焦虑把她夹在渴望通过与人亲近来摆脱情感孤立和害怕背叛之间，左右为难。她的感情被剥夺了，希望依赖他人，但又害怕依赖，因为依赖使她脆弱，每当感情就在面前时，她却望而却步。我们再一次感受到，霍妮对感情的需求是强迫性的、不加选择的和无法满足的。她此刻认识到，她对性生活的需求不是性问题，而是神经症性格结构的产物。性生活是情感关系的替代品。她的唐璜主义在某种程度上也是她对男人的报复性情绪的产物。她投身恋情只是为了羞辱男人，获得对他的控制权，然后在他用爱回应时，立即抛弃他。

据我们所知，霍妮停止写日记后与异性的关系是这样一幅图景：她既是一个黏人的、依赖性强的、崇拜英雄的女人，总是在失败的关系中踟蹰不前，又是一个女版唐璜，需要通过勾引男人和抛弃男人，满足她的骄傲，表现她的侵略性，保持她的无懈可击。她的需求是如此矛盾，以至于她同时表现出两种行为。

从结婚初期开始，卡伦和奥斯卡都不乏风流韵事。卡伦在20世纪20年代的情人有汉斯·利伯曼（Hans Lieberman）、卡尔·米勒–布劳恩施威格（Karl Müller-Braunschweig），可能还有马克斯·艾丁根，他们都是她在柏林精神分析研究所的同事。雷娜特·帕特森清楚地记得，有一天晚上，父亲不在家，卡尔·米勒-布劳恩施威格"在家里吃晚饭，挑逗卡伦，两人有说有笑。卡伦笑得很开心，我从未见过她那么开心"。这段轶事不但表明了卡伦的悲惨婚姻，也表明了卡伦在家一直克制举止。根据格特鲁德·魏斯（Gertrude Weiss）的说法，霍妮离开德国的部分原因是"（她的）离婚影响了她的工作（事实上，她当时只是分居），事情（男朋友）败露了"。格特鲁德·莱德勒-埃卡德特（Gertrude Lederer-Eckardt）是玛丽安的婆婆，也是卡伦在20世纪40年代的朋友，她也说，霍妮在离开德国之前"工作出现了问题"。如果她在柏林的表现和她在美国的一致，情人可能是问题的一部分原因。

芝加哥和纽约都流传着霍妮与想要进入机构的研究人员有染的故事，其中包括受她监督的实习人员和见习精神分析师。罗伊·格林克（Roy Grinker）将霍妮描述为"一个非常有诱惑力的女人"，她与芝加哥研究所的许多年轻分析师发生了关系，其中包括莱昂·索尔（Leon Saul），这段经历让后者深受情伤。劳伦斯·库比（Lawrence Kubie）向杰克·鲁宾斯讲述了霍妮在纽约精神分析研究所的类似行为，并说这就是弗兰兹·亚历山大把她赶出芝加哥的原因：她扰乱了分析关系。据库比说，霍妮是一个有魅力的女人，她向年轻男人示好，然后"伤害"他们。她与一些人发生了关系，但在另一些人面前却碰了壁，于是就对他们怀恨在心。[1]

应该指出的是，库比是霍妮在纽约精神分析研究所的劲敌，他对

---

1 1976年5月9日，芝加哥精神分析研究所的罗伊·格林克接受鲁宾斯的采访；1973年5月27日，劳伦斯·库比接受鲁宾斯的采访。

她的描述不一定可信。例如，他声称霍妮雇用她的追随者作为枪手，但缺乏证据。然而，还有其他人也证明了霍妮对想进入研究所的人的所作所为。玛丽·李维（Marie Levy）是霍妮在纽约精神分析研究所工作时的秘书，她说霍妮"和研究所里许多弟子的关系都不一般"："好像不仅仅是性关系。我不确定他们是不是仅仅存在肉体上的关系；年轻男人让她感觉更年轻、更有活力，她似乎很需要这些实习生。"李维推测，也许"弟子可以让她不至于那么投入"。1940 年，霍妮担任自己研究所的负责人时，她"对年轻男人的冲动"丝毫未减。据莱德勒-埃卡德特说，霍妮有很多情人。弗朗西斯·阿金（Frances Arkin）观察到，她总是和年轻男人在一起，他们"都是精神病学领域的"，她想借此"证明，她虽然不够貌美，但吸引力十足"。[1]

许多人都认可霍妮的吸引力，她晚年吸引力也并未减退（她来美国的时候 47 岁，1945 年已经 60 岁了）。她被其他女性描述为"非常有女人味和诱惑力"，"对男人很有一套"，虽然相貌平平，但"有一种内在的光芒"吸引着男人。据格特鲁德·魏斯说，"她从不公开调情，但那种感觉就在那里"。罗洛·梅承认，他"心中一直有一个秘密的疑问，就美貌和魅力而言，一个身体资本如此之少的女人怎么会如此有吸引力"。我们从她的作品中知道，对男人有吸引力并进行性征服对她来说是多么重要。旺达·威利格（Wanda Willig）觉得霍妮不是简单地被性所驱使，而是她需要"证明她仍然是性感的"。她"无休

1　1972 年 10 月 3 日，玛丽·李维接受鲁宾斯的访谈；1972 年 1 月 8 日，莱德勒-埃卡德特接受鲁宾斯的访谈；1990 年 1 月 6 日，弗朗西斯·阿金接受作者的访谈。

止地寻求信心"，"利用男人"，"爱他们并离开他们"。[1]

霍妮的行为的强迫性从其缺乏职业礼仪方面可见一斑：与她交往的年轻男子往往是接受精神分析训练的见习精神分析师和受她监督的实习人员（现在相关规定要严格得多）。霍妮的情人有时会成为她的心腹，她把权力交给他们，让他们感到既痛苦又困惑，然后又转而反对他们，用其他心腹取代他们。

为什么卡伦对年轻男人有冲动呢？我们已经看到，霍妮想证明自己的性吸引力，并有一种"想永远保持年轻的愿望"。《母性冲突》中描述的一个案例可能会带来更多的启示。文中，一位四十岁的老师感到不知所措，因为一些男学生爱上了她，爱得十分热烈，她想知道她是否在不知不觉中鼓励了他们的做法。在分析过程中，她逐渐意识到，她实际上已经爱上了其中一个二十岁的学生，而且她非常想和他发生性关系。然而，她的爱不是对这个年轻人本身，而是对她的父亲，这个学生成了他父亲的替身。事实上，所有的学生都让她想起父亲的身体和精神特征，而且他们经常在她的梦中以父亲的身份出现。在分析中，她意识到"在青春期，她曾相当痛苦地站在了父亲的对立面，这背后其实隐藏着她对父亲深深的、热烈的爱意"。有恋父情结的女人通常更喜欢年长的男人。但在这个案例中，"婴儿时期的年龄关系被颠倒了。她为了解决这个问题，在幻想中采取了这样的形式：'我不再是不能得到我那遥不可及的父亲的爱的小孩子，我已

1　1973 年 11 月 28 日，保罗·蒂利希的妻子汉娜·蒂利希与鲁宾斯的访谈；1973 年 5 月 26 日，格特鲁德·魏斯与鲁宾斯的访谈；1989 年 10 月 23 日，旺达·威利格与作者的访谈；1975 年 8 月 19 日，罗洛·梅给鲁宾斯的信；1989 年 10 月 23 日，威利格与作者的访谈。

经长大了。那么他就会变小，我将成为母亲，而我的父亲将成为我的儿子'"。

霍妮之所以被年轻的、依赖性强的男人所吸引，是不是因为他们之间权力和地位的差异让她感到自己不太可能被回绝或抛弃，就像被父亲抛弃那样？这些年轻人被她的名气和个人品质所吸引，与卡伦·霍妮发生关系"满足了他们的自尊心"。有趣的是，霍妮和她案例中的女人一样，在青春期的痛苦对立背后发现了对父亲更温暖的感情。雷娜特·帕特森写道："年幼时，卡伦十分钦佩她的父亲。"根据哈罗德·凯尔曼的说法，尽管她"深深感到自己被父亲辜负了、抛弃了"，但"她谈起他时充满敬畏和重视，甚至带有喜爱之情"（学院档案）。瓦勒·巴尔布（Valer Barbu）说，霍妮把她的父亲称为"一个伟大的人，带她去过很多地方"。值得注意的是，据描述，霍妮的弟子和情人卡尔曼在霍妮的葬礼上表现得像失去了母亲一样。如果霍妮想担当起这类场景中无所不能的母亲角色，她的一些情人可能愿意充当儿子的角色。

霍妮最持久的两段关系分别是 20 世纪 30 年代与艾里希·弗洛姆的恋情和 20 世纪 40 年代与哈罗德·凯尔曼的恋情，这两个男人都比她年轻得多。我们记得，霍妮在《我们时代的神经症人格》中讨论英雄崇拜时，描述了需要主宰的女性的一种奇怪的矛盾。她们无法爱上一个软弱的男人，因为她们鄙视软弱，但她们又无法和一个强壮的男人相处，因为她们期望伴侣总是屈服于她们。她们秘密寻找的是英雄，是强壮的男人，同时又是软弱的，可以屈服于她们所有愿望的男人。霍妮可能觉得弗洛姆和凯尔曼是她可以尊重的、聪明强壮的男人，同时也会因为她的年长屈服于她的愿望。也许她希望她既能依靠他们，又能支配他们。

弗洛姆给亚伯拉罕·卡迪纳的印象是一个"虚伪做作的""令人难以忍受的、傲慢的"人，而露丝·莫尔顿（Ruth Moulton）认为他"专横，害羞，却有才华"，是一个"操纵权力的、做作的、自命不凡的人"。（凯尔曼也有类似的描述。）这些特征符合霍妮对超级强者的需求。霍妮在人际关系中寻求一种母性的控制，而弗洛姆"对年长的女性、母亲式的人物有某种依恋"。卡伦比他大 15 岁；他的第一任妻子弗里达·弗洛姆–赖希曼比他大 10 岁。据报道，弗洛姆的父亲在婚礼上对弗里达说："现在他归你管了。"弗洛姆一直是他母亲的宠儿，他"非常依赖他人，是一个需要照顾的王子"，他"可能被年长女性的母性所吸引"。

霍妮与弗洛姆的关系持续了大约 20 年。弗洛姆于 1900 年出生在法兰克福，1922 年在海德堡大学获得博士学位，1923 年到柏林研究所接受精神分析培训。他在那里遇到了霍妮，根据杰克·鲁宾斯的说法，尽管他当时已经和弗里达结婚了，但他还是和霍妮相互吸引。雷娜特记得弗洛姆是柏林家中的朋友和常客。两人的恋情始于 1933 年弗洛姆来到芝加哥，或者是 1934 年霍妮和弗洛姆都搬到纽约的时候。这段感情在接下来的四五年里蓬勃发展。弗洛姆的思想深刻地影响了霍妮的前两本书，而霍妮也同样启发了他。根据卡迪纳的说法，"他采纳了她的想法并加以运用"。在 1937 年的夏天，霍妮的女儿玛丽安进入佩恩·惠特尼诊所担任精神科住院医生，在她母亲的建议下，弗洛姆成为玛丽安的培训师。玛丽安证实道："我去找艾里希·弗洛姆时，他们的关系非常好，他是她最信任的人。我和他共事后，他们的关系却恶化了。"[1] 两人分手的部分原因是霍妮将玛丽安对她的不满情绪归咎在弗洛姆身上。

到 1940 年玛丽安的精神分析培训结束时，霍妮和弗洛姆之间的恋情可能已经告终，但他们在接下来的几年里继续保持着社交和工作关系。弗洛姆在霍妮于 1941 年帮助创立的美国精神分析研究所教授课程，他们在那个夏天和共同的朋友一起在缅因州的蒙赫根岛度过了一段时光。此后，他们的关系日趋紧张，到 1943 年 4 月，弗洛姆由于一场表面上涉及他非专业（非医学）分析家出身的纠纷而被迫从美国研究所辞职。

克莱尔和彼得的故事很可能是霍妮和弗洛姆的虚化版本。至少，时间顺序是吻合的。凯尔曼指出，霍妮在 1938 年至 1942 年间开始痛苦的自我分析。我怀疑她与弗洛姆关系的恶化引发了这种自我分析，就像与彼得关系的恶化导致克莱尔自我分析一样。1940 年 6 月，霍妮将第一份《自我分析》书稿寄给了诺顿。根据杰克·鲁宾斯的笔记，霍妮在 1940 年至 1941 年与一个叫汉斯·鲍姆加特纳（Hans Baumgartner）的男人约会。有一天，她向玛丽·李维坦白说："我不知道该嫁给汉斯，还是该养一只可卡犬。"[2] 她养了一只可卡犬，即著名的（或臭名昭著的）布茨基（Butschi）。据推测，她和弗洛姆分手后，她开始写《自我分析》，并与汉斯约会。

---

1 1992 年 7 月 24 日，帕特森与作者的电话采访；1973 年 2 月 10 日，卡迪纳与鲁宾斯的采访；玛丽安·埃卡德特与鲁宾斯的采访，未注明日期。

2 李维给鲁宾斯的笔记，未注明日期（可能是 1972 年 10 月）。

克莱尔听起来很像卡伦·霍妮，但彼得听起来像艾里希·弗洛姆吗？相关证据比较薄弱，因为没有弗洛姆的传记研究，而我对他的印象也只是从对当时认识他和霍妮的人的采访中拼凑的。克莱尔对彼得的描述与采访中的弗洛姆并不相悖。弗洛姆被描述为"救世主般的人"，而彼得是"救世主类型"（《自我分析》，238）。彼得具有"同情心、乐于助人"，愿意"在克莱尔陷入困境时给予建议和安慰"。根据雷纳·芬克（Rainer Funk）的说法，弗洛姆也是如此，"他会把全部心思都放在你身上，设身处地为你着想，从而打动你。他的所有关系都是如此，与女性的关系尤其如此"。彼得给了克莱尔她极为需要的支持，但她后来觉得"他把所有精力都放在他自己身上"，他身上有一些欺诈性的东西，"他不由自主地扮演着一个永远正确、永远优越、永远慷慨的角色"。彼得听起来与卡迪纳所描述的自命不凡、傲慢无礼的弗洛姆并不一样。不过后者给汉娜·蒂利希（Hannah Tillich）的印象也是在"他温和的表面下"其实"非常专横"。[1]

根据露丝·莫尔顿的说法，弗洛姆"有一种冷漠疏远的东西"。这也是克莱尔对彼得的描述的基调。他制造了一种"深沉永恒的爱的假

---

1 1990 年 3 月 20 日，莫尔顿与作者的访谈。1990 年 7 月 19 日，雷纳·芬克给作者的信。芬克写了几本关于弗洛姆的书，是他的文学执行人，他观察到，"另一种描述在某种程度上也是合适的：'有人曾称彼得是一只永远不会安定下来的鸟；彼得长得不错，是个好舞者'。虽然弗洛姆在佛蒙特州（1948）和库埃纳瓦卡（1957）先后建了房子，但他从未被世界上的某个地方所束缚。没有资料表明他是一个好舞者，但我知道他很欣赏舞者，并与知名女舞者保持着很好的联系"。据芬克说，弗洛姆的性格在 60 年代发生了变化，这使得后来认识他的人很难评估他与彼得是否相似，"他的性格发生了改变"。1973 年 11 月 28 日，汉娜·蒂利希与鲁宾斯的访谈。

象，但又急于让自己置身事外"（《自我分析》，218）。他是"一个冷漠的人，对别人的要求非常敏感"。由于这种过度敏感，克莱尔"避免提及婚姻的可能性，尽管她经常想到这件事"。1936 年 12 月，霍妮回到德国，此时的她终于向奥斯卡提出了离婚申请（1938 年通过），也许是因为她与弗洛姆的关系正在蓬勃发展，她非常希望他能娶她。两人分手后，霍妮告诉玛丽·李维，弗洛姆是"培尔·金特类型的人"，李维认为"她的意思是他不忠诚"。[1] 不过，她的意思也可能是指弗洛姆过于超脱。霍妮后来在《我们的内心冲突》（1945）中的"疏远他人"一章提及了培尔·金特（Peer Gynt）。对于培尔·金特类型的人来说，"任何亲密和持久的关系都必然会危及他的疏离感，让他有一种大难临头的感觉"。他的理想伴侣是一个索尔维格（Solveig）那样的人，她"对他没有任何期望。她对他的期望都会让他感到害怕，就像他害怕对自己的感情失去控制一样"。

苏珊·奎因认为，"根据霍妮对培尔·金特和艾里希·弗洛姆的描述，她与弗洛姆分手的原因可能是她对他的要求超过了他愿意给予的程度"。事实上，霍妮和弗洛姆的关系很可能类似于克莱尔和彼得的关系，一个依赖性强的女人加上一个对任何要求都过于敏感的男人，这样的组合是行不通的。

我们可以看看霍妮在《自我分析》中对这种关系的描述，以及弗洛姆在《逃离自由》中对这种关系的描述。克莱尔赋予伴侣"魔法帮手这样神一般的角色"（《自我分析》，238）。正如霍妮承认的那

1　1990 年 3 月 20 日，莫尔顿与作者的访谈；1972 年 10 月 3 日，李维与鲁宾斯的访谈。

样，"魔法帮手"这个词是弗洛姆提出的，而他口中渴望得到这样一个帮手的、依赖性强的人可能是霍妮或克莱尔。依赖性强的人希望有人能保护、帮助和开发他们，一直和他们在一起。如果帮助者也是依赖者，就会加强这种关系是真爱的印象。这样的人被束缚在魔法帮手身边，是因为他们无法独自生活。他们对自己的努力没有信心，希望通过魔法帮手来满足他们所有的愿望。他们的目标不是过自己的生活，而是操纵他们的伴侣，让伴侣为他们的幸福负责。他们的依赖性导致一种软弱和束缚的感觉，以及必须压制的怨恨，因为它威胁到他们在亲密关系中所寻求的安全感。这样的关系往往以失败告终，他们之后通常会再选择一个对象，期望对方能实现与魔法帮手有关的所有希望。

弗洛姆的叙述与霍妮笔下克莱尔对彼得的病态依赖是如此接近，这种相似性表明他们可能是在描述同一种关系。难怪霍妮对克莱尔更有同情心，而弗洛姆对依赖性伴侣表现出一种潜在的恼怒，对那些应该保护他们、开发他们和被迫接受他们的人表示同情。弗洛姆承认，双方都有可能是依赖性的；而克莱尔意识到，彼得屈服于她的愿望"不是因为爱和慷慨，而是因为他自己的弱点"（《自我分析》，217）。两人的表述中都有一种相互病态依赖的暗示，只是一方比另一方被束缚得更紧。我不禁怀疑，弗洛姆和霍妮是否在描述对方，两人都试图向对方展示自己的理解程度。

克莱尔和彼得与霍妮和弗洛姆的关系发展过程也有相似之处。克莱尔的风流韵事比彼得多，而且她在很长一段时间里没有意识到他想分居。根据玛丽安·埃卡德特的说法，正是弗洛姆刻意疏远，才让霍妮"产生了热情";她"渴望与他交谈,但他却在退缩"。克莱尔得知彼得与另一个女人的暧昧关系时,她被击垮了。霍妮得知弗洛姆与舞蹈家凯瑟琳·德纳姆(Katherine Dunham)的关系时,她同样感到不安。弗朗西斯·阿金记得,她把弗洛姆的恋情消息"不小心泄露"给了霍妮,霍妮"气得想杀了我"。[1]

彼得提出分手后,克莱尔"陷入了极度绝望的混乱之中"(《自我分析》,227)。有证据表明,霍妮因弗洛姆的行为而受到极大伤害。恩斯特·沙赫特(Ernst Schachtel)对此有最生动的描述,他是弗洛姆的朋友,但他与霍妮的关系也颇为密切,他说,"霍妮与艾里希·弗洛姆分手后,我们就断了联系。她说她不想和我继续交往下去,除非我和弗洛姆绝交,我很震惊。我很惊讶她会提出这样一个条件。我认为她被艾里希·弗洛姆伤得很深。不过我和弗洛姆是老朋友,不能绝交"。沙赫特"再也没有见过霍妮。我的妻子罹患癌症去世时,她都没有来参加葬礼"。[2]霍妮和弗洛姆分手后,两人继续保持着社交和工作关系,就像她与奥斯卡在他们的婚姻中的浪漫消失后仍然长期保持关系一样。在这两种情形中,男人们都是成功人士,仍然可以提供一些东西。霍妮最初想让弗洛姆在她的学院授课,对他的第一本书《逃离自由》评价很高。奥斯卡失败后,霍妮与他决裂了,而当弗洛姆的成功足以威胁到霍妮的优势地位时,霍妮也与他决裂了。美国精神分析研究所的成员普遍认为,霍妮把弗洛姆赶走的原因在于,弗洛姆的

---

1 1990年3月21日,埃卡德特与作者的访谈;1990年1月6日,阿金与作者的访谈。

2 1972年4月2日,恩斯特·沙赫特与鲁宾斯的访谈。

书大获成功，在学生中也深受欢迎，这些都威胁到了霍妮的地位。非专业出身的问题不过是赶走他的借口，她在职业上对他的不满和嫉妒无疑十分重要，但我认为，如果不是她被弗洛姆拒绝的痛苦仍在困扰着她，她不会这样做。雷娜特"对母亲分手的激烈程度感到疑惑，因为这给母亲制造了许多敌人"，她觉得母亲"心底有一股隐含的恶意"。[1] 弗洛姆在培训分析师身份被取消的前一天晚上向保罗·卢斯海默（Paul Lussheimer）吐露，"这里面涉及个人感情"。

霍妮的行为是有预兆的。我认为，这个预兆体现在《自我分析》中的一段话，这段话写于与弗洛姆决裂的一年多以前。克莱尔允许自己看到彼得的缺点后，能够"冷静地面对他。她仍然欣赏他的优点，但她知道，她不可能再与他密切来往"。我第一次开始研究克莱尔案例时，我被"来往"这个词吓了一跳，这个词听起来更像指同事，而不是指爱人。这个词有所暗示。我认为，霍妮决心——她可能没有完全意识到——切断她与弗洛姆的职业联系。在他拒绝她之后，她试图理解他的缺点，欣赏他的优点，并保持他们的专业联系，但她感到一种潜在的愤怒，她不由得想和弗洛姆保持距离。正因如此，他对她地位的威胁，甚至他的存在都是不可容忍的。

克莱尔案例有助于我们针对卡伦·霍妮及其与男人的关系提出种种推测，特别是与艾里希·弗洛姆的关系，但该病例并没有显示出霍妮天性中一夫多妻的一面。彼得对克莱尔不忠，但她仍然对他一往情深；霍妮与弗洛姆的关系也不排除外遇。不仅仅是艾里希在搞

1　瓦勒·巴尔布与鲁宾斯的访谈，未注明时间；1989 年 12 月 28 日，帕特森与作者的访谈。

外遇，霍妮也不遑多让，她和纽约精神分析研究所的年轻弟子打得
火热时正是她与弗洛姆交往期间，在这一时期，她还与保罗·蒂利希
（Paul Tillich）和艾里希·马里亚·雷马克（Erich Maria Remarque）有私
情。据保罗的妻子汉娜说，雷马克"对待她就像对待一个小姑娘。他
很粗暴。他叫她'你这只小鹅'，而她喜欢这样；她想要一个强壮的
人"。这虽然只是她渴望的一部分，但似乎是一种持续的渴望。格特
鲁德·莱德勒–埃卡德特称霍妮是"受虐狂"，并经常与"侵略性的男
人"交往。[1]

　　霍妮从未能从与男人有关的强迫性需求中解脱出来，可她似乎认
为自己在 1942 年已经做到了。克莱尔开始觉得她与另一个人融合的
需求就像吸毒成瘾或癌症扩散。如果我们看一下霍妮在接下来的十年
里与男人的关系，我们就会发现，她并没有摆脱她的强迫性需求。她
很快就和汉斯走到了一起，而且有多个消息来源证实，她在 20 世纪
40 年代的风流韵事不少。路易斯·德·罗西（Louis De Rosis）口中的她
"堪比拉伯雷"，她"喜欢年轻男人"，"似乎总需要身边有个男人"。
理查德·赫尔贝克（Richard Hulbeck）是一位达达主义艺术家，后来
成了精神分析师，他在 20 世纪 40 年代初给霍妮上过绘画课，他说，
"她是一个非常需要有男人陪伴的人"。她对"普通人"不感兴趣，而
是在寻找一个"和她智力水平相当"的人，这样的人并不容易找到。
赫尔贝克觉得，要是他愿意的话，他们早就结婚了，但他不想离开他
的妻子和孩子。他认为，她"上绘画课就是为了接近他"。霍妮"性

　　1　1973 年 11 月 28 日，蒂利希与鲁宾斯的访谈；1972 年 1 月 8 日，莱德勒–埃
卡德特与鲁宾斯的访谈。

欲强烈却不猥亵，但经常受挫。男人们很难接近她。她觉得像蒂利希和尼布尔（Niebuhr）这样的男人又老又弱"。

霍妮外遇的最后一个对象是比她小 25 岁的男子，这个人是研究所的实习生，并接受她的精神分析，就像哈罗德·凯尔曼一样。我认为，她其实知道自己行为的强迫性，却无法控制自己。雷娜特记得她母亲在晚年时说："自我分析也不起作用。"这句话暗示了她持续的挣扎和失望。她在《神经症与人的成长》中，对自我分析的推崇不再那么强烈了。

霍妮再也没有找到像艾里希·弗洛姆那样的恋人，她也没有再把自己暴露在和他一起经历的那种失望中。在《神经症与人的成长》中，霍妮描述了一个病态依赖的女性。"假设她确实设法挣脱了她的束缚，她这番行动的价值将取决于这些问题：她是否不择手段地摆脱了一种依赖，但是迟早会冲进另一种依赖？或者，她是否已经厌倦了自己的感情，想要扼杀所有的感情？还是她以一种更彻底的方式改变了，变成了一个真正的更强大的人？"霍妮在撰写《自我分析》时，认为自己已经实现了彻底的改变，但前两种情况似乎更符合她的实际。她从一段关系中匆匆进入另一段关系，但她学会了保护自己，没有像对弗洛姆那样投入太深的感情。

正如苏珊·奎因所指出的，"霍妮本人拥有许多培尔·金特类型的属性"。其主要特征是霍妮口中对"情感距离"的需求："这种人也许能够拥有强烈却短暂的关系，他们在这些关系中突然出现又突然消失。他们是脆弱的，任何因素都可能让他们心生退意。性关系对他们来说可能具有极大的意义，是通往他人的桥梁。如果这些关系是短暂的，不干扰他的生活，他就会享受这些关系。这些关系被限制在为这些关系预留的空间里。"霍妮的感情似乎也被搁置在一个隔间中，谨小慎微地偷偷进行，不为外人所知。然而，这些感情并不是霍妮生活的焦点；她对男人的需求是强迫性的，但不是全心投入的。异性关系并没有干扰到她的创作，而是促进了她对心理学洞察力的持续探索。然而，异性关系确实玷污了她作为培训人员和监督人员的行为准则，她对情人的偏爱和与他们的争吵对她的研究所产生了破坏性的影响。

第二十二章　分裂与领导力危机

　　卡伦·霍妮于 1932 年离开柏林精神分析研究所，1934 年离开芝加哥精神分析研究所，1941 年离开纽约精神分析研究所。在每一个地方，她都希望能够更自由地传授自己的思想，这个愿望促使她在华盛顿—巴尔的摩研究所和社会研究新学院开设课程。尽管她在《精神分析新法》中说，她并不是要开创一个新的精神分析学派，但她确实想领导一场新运动，希望可以通过创立自己的协会和研究所推行这一目标。

　　美国精神分析研究所成立于 1941 年春天，开始时，势头强劲，但两年后，主要成员相继辞职，其中包括艾里希·弗洛姆、克拉拉·汤普森、哈里·斯塔克·沙利文、珍妮特·里奥奇（Janet Rioch），他们还带走了八名成员，共同成立了威廉·阿兰森·怀特研究所。1944 年 2 月又出现了第二次分裂，威廉·西尔弗伯格（William Silverberg）、伯纳德·罗宾斯（Bernard Robbins）、贾德·马尔默（Judd Marmor）、哈蒙·艾弗隆（Harmon Ephron）、弗朗西斯·阿金和伊莎贝尔·博蒙特（Isabel Beaumont）一起辞职，与斯蒂芬·朱厄特（Stephen Jewett）一道在纽约医学院创办了精神分析综合课程。霍妮组织内部的这些分裂，极大地削弱了其研究所的实力，究其缘由，既有个人感情的纠葛，也有专业理念的冲突。即使霍妮后来赶走了威胁其主导地位的势力，将研究所完全变成她自己的机构，所内的紧张氛围也并未消散。

霍妮卷入的第一次分裂发生在她从纽约精神分析研究所辞职之际，她当时带走了一些成员和实习生。她当初去到纽约精神分析研究所时，阿道夫·斯特恩（Adolph Stern）、劳伦斯·库比、弗里茨·温兹（Fritz Wittels）和格雷戈里·齐尔博格（Gregory Zilboorg）等同事就认为她是经典理论的威胁。他们也惧怕其他"异见分子"，如桑多·拉多、亚伯拉罕·卡迪纳、戴维·李维（David Levy）和克拉拉·汤普森。因此，在 1939 年，学院的教育委员会进行了课程改革，确保实习生先打好弗洛伊德理论基础，再接触非正统理论。据持不同意见者称，与他们合作的实习生受到了歧视，其他实习生则被劝阻参加他们的课程或选择他们作为培训及监督人员。

霍妮成了靶子，一是因为她在《精神分析新法》中对弗洛伊德进行了批判，这部作品在 1939 年的两次会议上引发了激烈的讨论，二是因为她想开设课程，专门从她的观点来评估精神分析的概念。霍妮的教学一早就引起过冲突。1937 年，她申请教授技术课程，却遭到拒绝，理由是学期开始时，"学生应该首先熟悉弗洛伊德的理论"。同样属于非正统理论派别的拉多却被允许教授技术课程，霍妮对此提出抗议，所里的解释是他们"忘记了"她的申请，"我并不怀疑他们的解释，但作为一名精神分析师，我必须探寻这种集体失忆的原因"。1941 年，霍妮从教员被降为讲师，她被告知，她仍然可以教授选修课程，但不能再教授基础课程。

由于遭到降职，霍妮从纽约精神分析研究所辞职，她还带走了克拉拉·汤普森、伯纳德·罗宾斯、哈蒙·艾弗隆和萨拉·凯尔曼（Sarah Kelman）。此后不久，14 名实习生也相继离开，他们宣称自己的行动是"教育委员会的反科学精神和反民主态度的必然结果"。这些辞职的人组成了精神分析促进会，并发表了一封公开的信，解释他们的行动。[1]信中表示，核心问题是，研究所决定，"偏离"经典的精神分析师提供的课程为选修课，学生只有在上过"经典"理论必修课之后才能选修这些课程，此举预设了经典理论是所有进一步研究的不容置疑的基础。

精神分析促进会的立场是，精神分析理论"仍然处于实验阶段"，实习生不能被"实际上并不存在的确定性幻觉所误导"。实习生在培训之初应该有权"选择他是先接触'经典'还是'偏离'或'非经典'的理论"。接受"非经典"精神分析的实习生应该接受"经典"理论的培训，反之亦然。纽约精神分析研究所的科学问题是"通过政治权力来决定的"，而新的研究所则不同，叛离者申明，新研究所

1　1941 年 6 月 14 日，该辞职信发表于《美国精神分析杂志》第一期（1941，9—10），署名为弗朗西斯·阿金，尤金·艾斯纳，穆里尔·伊维梅，哈罗德·凯尔曼，伊丽莎白·基尔帕特里克，贾德·马尔默，亚历山大·马丁，梅耶·马斯金，珍妮特·里奥奇，利奥波德·罗萨内斯，赫尔曼·塞林斯基，爱德华·陶伯，路易斯·沃尔伯格，亚历山大·沃尔夫（布里尔档案）。这些人中的许多人成为精神分析促进会和美国研究所的重要人物，有些人后来加入了威廉·阿兰森·怀特研究所或纽约医学院。

"在精神分析培训、研究和讨论中，都将致力于真正的自由和科学原则"。

精神分析促进会的信引起了由劳伦斯·库比为首的愤怒反击。他们发表了《代表纽约精神分析学会和研究所发表的声明》，库比和一位同事在全国各地游说，介绍他们的情况。在该声明和更为激烈的初稿（现存于布里尔档案馆）中，纽约精神分析研究所的剩余成员不仅否认了针对己方机构的所有指控，还提出了他们自己的指控。他们指控道：作为训练有素的分析师，异见分子把实习生当作盟友，让后者深陷"激烈的科学争论"之中；这些麻烦制造者利用他们的教师身份，"以'学术自由'为借口，纠集了一帮门徒"。

为了防止学生"被灌输片面的观点"，教育委员会要求"异见分子中'最杰出的教师'"将"她的教学限制在授课范围内"；这一决定得到了协会民主投票的认可。协会并没有因此而违反任何学术自由的原则，但"异见分子团体"感到很委屈，因为它因此"失去了对一小群弟子施加专属控制的机会"。

作为冷静的旁观者，我们对争端的双方都表示同情。学院自然希望遏制霍妮和其他异见成员的影响，而持不同意见者自然对此感到愤怒。当拉多、卡迪纳和李维在一年后离开并成立了哥伦比亚精神分析诊所，他们的抱怨与霍妮他们当年的抱怨如出一辙。纽约精神分析协会的领导人努力维护机构的经典特征，而持不同意见者则希望培养他们自己的弟子，并希望看到他们的想法与弗洛伊德的想法一样被认真对待。双方都想让实习生在培训之初就接触到自己的观点，并且都指责对方试图通过率先向实习生灌输思想来对他们进行"洗脑"。虽然持不同意见者的愤怒是可以理解的，但他们忽略了一个事实，即纽约精神分析研究所不是一所致力于传播自由思想的大学，而是一所致力于传授弗洛伊德理论的培训机构。

自立门户是皆大欢喜的解决方案，但交战双方的争论并未停息。每一方都感到受到了对方的威胁，并试图诋毁对方。库比对于霍妮认为自己受到不公平待遇的指控感到愤怒，对她后来的成功感到恼火。他收集了精神分析促进会和美国精神分析研究所的多份宣言和声明，以及新闻界对此的报道。1942 年 3 月，他给阿道夫·斯特恩寄去了一系列剪报，"一份来自'邮报'，一份来自'PM'，一份来自'美国医学会'，都在吹捧那个大名鼎鼎的美国姑娘卡伦·霍妮"。（布里尔档案）霍妮终于可以自由地传授她的思想了，但是库比的宣传攻势把她和她的伙伴们排除在国内和国际主流精神分析组织及期刊之外。她遭到了很多诋毁，她后来的书也没有在主流杂志上得到评论。

霍妮与纽约精神分析研究所之间的冲突甚至比公开文件所显示的更为激烈。霍妮不仅仅从教员被降级为讲师，不得教授必修课；她还被剥夺了精神分析培训师和监督者的身份。这无疑是一种极大的侮辱。她之所以受到这些处分，一个原因是她被投诉滥用职权，"她在身边培植新信徒和改变信仰者的小帮派，禁止他们接触其他观点"；另一个原因是，"她常常与年轻男学生发生严重的反移情关系"。她不仅把一些学生引诱到床上，也让他们无法"克服她与他们的移情关系的消极影响"。她有一种建立"密切依赖关系的倾向，在这种关系中，所有的敌对因素都必须被封存起来，永远不能表达出来"。

霍妮曾指责弗洛伊德不懂得聆听他人的想法，但库比觉得她"也有同样的毛病"，她一直在修改自己的理论，却不允许别人挑战或修改它。持不同意见的霍妮不能容忍不同意见。她曾希望那些后来去了哥伦比亚研究所的人能够加入她的研究所，但他们没有。她对失去卡迪纳感到最为失望，后者解释说，哥伦比亚研究所的负责人拉多"给予我按自己意愿行事的充分自由，霍妮却给不了我这样的自由"。

霍妮从纽约精神分析研究所辞职后不到三个星期，便成立了精神分析促进会，威廉·西尔弗伯格担任会长，克拉拉·汤普森担任副会长，哈罗德·凯尔曼担任秘书，斯蒂芬·朱厄特担任财务主管。随后，该协会创办了《美国精神分析杂志》，并成立了美国精神分析研究所，由卡伦·霍妮担任所长。

协会和研究所最初都不是霍妮理论的一言堂，不过她有了更多机会与实习生一起工作并宣传她的想法。西尔弗伯格曾是沙利文的十二宫俱乐部的成员，他的观点足够经典，1941 年，他以一票之差惜败卡尔·门宁格（Karl Menninger），未能当选美国精神分析协会主席，精神分析促进会也因此被排除在美国精神分析协会之外。艾里希·弗洛姆和哈里·斯塔克·沙利文都有各自明确的观点，其他成员的立场也各不相同。1941 年 9 月，西尔弗伯格在会长就职演说中强调了协会的折中性质。他指出，对"真正的科学自由原则"的信奉让协会成员们走到了一起；在其他方面，"我们虽然是一个团体……但有着许多不同的观点"。他批评那些"利用现有的权力来压制那些不同意见的人"，这显然指的是纽约精神分析研究所；他呼吁协会成员相互支持，相互尊重，正如过去的经验告知的那样，尊重他人的思想自由。

冲突迹象在一开始就已现端倪。协会成立后不久，弗洛姆和沙利

文被选为荣誉会员，弗洛姆起初不愿意接受荣誉身份，因为这算不上
是"对他作为精神分析学家地位的充分认可"。他要求获得能够培训
和监督实习生的权利。在 1941 年 11 月 2 日的一次特别会议上，他被
授予这项权利，但"少数人强烈反对……这一举措，理由是协会接受
了非专业精神分析原则，开创了一个危险的先河"。[1] 弗洛姆被允许授
课，但由于他不是医学博士，他不能教授分析技术课程。实习生没有
被送到他那里进行分析培训，这让他感到被排斥和不被欣赏。我们不
可能确定霍妮在这一系列事件中起到的作用，但我怀疑她一边想利用
弗洛姆的声誉和才能，一边想让他处于一个边缘地位。她可能一方面
希望分手后不再联系，另一方面又不愿意切断他们的职业关系，这两
种想法之间产生了冲突。

1943 年 1 月，学生们请求弗洛姆开设精神分析技术研讨课，作
为课程的一部分。教务委员会拒绝了这一请求，理由是"这将是对非
专业精神分析的进一步认可"，并建议弗洛姆在新学院开设理论基础
课程。弗洛姆拒绝了他们的折中方案，因为这对他作为精神分析家的
地位是一种质疑，并宣布"要么允许他与其他教员一样教授技术研讨
课，要么他将全面切断与协会和研究所的联系"。[2] 后来，协会投票取
消了弗洛姆的培训和监督权利，弗洛姆在克拉拉·汤普森、珍妮特·里
奥奇、哈里·斯塔克·沙利文和他们的实习生的陪同下宣布退出。

关于这场冲突是否真的与非专业精神分析有关，一直存在着很大
的争议。美国精神分析研究所成立初期，授课地点是家、办公室、新

1　1943 年 5 月 5 日，精神分析促进会的秘书弗朗西斯·阿金给成员的信。
2　同上。

学院以及纽约医学院，斯蒂芬·朱厄特是纽约医学院的精神病理学系主任。从一开始，就有人提议让研究所并入学院，这样做不仅可以让研究所有个基地，还可以提高研究所在医学界的地位。有些人担心，由于弗洛姆是一个非专业的精神分析家，他在研究所任职会影响研究所并入医学院，还有人认为精神分析师应该持有医学学位，正如霍妮本人于 1927 年所主张的。然而，克拉拉·汤普森认为，所谓的外行精神分析争论不过是个幌子。事实确实如此，朱厄特一再强调医学院"不会资助一个非专业人士成为他们的教员"，但他没有说研究所中的非专业教员会成为合并的障碍。再者，拥有一名杰出的非专业成员并不意味着认可非专业精神分析，其他协会的做法已经证明了这一点。

汤普森认为，真正的症结是权力：虽然霍妮集团处于控制地位，但另一阵营日益强大，让她感到自己在政治上受到了威胁。弗洛姆本人在学生中大受欢迎，他的书《逃离自由》也大获成功，这无疑让他成了霍妮的劲敌。人们普遍认为，尽管霍妮宣称致力于思想自由，但霍妮想"拥有属于自己的研究所，并以自己的方式管理它"，而关于非专业精神分析的争论不过是"摆脱弗洛姆的一个借口"。霍妮自己也接受过一个非专业精神分析员（汉斯·萨克斯）的分析，还把玛丽安送到弗洛姆那里接受培训分析，她还借她曾经反对非专业精神分析的事儿"打趣"。

霍妮和弗洛姆之间的竞争既涉及个人感情，也涉及政治斗争。有很多证据表明，霍妮羡慕弗洛姆的名声和他作为教师的成功，并想"成为学院里唯一的明星"。格特鲁德·莱德勒–埃卡德特说："我不知道有哪两个人的意志力能像他们两个人这样强烈。"据露丝·莫尔顿说，"他们都想主宰一切，他们必然会发生冲突。两人都有一种感觉，他们注定要成为领导者"。弗洛姆和霍妮都是知道所有答案的先知，因此展开了激烈的较量，霍妮更胆大妄为。她曾威胁说要攻击克拉拉·汤普森和艾里希·弗洛姆。当然，弗洛姆提出分手引发的怨恨以及她想与他保持距离的需要，无异于在她想要摆脱弗洛姆的愿望上火上浇油。

因此，由于政治斗争和个人感情的双重因素，美国精神分析研究所出现了和纽约精神分析研究所"极为相似"的情况，又一次分裂发生了。拉尔夫·克劳利（Ralph Crowley）在他的辞职信中指责说，曾经"唆使成立精神分析促进会"的相同策略现在被"这个据说致力于真正的科学自由原则的协会"所使用。霍妮对弗洛姆做了纽约精神分析研究所对她做过的事。他抱怨道，精神分析促进会并不致力于民主原则，而是建立在这样的思想基础上：如果清洗和惩罚是针对霍妮的，就应该被取缔，而如果是针对其他人的，则完全正确。对于留下的人来说，研究所"最初的理想""似乎被玷污了"。在这个研究所里，政治上最强大的集团致力于确保自身意识形态的主导地位，学术自由再次被证明是一个无法实现的目标。

1944年2月，美国精神分析研究所和纽约医学院之间的合作谈判破裂了。朱厄特想设立一个精神分析培训项目，由他所在的系主导，希望美国精神分析研究所提供工作人员。从研究所的角度来看，核心问题在于如果它成为医学院的一部分，如何继续保持其自主性。一些人赞成加入，他们的理由是合并可以提高精神分析培训的声望，迈向更高的平台；一些不信任朱厄特的人则表示反对，他们担心研究所会失去对其项目、标准和成员资质的把控。冲突虽然并不激烈，但犹豫和分歧足以让朱厄特意识到"与一个已经组成研究所的整体团体达成令人满意的协议"的困难。他决定"绕开这个已经存在的组织"，直接与个人打交道。他于 1944 年 2 月 18 日将此决定通知了精神分析促进会，第二天，该协会的六名成员辞职加入了医学院。

在霍妮以艾里希·弗洛姆会危及研究所加入医学院为由清洗了他之后，她又有效地阻止了该研究所加入医学院。她这次的动机也和此前一样，惧怕自己的地位受到威胁，担心失去政治和学术优势。玛丽安·埃卡德特指出，她一心"想成为大人物"，如果被"忽视"，她就会"受伤"和"愤怒"。作为自己研究所的负责人，她不可能被忽视，但作为医学院的一部分，她可能会被忽视。很显然，"她不希望别人控制她"。

那些加入医学院的人一方面是希望与医学界保持联系，另一方面是渴望有更自由的学术氛围。根据贾德·马尔默的说法，人们越来越担心研究所正在成为霍妮的个人团体，而不是一个自由教授不同观点的组织。霍妮不愿意与医学院合作的做法，似乎证实了这些担忧。霍妮要求的是信徒，不鼓励创造性思想，这点已经不是什么秘密。一个反叛的自由斗士，在获得权力后变成了一个专制者，这似乎是个再熟悉不过的故事。

第二次分裂让霍妮的协会元气大伤，这次分裂不仅让协会失去了更多的人才，而且只剩下了十三名成员（一年前有三十四名）。据哈罗德·凯尔曼说，霍妮想放弃精神分析促进会，并退出所有的组织。幸亏那些留下的人给予了她极大的支持和鼓励，帮助她度过了这个困难时期。后来，研究所还是恢复了元气，这要得益于二战后精神分析的蓬勃发展，当时许多人寻求精神治疗，大量从军队退役的医生渴望接受精神分析培训。

该机构在霍妮余生一直发展得很好，但始终缺乏能够继续发展她的理论的天才人物。从短期来看，霍妮得到了她想要的东西，但从长远来看，她对主导权、一致性和优越性的需求最终削弱了她的影响力，因为这些需求赶走了许多有才华的同事，培养了一个只有她一个人可以有高度创造力的环境。由于没有其他人参与后续发展，霍妮的成熟理论在她去世后的 40 年里停滞不前。这也是其缺乏文化存在感的部分原因。

第二次分裂后，霍妮从哈罗德·凯尔曼那里得到了她需要的大部分支持。凯尔曼生于 1906 年，是哈佛大学的医学博士，在纽约精神分析研究所，他曾三次在霍妮的指导下工作，卡迪纳曾是他的分析培训师。他和霍妮一起辞职，和她一起从事分析工作，并迅速成为精神分析促进会的中流砥柱。他支持霍妮，反对弗洛姆，他对弗洛姆一直怀有敌意，也支持霍妮不与朱厄特结盟。[1] 前会长伯纳德·罗宾斯出走医学院后，凯尔曼顶替了他的职位。凯尔曼是研究所的实权人物，直到 1951 年霍妮与他反目。

凯尔曼和霍妮经常被描述为有一种共生关系，"他们互相利用彼此"来实现各自的目标。许多人表示，凯尔曼是一个"渴望权力、善于弄权"的人，他"希望成为重要人物"。他"在学生时代就很爱出

---

1 据萨拉·谢纳说，凯尔曼多次说弗洛姆是个恶棍，不值得信任，是个骗子（与作者的访谈，1990 年 3 月 3 日）。当然，凯尔曼可能是在表达霍妮的态度。

风头",还利用与霍妮的关系来达成他的野心。哈蒙·艾弗隆记得"这个奇怪的、神经质的、疯狂的家伙。他从一个学生一夜之间变成了一个大人物,开始教书、写作、演讲"。据旺达·威利格说,"起初他提供了很大的帮助,后来他想要太多的权力"。其他人称,他被权力"冲昏了头脑",变得越来越惹人厌,"他是个混蛋,是个奴隶主;没有人喜欢他"。他虽然与其他人相处困难,但他会"巴结"霍妮,为她效力,并且"装出想成为她的儿子的样子"。

凯尔曼自己也曾解释过霍妮从他们的关系中得到了什么,"霍妮被置于一个她既不想要也不适合的领导位置。有代表性的例子是,她想尽快下放组织任务"。霍妮对组织事务漠不关心,而凯尔曼则是一个有天赋的组织者,由于霍妮极度依赖他,他成了王座背后的实权人物。据凯尔曼说,霍妮不喜欢当领导,因为她有自我贬低的倾向。想要开疆拓土的凯尔曼很乐意为她打仗,而她也很乐意让他这样做。(我们记得克莱尔也很难行使权力。)

霍妮不喜欢当领导,但她却想当老板,想发号施令,想掌控局面。凯尔曼成为她的执行者。因为她"很难处理敌意",她要确保敌意是"针对凯尔曼"的而不是针对她的。我们可以想象,研究所的士气会是何等低落。凯尔曼觉得他有权不近人情,因为他有霍妮给的尚方宝剑,那些对他感到不满的人却无处申诉。杰克·鲁宾斯说:"穆里尔·伊维梅,这位相当安静、不苟言笑的院长助理,致信卡伦抱怨凯尔曼的越权行为,霍妮却袒护凯尔曼,她回复道,即使他越权了⋯⋯也是为了研究所的利益。"

作为所长,霍妮在研究所内营造了一种焦虑、不安和争议不断的气氛。玛丽安指出，她"处于领导地位，但不是一个领导者；她有权力，但没有政治意识，她把能促进组织工作发展的规则放在一边，并回避议会程序"。她下放了职权，但却没有监督。用玛丽安的话说，霍妮不适合团队，总是反复无常，觉得自己可以为所欲为。弗朗西斯·阿金说，她非常喜怒无常，以自我为中心；她衡量一切的标准是对她有什么影响。她很羞怯，厌恶公开发生冲突，但她也冷酷无情，报复心十足，是一个可怕的对手。鲁宾斯在他的《霍妮传》中，将她描述为精神分析领域的"温柔反叛者"，但在给苏珊·奎因的信中，他写道："她任性妄为，冷漠麻木，控制欲强，为达目的不择手段，不管她想要的是什么，不管代价是什么，也不管阻挡她的人是谁。"阿金观察到，"任何具有攻击性的人，无论是男是女，都没法和她相处下去。她不是一个温柔的好女人。她的话就是神谕"。据玛丽安说，她很"友善，但不是一个好朋友"；她过河拆桥，树敌颇多。

因此，研究所的分裂情况和紧张氛围，不仅源于霍妮的领导风格，也源于她的处事风格。她"很难与人良好相处，除非这样做有利于达成她的目的"（哈里·格什曼，学院档案）。据旺达·威利格说，在亲密关系中，她"难以相处、固执己见、不讨人喜欢"，她"为所欲为"。她无节制的好恶常常让人很不舒服。有时她会"完全、彻底、立刻拒绝他人，让人措手不及"（亚历山大·马丁，学院档案）。她"说话尖酸刻薄"，"贬低别人"，并以"蔑视和嘲笑"的态度对待"与她想法不同的人"。在她贬低一些人的同时，她把另一些人赞扬为"了不起的人"，常常赋予他们权力。在玛丽安看来，她母亲作为一个领导者最糟糕的特征之一就是她"完全无意识"地倾向于"通过非常明显的偏袒来制造嫉妒和竞争"。霍妮似乎变得像她的母亲一样，"容易被奉承她的人操控"。这些奉承者成了一个优秀领袖的出色门徒。

成为霍妮的心腹是一件朝不保夕的事情，因为霍妮"感情善变"，"一点小事就能失去她的友谊"，她经常会"伤害别人的感情而不自知"，但对"伤害她自尊心的小事"非常敏感。像桑妮一样，她要求得到崇拜，不能忍受抱怨。在她自以为是的外表之下，深藏着大量的不安。她似乎对曾经的朋友不屑一顾，凯尔曼告诉我们，"她从不谈论她以前的朋友"，但他从"多年来的只言片语中"意识到，那些"绝交带来的伤口，愈合得非常慢"。尽管霍妮有作为一个精神分析家的智慧，但她很少尝试解决她自己人际关系中的困难。她似乎想依靠权力和显赫地位来结交新朋友，顶替失去的旧朋友。这些关系的模式与她的爱情经历相同：需求带来高期望—理想化对方—失望—拒绝对方—寻找新人来满足她的期望。她可能会因为莫名其妙的理由反对别人，因为她的高要求和不安全感让她觉得对方会伤害她。

霍妮抛弃心腹的最突出的例子是她对待凯尔曼的态度，后者一心一意为她效力。很难说她的感情究竟何时发生了变化，但在1951年，她开始在公开场合攻击他。在讨论他的论文《理性与非理性的权威》（"Rational and Irrational Authority"）时，据说她说："你在做什么？你已经不在状态了。"事后与他交谈的一个人将他描述为"被压垮了，不知所措，差点掉眼泪"。她甚至在他的学生面前谴责他，这种攻击方式令人震惊。凯尔曼指导的实习生萨拉·谢纳（Sara Sheiner）将他的"分析过程"课程描述为"卓越的""革命性的""让人感到震撼的"，但霍妮却"并不赞同"。有一次，她打断了他的演讲，宣称：

"我不明白你在说什么，都是胡说八道。"除了这些公开的攻击外，霍妮还在社交场合避开凯尔曼，无端指责他的学生，并鼓动他的宿敌弗雷德里克·魏斯（Frederick Weiss）保持对他的长期敌意。

对于霍妮的态度转变，人们给出了很多解释。阿金认为，凯尔曼"太过成功，她不得不把他拉下来"。鲁宾斯写道，寄给霍妮的信被截获，在研究所办公室被拆开，并被"直接转给凯尔曼处理"，霍妮在一封写给秘书的"言辞激烈的信"中痛斥这种行径。根据莱德勒－埃卡德特的说法，霍妮"十分憎恨凯尔曼"，因为她"似乎已经意识到他在利用她"。最常见的解释是，霍妮转而反对凯尔曼的原因，是因为他开始发展自己的思想，她认为这是对她的挑战。诺曼·凯尔曼（Norman Kelman）说："我的叔叔令人难以忍受，但他很有才干，很投入，而且很有创意。卡伦无法忍受他的独创性。"亚伯·平斯基（Abe Pinsky）认为，霍妮对哈罗德·凯尔曼的所作所为，与她早先经历过的待遇如出一辙，她"攻击他的独立思考"。还有人指出，霍妮是那种"如果没有人挑战她，她就会尊重别人"的人，但凯尔曼"开始反驳她"；如果有人挑战她，"她会十分冷酷无情，就像一个有女人心计的男人"。

霍妮和凯尔曼关系产生裂痕的另一个原因可能是两人恋爱关系的破裂。霍妮对弗洛姆的攻击性行为可以部分归因于她被抛弃的愤怒，同样，她对凯尔曼的猛烈攻击也可能部分归因于情人之间的争吵。旁观者们对两人是否真的有过恋爱关系各执一词，但有大量可靠证据表明他俩曾经在一起过。从 20 世纪 40 年代中期开始，他们一起在墨西哥、加勒比海和危地马拉度假。凯尔曼在美国学院那场具有历史性意义的会议上发表有关霍妮的讲话，他的讲话表明，她会以一种异常亲密的方式与他谈论她的生活和她的感情。显然，他总是想起她，对她有很大的敌意，也许是因为她曾深深地伤害过他。据格特鲁德·魏斯说，有一次凯尔曼对霍妮说："你缺乏人类的情感。如果你不同情他们，你又怎么能治愈他们？"这很可能是他对霍妮在多年亲密关系后突然对他冷淡做出的反应。而且，正如我们所看到的，在霍妮的葬礼上，凯尔曼"像婴儿一样号啕大哭"，"他的反应就像死的是他的母亲一样"。

霍妮在某种程度上以母亲形象出现在凯尔曼面前，他们因此生了嫌隙，因为她只是表面上像个母亲，内心并非如此。根据格特鲁德·魏斯的说法，霍妮"讨厌有人说'你很像个母亲'"，她渴望得到崇拜，并准备用赞许来换取崇拜，但她并不急于看到年轻崇拜者形成自己的思想。凯尔曼崇拜霍妮，但他希望她能认可他的思想，"接受他的想法，引用他的话"，而她不准备这样做。正如他欣然承认的那样，他深受她的影响，但他也试图影响她。他希望她以他为荣，就像母亲以儿子为荣一样，但他的独立思想反而引起了她的竞争意识，她开始贬低他。她需要知识上的自主权，但她很难将这种权利赋予他人，尤其是那些她期望成为她的追随者并满足她的骄傲的人。

第二十三章　卡伦和她的女儿们

　　卡伦·霍妮有三个女儿。布丽吉特，出生于 1911 年，后来成了德国电影、戏剧和电视明星。卡伦搬到美国时，布丽吉特为了追求事业而留在德国，在第二次世界大战即将结束时，赶在苏联人之前逃到了瑞士。战后，从 1948 年开始，卡伦每年夏天都会去看她，1951 年 12 月，布丽吉特搬到了美国，与她的母亲一起生活。卡伦和布丽吉特非常欣赏对方，关系异常密切。玛丽安，出生于 1913 年，先后在弗赖堡大学、柏林大学和芝加哥大学攻读医学，并于 1944 年毕业于美国精神分析研究所。她一直追随着她母亲的学术脚步，但在她于 20 世纪 30 年代末进入艾里希·弗洛姆的分析领域后，母女的关系变得紧张起来。雷娜特，出生于 1916 年，1932 年随母亲来到美国，1935 年回到德国结婚，1939 年在墨西哥定居，她的丈夫是一名电影导演，她则是一名家庭主妇。卡伦每年到墨西哥看望雷娜特一到两次，有时一待就是一个夏天，常常为婚姻不幸的女儿提供情感和经济支持。

每个女儿和她的关系都不尽相同，每个女儿对她的描述也相去甚远。这些不同不仅反映了女儿们的不同个性，也反映了卡伦·霍妮的多面性。她同情照顾雷娜特，防备疏远玛丽安，崇拜布丽吉特，霍妮在布丽吉特身上可能终于找到了一个可以融合的伟大人物。卡伦与女儿们的互动，无论是在她们成长过程中还是在成年后，都揭示了她个性的许多方面。

玛丽安的童年问题部分是由她的出生顺序造成的。布丽吉特憎恨她的新妹妹，从一开始就充满敌意。卡伦在一本专门记载孩子成长点滴的笔记本上记录了布丽吉特的嫉妒心。"布吉（布丽吉特的昵称）一开始就对玛丽安充满敌意；在最初的几天里，她非常生气地对她说，'你滚开'。几天后，她甚至想打她的脸。随着女孩们渐渐长大，玛丽安出落得比布丽吉特更漂亮、更有魅力，情况进一步恶化。她们经常吵架，布丽吉特经常打玛丽安。布丽吉特开始学习舞蹈时，她认为玛丽安安静的瑜伽练习很可笑，并无情地嘲笑她。雷娜特经常对这种'不公平的待遇感到愤怒，气得大喊大叫'，但玛丽安只是微笑地宣布'这不重要'，因为布丽吉特不理解她。"玛丽安后来形容自己已经变得相当超脱，我们在这里可以看到，她是如何采用这种防御方式来应对布丽吉特的。当然，尽管玛丽安不承认，但布丽吉特的攻击对她的影响其实很大。她向杰克·鲁宾斯描述童年的纷争时，将她的姐姐描述为一头"令人难以忍受的、残酷无情的""野兽"。雷娜特指出："玛丽安经历的一切太可怕了。"

玛丽安的抱怨之一是她的母亲没有保护她不受布丽吉特的伤害，

雷娜特也证实了这一点。玛丽安和雷娜特都认为，母亲的不作为是因为她在布丽吉特身上看到了自己，布丽吉特和她一样是个难相处的孩子，年轻时不漂亮。他们说，卡伦看到玛丽安像贝恩特一样受宠，于是站在了那个"被抛弃"的孩子一边。卡伦可能确实和不那么有吸引力、不那么受欢迎的布丽吉特更为相似，但我们从她的笔记本中得到了一幅截然不同的画面。霍妮笔下的玛丽安开朗活泼，她心中的天平总是向玛丽安倾斜。玛丽安是"一个小淘气"，"一个活宝"，是一个慷慨善良的孩子，与善妒苛刻的布吉形成鲜明对比，布吉总是想得到最多的那份。笔记本中的主要主题是布吉的嫉妒、布吉的疾病和玛丽安的可爱。卡伦对布吉的偏爱似乎是后来的事。也许她想起了自己小时候的困难，也许是弥补她对玛丽安的偏爱，也许是玛丽安的性格变得不那么可爱了。

1918 年，卡伦把玛丽安送到了瑞士的楚奥茨（Zuoz），几个月前布丽吉特曾去那里治疗肺结核。布丽吉特适应得很好，但这次经历对玛丽安来说是一场噩梦。她很害羞，很害怕老师。她回来后就在学习上遇到了困难，接受了三年的特别辅导才赶上学校的进度。在这次经历之后，那个阳光开朗、信赖他人、待人友好的孩子似乎不见了。玛丽安一直对在这么小的时候就被迫离开父母，被送到一个全然陌生的环境耿耿于怀。

卡伦犯的另一个错误是在 1925 年尝试把三个女儿都送到梅兰妮·克莱因那里进行预防性精神分析，不过这个错误的后果远没有上一个严重。意志坚定的布丽吉特拒绝前往，但玛丽安去了两年。她觉得精神分析没有什么伤害，尽管也不可能有什么帮助，因为它专注于性欲问题，没有处理她的任何真正问题。不过，这段经历让9岁的雷娜特产生了明显的负面反应。她开始做噩梦，后来通过给邻居写信来发泄她的愤怒，告诉他们"所有她从分析中学到的东西"，署名为"你的屁向你问好"。卡伦后来告诉雷娜特，那次分析是"她最大的失误"，她很抱歉让孩子们"遭受这种折磨"。

鉴于当时的精神分析思想，卡伦将孩子送到梅兰妮·克莱因那里是可以理解的，但这与她养育孩子的总体观念并不一致，即"让孩子自由成长"，不干涉他们。玛丽安开始觉得，她母亲的哲学就是将她对女儿的忽视"合理化"（学院档案）。雷娜特也这样认为，但态度更为积极："回过头来看，我发现她从不干涉或说教，也很少给出任何建议，这其实很了不起。她知道她必须完全释放我们，让我们自己撞南墙。"

卡伦的育儿哲学可能是受艾伦·凯（Ellen Key）的著作启发。艾伦·凯是瑞典的女权主义者，卡伦对她有关爱情、婚姻和母性的进步思想颇为欣赏。在她早期的日记中，她称赞凯是"一个伟大的人"，她"崇高的理想主义在我的天性中激起了共鸣"（《青春期日记》，91）。凯强烈反对那种认为儿童有天生堕落性，需要"约束、驯服、压制"的观点。在《儿童教育》（*The Education of the Child*）中，她声称现在养育儿童方法的主要弊端是"没有让儿童处于平和状态"。教育的目的不是用符合社会规范、与其他人相似的人格来取代儿童自己的人格，而是要强化儿童"成为一个独立个体的自然天性"。儿童是全新的灵魂，他们需要"自己选择他们必须踏上的道路"，"强硬的甚至是温和的统一性压力都会让整个童年成为一种煎熬"。因此，教育的秘密就是"不教育"。每个儿童都是独一无二的，他们带着自己的目的来到这个世界，而不"仅仅是为了父母的快乐、骄傲和安慰"。她总结说，父母应该鼓励孩子独立，而不是过度保护或溺爱他们，那样会阻碍他们成为强大、有能力的成年人。

这些观点对 19 岁的卡伦有着巨大的吸引力：它们帮助她找出自己被养育的方式有什么问题，而且在她成为母亲后，这些观点继续影响着她。这些观点虽然与弗洛伊德的儿童观并不相容，但它们完全预示了霍妮后来对自我实现的重视。玛丽安曾将卡伦作为母亲的风格描述为"良性忽视"，"没有压力；我们可以成为我们想要成为的任何人"。（学院档案）据雷娜特说，卡伦想给她的孩子们她所怀念的自由，并教导她们"要忠于自己，也要尊重他人"。这就是艾伦·凯的观念。

霍妮作品中有许多关于童年的段落都有凯的影子。在《我们时代的神经症人格》中，她写道："这完全取决于父母在教育他们的后代时想要达成什么目标：是倾向于让孩子变得坚强、勇敢、独立，足以应对各种情况，还是倾向于庇护孩子，让他们变得顺从，对生活现状一无所知，总之，就是让孩子永远也长不大。"卡伦在自己的育儿过程中，可能把她的哲学践行得太过火了，她把玛丽安送到瑞士就是最典型的例子。不过，这其实可以理解，玛丽安后来觉得她"过早地期望她们能够独立自主"。卡伦不干涉布丽吉特和玛丽安之间的冲突，也可能是误用了凯所建议的放手政策。她的孩子们需要她提供更多的养育和保护。

卡伦有一套自己的养育子女的哲学，在养育子女的过程中试图遵循这套哲学，但这并不能否定玛丽安的想法，即她母亲的不干涉其实是试图把她的忽视合理化。在《我们时代的神经症人格》中，霍妮指出，一个不利于孩子成长的家庭环境中的"基本弊病"是父母因为"自己的神经症"而无法给予孩子"真正的温暖和爱"，有时，父母为了"掩盖温暖的严重缺乏"，就会引用"教育理论"，"声称他们是为孩子着想"。霍妮在写这段话时可能想到了桑妮和瓦克尔斯，但这段话描述的又何尝不是为人母的她自己。

三个女儿都表示，她们的母亲全身心地投入工作，周末也是如此，除了圣诞节、暑假和厨师休息的晚上，她很少花时间与她们在一起。即使在假期，她也不是完全自由的，因为她要么有患者，要么有写作计划。虽然孩子们有仆人和家庭教师照顾，但玛丽安认为，她们"总是被忽视"，"不合身的衣服，不合脚的袜子，脏脏的指甲"。就她而言，这种忽视也是情感上的忽视："我们学校每年都会组织为期一周的远足。我每次回来时，（卡伦）都会说，'你这就回来了'，好像我晚个五天回来也没有什么关系。"卡伦尽心寻找适合女儿兴趣和脾气的学校，但是，由于她总是忙于工作和爱情，她很少陪伴她们。

布丽吉特和雷娜特对其童年的描述在许多方面与玛丽安的相似，但情感基调不同。布丽吉特告诉她多年的朋友格尔德·霍斯特·海尔达尔，她的父母非常好。她的母亲美丽、健康、头脑清晰，为女孩们提供了现代的教育。由于父母的不幸婚姻，母亲总是很忙，没有人真正照顾孩子；虽然有家庭教师和管家，但这些人并没有办法提供爱。她的母亲会通过陪孩子们度过漫长的暑假来进行补偿，那是一段十分快乐的时光。与奥斯卡分开后，经济越来越拮据，卡伦工作很辛苦，而且总是很疲惫。布丽吉特负责购物和家务。"我不能再要求妈妈做那么多日常琐事，她已经很忙了，每次完成工作后，她都会精疲力尽，我就把她扶到床上。"布丽吉特在她最好的朋友英格的家里找到了家庭的温暖。

卡伦的小女儿雷娜特将她的回忆录的第一章命名为"快乐的童年"，她描述了她经常哭闹和发泄的一个时期，但她觉得她的"家庭生活是幸福的、团结的"，她"是个快乐的孩子"，她"非常爱她的母亲"，"想尽可能多地和她待在一起，照顾她"。雷娜特觉得，"尽管母亲很忙，而且经常不开心，但她让我们感到了家庭的温暖"。她的回忆录中充满了对"童年真正美好时光"的珍贵回忆。

卡伦和她的女儿们之间的各异关系一直持续到成年。也许是为了抵御布丽吉特的虐待和她母亲对工作的过于投入，玛丽安根据她自己的说法，变得"非常疏离"。卡伦也很拘谨，导致双方"关系处于空白状态"。玛丽安与母亲的关系中存在断层，她的整个生活也是如此，"外表上我很友好亲切，认真负责，脾气平和，讨人喜欢，但我没有亲密朋友，和大家都很疏远。我既不觉得幸福，也不觉得不幸福"。

玛丽安跟随艾里希·弗洛姆进行精神分析时，她的生活发生了变化。她和母亲"缺乏真诚接触"的关系中出现了"令人难以置信的波澜"。玛丽安觉得弗洛姆"是唯一能帮助她的人"，因为他证实了她母亲的"冷漠"和"人际关系中的异化"，让她识别出她的母亲"对爱的需要"。因此，她"准备好做出热情回应"。

玛丽安一方面希望与母亲建立更紧密、更亲近的关系，另一方面"用冷漠来表达对抗"。玛丽安观察到，卡伦"察觉到了她的变化"，但没有尝试去接触她。相反，卡伦将女儿的变化归咎于弗洛姆，认为这是"他与她的对立"的产物。玛丽安试图和她的母亲讨论她们的问题，但遇到的是"一堵石墙"。卡伦没有试图理解她女儿在精神分析中所经历的事情，也没有回应她表达感受的需要，像她这样有经验的精神分析师本可以这样做，但卡伦似乎做出了防御性的反应。

卡伦写给布丽吉特的信表明，她对玛丽安的退缩很敏感，并为此感到沮丧："她像豪猪一样；如果你想接近她，她就会竖起她的刺。"[1]卡伦抱怨说，"根本感觉不到她在那里"。最糟糕的不是玛丽安的"偶尔的爆发或她的冷言冷语"，而是卡伦无法将她"弄清楚"（1946年12月9日）。1947年10月21日，她倾诉说："多年来，我一直试图接近她。这些努力都以失败告终。而且当你认为气氛至少是和平的时候，她又开始尖锐地爆发。我放弃了。这种情况太可悲了。"两人都渴望情感上的接触，但又觉得无法接触到对方；两人都放弃了接触，并为失去这种接触而感到悲痛。她们之间不可调和的分歧部分是由于性情的相似性，因为两人在感到受到威胁时都会退缩。尽管玛丽安让卡伦受到伤害、感到失望，但她的职业成就还是让卡伦感到自豪，并认为她的女儿是"一个非常好的母亲"："真的，比我好100倍。她对待我，就像对待一把扫帚，但对她的孩子们却充满了爱和友善。"

1　1945年12月14日，霍妮写给布丽吉特的信。布丽吉特把她母亲从1945年到1951年写给她的50封信交给了她的朋友格尔德·霍斯特·海尔达尔，后者很友好地向我提供了副本。霍妮在写信时只标记了月和日，其中35封信件的年份是根据布里吉特确定的，15封信件未能确定年份。我试图通过结合内部和外部证据的方式，提供、纠正或确认所有信件的年份。后文将进一步引用这些信件，我将在括号中给出日期，但请读者理解，这些日期并不是十分确定的。这些信件都是由克里斯塔·佐恩-贝尔德翻译的。这些信件的影印件可在霍妮文件中找到。

（1947 年 10 月 8 日）

卡伦去世后，玛丽安依然对卡伦作为一个母亲、一个领导者和一个理论家持批评态度，但在美国学院关于霍妮的特别会议上（1975年）。她承认，"在过去的十年里，通过日记和与我的姐妹及同事的谈话，我发现了这样一个人，她魅力十足，令人钦佩，但我没能了解这样的她"。她告诉杰克·鲁宾斯，这些日记记录了一个"我不认识的卡伦·霍妮，她感情充沛、热情奔放、情绪充满起伏"，与自己进行"生动的对话"。她的母亲是"一个温暖、脆弱的人"，"害怕与其他人接触"，"但有一个真正自发性的核心"，"她很快乐，很热情"。在与我的谈话中，玛丽安认为她母亲"适应童年处境的方式十分了不起"，并希望我不要把卡伦描绘成一个"自我折磨的人"，除非同时把她描绘成一个"热情奔放、敢于质疑、充满创造性、善于探索的人"。[1]

雷娜特也认为她的母亲虽然饱受折磨，但十分了不起，她的童年问题、深度抑郁和神经症倾向让她对人类心理学有了深刻的理解。而且，和玛丽安一样，雷娜特提醒我注意，尽管卡伦的生活磨难重重，但她"总是积极面对，懂得享受生活的乐趣"，是一个"喜欢冒险、旅行和学习新事物的人"。

玛丽安和雷娜特都认为，她们的母亲过于拘谨克制，所以她们并不真正了解她。"母亲爱我，喜欢我，"雷娜特说，"但我们从来没有

---

1 玛丽安并不认同她母亲的精神分析理论，她觉得霍妮的神经症类型学和她理想的自我实现"将普通的存在病理学化"。她更倾向于采用现象学的方法，将人们的应对模式看作根据他们的生活状况做出的反应。她的文章《超脱的人：现象学偏见讨论》（1960）、《生活是一场杂耍：我们关于正常和发展的概念到底是迷思还是现实？》（1978b）阐明了她的方法与她母亲的方法的不同之处。

亲近过。"母女俩在芝加哥生活的第一年就很痛苦，但"我们并没有坐下来谈谈，而是做了错误的决定，那就是把挫折留给自己"。她们"一起在墨西哥度过了许多个漫长的夏天"，卡伦给了雷娜特精神上的支持，但"她很少谈论自己，也从不谈论她自己的情感问题"。卡伦的拘谨克制让雷娜特在童年时并没有"意识到她父母之间紧张的关系"，"他们隐藏得很好"。她了解到她母亲的风流韵事后，感到很惊讶，就连得知她与弗洛姆和凯尔曼的关系后，她也很诧异，尽管她曾多次看到这两人与她母亲在一起。

尽管卡伦很拘谨克制，但她对雷娜特很热情、很支持。她为帮助雷娜特和她的家人在 1938 年离开德国做出了巨大努力，她也十分同情雷娜特的不幸婚姻。雷娜特的丈夫弗雷迪（Fredy）是个"刻薄的虐待狂，脾气暴躁"，雷娜特经常被他的怒火"击垮"。雷娜特觉得母亲可以完全理解自己的处境，部分原因是她看到了她自己病态依赖性的重复。卡伦让雷娜特畅所欲言，敦促雷娜特不要失去自发性，并试图让雷娜特感到"我还是'我'"。她也试图在墨西哥期间为弗雷迪提供心理咨询。

卡伦来到墨西哥不仅是为了玩，还为了工作，她制定了一个固定的时间表，上午写作，下午绘画、探险和进行家庭活动。《我们的内心冲突》主要是在此期间写成的。1949 年，卡伦为雷娜特在库埃纳瓦卡买了一栋房子，她在那里有自己的房间。遗憾的是，她并没有从这所房子里得到多少乐趣，只在 1950 年圣诞节时去过一次。卡伦去世后，雷娜特拥有了这所房子和她从母亲那里继承的钱，这为她下决心离婚提供了底气。

雷娜特称，她和母亲的关系很好，但不是亲密无间，"她在我需要帮助的时候帮助我，总是关心我"。卡伦"在晚年才开始欣赏玛丽安这个人"，但"从来没有理解过她"。雷娜特和玛丽安在成长过程中都认为布丽吉特是母亲的最爱，而卡伦对她的长女的喜爱在战后更加强烈。雷娜特将她母亲后来与布丽吉特的关系描述为"迷恋"，有一些在纽约看到她们在一起的人作证说，卡伦很喜欢布丽吉特，很乐意和她在一起。她在 1945 年至 1951 年间写给布丽吉特的信显示了母女之间浓烈的依恋之情。

卡伦离开德国后，她和布丽吉特在卡伦频繁的欧洲之行中见面，但在战争期间，她们既不能见面也无法通信。1942 年或 1943 年，布丽吉特患上了膝关节结核，去瑞士接受治疗。大约一年后，她完全康复，可以回到柏林，但在战争即将结束之时，为了躲避即将到来的苏联人，她又回到了瑞士。她与母亲的通信于 1945 年恢复，她当时待在达沃斯的沙茨拉普疗养院里。卡伦的早期信件中充满了对布丽吉特健康的关切，对她所受考验的同情，还给她提供了经济援助。她在信中向布丽吉特诉说着她强烈的思念，但她们直到 1948 年 4 月才再次见面，当时卡伦飞往瑞士，她们在沙尔多讷（Chardonne）一同待了三个星期。

卡伦写给布丽吉特的信向来充满感情，而在布丽吉特于 1946 年成功回归演艺界后，她的热情明显又升级了，"你真是个了不起的人！你让我感到非常自豪"（2 月 22 日）。卡伦询问布丽吉特的工作情况，表示希望看到相关评论，并欣赏她作为演员的"美妙天赋"（12 月 5 日）。她去看了布丽吉特的电影，并在信中赞赏她的艺术成就。

在她们重逢之前，卡伦的信中充满了对布丽吉特的渴望。她憧憬着自己和布丽吉特在日内瓦下飞机后"冲向对方的怀抱"。据格尔德·海尔达尔说，布丽吉特也怀有同样的期待。显然，她们觉得这次重逢正是她们梦寐以求的，"对两人来说，这是一个最美妙的夏天"。

雷娜特觉得布丽吉特是她母亲的"唯一挚爱"。在第一次重逢之后，卡伦的信中常常有一种情人般的感觉。她对布丽吉特的渴望是"无法形容的"，"每次看到卷发夹子，我都会想到你。还有那口煮沸的锅！还有那条美丽的蓝围巾！还有体操表演"（1948 年 6 月 8 日）。她们试图靠着回忆两人在一起时的"真正快乐"来保持充沛的精力。布丽吉特回信变慢时，卡伦恳求她："你知道我不是在抱怨，但有时人是非常孤独的，而你隔三岔五的来信对我来说意义非凡。求你了，求你多写点。"（1948 年 10 月 30 日）

卡伦在收到布丽吉特的回信后，对她赞不绝口，"你在演戏，而且很开心，这真是太好了。你是一个相当了不起的人"，她开始计划她们的下一次夏季会面。她想，她们可以在水上建一座房子，科斯塔亚（布丽吉特的丈夫）可以去钓鱼，"我们俩打扮得漂漂亮亮，去游泳。我们会做最美味的食物！！你觉得怎么样？！我觉得这像是一个天堂。吻你，我的宝贝"（1948 年 10 月 31 日）。1949 年夏天，卡伦至少有一部分时间是和布丽吉特在马焦雷湖附近的一个村庄度过的。1950 年 1 月，她写道，她"因为阿斯科纳（Ascona）而兴奋得失去了理智"。我们知道，她在那里度过了 1950 年和 1951 年的夏天，布丽吉特也常常忙里偷闲，前去和母亲团聚。

在这些年里，卡伦的信件总是带着情人般的感觉。布吉是卡伦

"可爱、美丽、心爱的羊驼"（1950 年 1 月 11 日），"羊驼"是一个小名，来自卡伦送给布丽吉特的一件毛衣（双方互送了很多礼物）。1950 年 8 月 1 日，卡伦希望在离开瑞士之前，能再次见到"亲爱的人"，得知她的"心爱的"女儿"竟然能来！！"（8 月 16 日），她感到"无法形容的美妙"。回到纽约后，卡伦写道："我心爱的布吉，啊，我的生命，我多么的渴望你！"（9 月 22 日）一想到要再次见到布丽吉特，她就"欣喜若狂"（12 月 27 日），随着她动身去欧洲的时间临近，她又不安地求得保证："你爱我吗？"（1951 年 6 月 28 日）

1950 年夏天，卡伦与艾里希·马里亚·雷马克重修旧好，他也是布丽吉特的朋友，十多年前曾是卡伦的患者和情人。他住在卡伦和布丽吉特在马焦雷湖边租的房子附近，在布丽吉特不在的时候前来拜访。雷马克似乎与这两个女人都有过恋情，每个人都准备把他让给对方。卡伦觉得如果雷马克"能和布丽吉特结婚，就是他能做的更好的事情了"，而且"我们三个人相处那么融洽，真是不可思议"（1950 年 10 月 1 日）。1950 年底，雷马克来到纽约后不再给布丽吉特写信，这让布丽吉特感到不安，认为他可能最爱的是卡伦。她可以理解这一点，谁会不理解呢？毕竟卡伦是这样一个美妙的人。

布丽吉特于 1951 年 12 月 10 日抵达纽约，陪卡伦度过了生命中的最后一年。这是母女俩的共同心愿。根据海尔达尔的说法，布丽吉特和科斯塔亚离婚后，还剩下一种爱，即对她母亲的爱。她虽然也有朋友，但她与卡伦的关系是独一无二的。"你知道我们是多好的朋友，妈妈和我。除此之外，我们之间还有伟大的爱。另外，我为她自豪，这个美妙的人。每当她离开时，我都很难过。我们只是站在那里，凝视着对方，我感觉她就要消失了。她也有同样的感觉。于是我就去看她。我有种感觉，是时候了。我们在一起度过了美好的一年。"卡伦和布丽吉特在纽约州的拉伊市买了一栋房子，她们在那里度过周末，1952 年夏天她们去了日本旅行。

"母亲和布丽吉特是一对幸福的情侣，"雷娜特写道，"没有人比布丽吉特更适合照顾她，为她操心；布丽吉特喜欢扮演鸡妈妈的角色。"她们"都喜欢美食和美酒，喜欢才华横溢的朋友，而且都有同样的讽刺幽默"。卡伦与女儿在一起的一年对她来说是"最美妙的时光"。卡伦去世后，布丽吉特非常想念她的母亲，觉得她失去了最好的朋友。海尔达尔说，布丽吉特来到挪威访问时，随身携带着她母亲去世时收到的吊唁信，经常在睡前阅读这些信。

我们该如何解读这种关系呢？这两个女人在性格上似乎很相似。海尔达尔描述的布丽吉特是一个骄傲敏感的女人，她很少与他人推心置腹，十分记仇。她是一个喜怒无常的人，她会当着别人的面发火，伤害别人，然后又会感到抱歉，请求原谅。她是一个浪漫主义者，一直在寻找理想的幸福和永恒的爱情。她慷慨大方，乐于助人，关心他人，能够体谅他人的弱点和困难。尽管卡伦似乎没有通过请求宽恕来承认自己的过错，但对布丽吉特的其他描述都很符合卡伦。

海尔达尔是布丽吉特的亲密朋友和崇拜者，她的描述难免片面。她把布丽吉特描绘成一个谦虚、和蔼、迷人的人，关心他人的幸福。然而，别人口中的布丽吉特是个"难相处、任性和固执"的人，"非常强硬"，喜欢讽刺别人。布丽吉特取代了格特鲁德·莱德勒－埃卡德特，成为卡伦的头号伴侣，后者口中的布丽吉特是"一个魔鬼，非常自我、强势、专横"。有人也把卡伦描述为类似的人，尤其是在研究所的政治斗争方面。布丽吉特"在你身上碾过"，雷娜特说，"粉碎你，就像一辆坦克"。她性格中的这一面很早就显示出来了，从她对玛丽安的行为中可见一斑。她来到美国后，对她的母亲表现出强烈的占有欲，赶走不少卡伦的朋友，阻止她们到医院看卡伦。据凯蒂·舒格曼（Katie Sugarman）说，卡伦临终时，布丽吉特甚至试图拒绝医生查看卡伦。她允许卡伦当时的情人前去探望，但据雷娜特说，"这种情形让她很生气"，也许是因为她觉得他是个对手。

布丽吉特和卡伦都有着复杂的性格，有着类似的特质和内心冲突，我认为她们的心理吸引力与她们之间的关系密切相关。她们互相进入对方的感情时，有一种深刻的、毫不费力的默契。她们都是矜持的女人，很少分享自己的感受，但她们向对方敞开了自己的心扉，也许比对其他任何人都多。卡伦收获了她出色的女儿的宠爱，因此缓解了她对失望、被抛弃或自尊心受伤的恐惧，她放心地让布丽吉特进入她的内心生活。布丽吉特非常珍惜她的特权地位，不想与其他人分享。卡伦于 1950 年在库埃纳瓦卡写道，虽然在雷娜特家一切都很顺利，但"和你我在一起时就是不一样。我的意思是没有真正的紧密关系。嗯，我们的关系确实是世间罕见的"（12 月 27 日）。

卡伦在布丽吉特身上不仅发现了自己的影子，而且还发现了一种补偿。布丽吉特帮她实现了早年从事演艺事业的梦想，而且布丽吉特人格中的许多方面也是卡伦所珍视的。正如雷娜特所观察到的，卡伦总是感到不安，觉得自己不可爱，而自信的布丽吉特却有不少裙下之臣。卡伦钦佩布丽吉特的"魅力、机智和无情，以及她那超强的个性"。她的母亲"希望自己",雷娜特说,"能够像布丽吉特那样坦然自信",她猜测布丽吉特是卡伦的"理想化形象"。

也许对卡伦来说,布丽吉特是她渴望与之融合的伟大人物,也是希望被其肯定的人。她仰视布丽吉特,听从她的安排,高兴地允许自己被其支配;我们必须记住,布丽吉特与卡伦的一些情人同龄。卡伦的"自卑一面在布丽吉特身上体现出来,她按布丽吉特的要求去做"。据海尔达尔说,布丽吉特有时觉得她的母亲是这段关系中的孩子。在写给布丽吉特的信中,卡伦的语气常常像一个依恋的、思念的情人。布丽吉特作为一个演员的成功一下子给了她一种崇高的魅力,也满足了卡伦的自豪感,因为这个名人是爱她的女人,是她的女儿。在卡伦写给布丽吉特的信中,我没有发现嫉妒或竞争的感觉,她只是单纯对布丽吉特的成就感到高兴。卡伦的回应是母亲对孩子的骄傲,因为孩子的荣耀归功于她,还有一部分是因为爱人的伟大而感到喜悦。

尽管卡伦有时似乎是情感上更依赖的那一方,但我们必须记住,她和布丽吉特共享一种互惠的关系,在这种关系中,两人都爱慕和思念对方,两人都通过自己的爱慕来满足对方的骄傲。卡伦喜欢别人的崇拜,女儿的赞美无疑让她陶醉;布丽吉特的崇拜更具意义,因为卡伦敬佩她。她们都是有天赋、有野心、有魅力的女人,都以自己希望的方式看待对方。"来自母亲的赞美,"海尔达尔写道,"总是让布丽吉特非常高兴。"也许卡伦喜欢被她的女儿支配,因为这表明她的重要性,而布丽吉特则满足了长期以来的愿望,成为卡伦关注的中心。两人似乎都在对方身上找到了自己所寻找的灵魂伴侣。

雷娜特认为,卡伦写给布丽吉特的信表明,她和玛丽安被视为

"闯入母亲和姐姐的私密小团体"的人，就像卡伦感到被排斥在桑妮和贝恩特的小团体之外一样。事实上，布丽吉特很欣赏桑妮，她说桑妮活泼、聪明、漂亮、机智。外祖母和外孙女有很多共同点，她们都是美丽、跋扈和自我欣赏的女人。卡伦和布丽吉特在一起很开心，因为在布丽吉特身上，她终于找到了一个可以欣赏她的桑妮，一个只看重她、只和她亲密接触的桑妮。也许布丽吉特的爱抵消了桑妮对卡伦的拒绝，并证实了卡伦是她自己需要成为的非凡人物，帮助卡伦摆脱她的自我憎恨。当然，这也是卡伦早期幻想中那个伟大男人所扮演的角色。

第二十四章　卡伦·霍妮的多面性

　　卡伦 21 岁那年请求奥斯卡帮助她，因为她"在一个特殊的迷宫中徘徊"，在这个迷宫中，她看到"到处都是自己的照片，但每张都那么不同"（《青春期日记》，187）。两个月后，她抱怨说，"我身上有那么多截然不同的侧面，每一面都是那么强烈，根本无法和平共处"。我们对霍妮晚年的印象表明，尽管她变得更加快乐和高效，但她仍然充满了矛盾和冲突，这些矛盾和冲突扰乱了她的人际关系，妨碍了她内心的平静。

　　卡伦告诉奥斯卡，尽管她很痛苦，但她可以"在忘我的快乐中整夜跳舞"（《青春期日记》，186）。她在晚年的时候也是如此。朋友和同事们形容她"快乐""活泼""愉悦""容光焕发""热情洋溢"，拥有"强大的生命力"。丽塔·霍洛特－韦尔特写道，卡伦充满了"与众不同的、孩子般的好奇心，惊讶时甚至会忘了呼吸，至少，她看起来彻底享受了生活的乐趣"。霍洛特－韦尔特似乎对这种表象有些怀疑，而且，事实上，有证据表明，卡伦的生活乐趣与萎靡不振并存，就像早些年那样。

尽管霍妮获得了成功，也找到了乐趣，但她仍然患有抑郁症，不过，症状不像她年轻时那样严重，也没有使她丧失能力。据哈罗德·凯尔曼说，她忍受着相当大的精神痛苦，经常处于"痛苦不堪"的状态（学院档案）。玛丽安观察到，她母亲"优雅热情的外表下是她内心的汹涌动荡"（学院档案），她"没有像她可能的那样享受生活"，因为"她对自己的评价太差了"；她"觉得自己很膨胀，很糟糕"。

周围人的观察揭示了霍妮的许多矛盾之处。有些人将她描述为"无情的、愤世嫉俗的、脆弱的"人，是一个对"性和温柔"有强烈需求的女人，她需要"一个充满活力的、能与之发生冲突的男人"。虽然她表面上是傲慢的，但"傲慢的背后是空虚"，因为她没有安全感，"需要有人在她身边"。"她可以是傲慢冷漠的，但也可以是非常热情、自发和直接的。"虽然有些人认为她"真的很害羞"，但其他人说她有一种讽刺性的机智，说话很尖刻，而且很好斗。她是一个"坚强的人"，有"巨大的野心"和"对成为明星的巨大渴望"，但她不愿意直接行使权力，而是选择代理人来吸收可能针对她的敌意。虽然她的工作似乎是最重要的，但她也在拼命地寻找安慰和爱，为了得到这些，她的行为有时很极端。她需要朋友和恋人，但常常残酷地对待他们。

玛格丽特·米德将霍妮描述为具有"治疗性人格"的人，但其他人则认为她"冷漠、疏离、只顾自己"（哈里·格什曼，学院档案），并抱怨说她表现得很有同情心，但实际上并非如此。霍妮在金钱和情感支持方面都很慷慨。她的钱除了用在房子、美食和旅行上外，还资助了许多人，其中包括她的女儿们、奥斯卡·贝恩特的遗孀，以及丽塔·霍洛特–韦尔特——在其刚到美国的时候，她每月给她七十美元的零用钱。

虽然霍妮的个性的各个方面都令人困惑，但她的作品可以帮助我们梳理出我们对这个女人的看法（当然，我并不是说霍妮或其他任何人都可以严丝合缝地被纳入她的临床类别中）。在《我们时代的神经症人格》和《自我分析》中，她关注的是神经症的情感需求、神经症的野心，以及两者之间的冲突。相关传记材料表明，这就是霍妮自己的基本冲突。她还提到了退缩，但没有提供关于这种防御的扩展讨论。疏离的倾向也是她个性中最强烈的一面，她在后来的书中对这一点给予了相当的关注。我们已经看到了她对爱和掌控的需求的证据，但她的疏离感需要进一步讨论。

"我的母亲是个什么样的人？"雷娜特在她的回忆录中问道，"她的日记让我们对她的内心有了初步的了解。从外表上看，她仍然是那种永远神秘、冷漠、经常讽刺他人的个性。她忠实于她在 17 岁时写的那首诗，她说：我把手指放在嘴唇上，保持沉默、沉默、沉默。你对陌生人敞开心扉，他们就会对你推心置腹吗？"可见，卡伦不仅对陌生人，而且对关系密切的人也隐藏了自己的内心。玛丽安认为她有"令人难以置信的内在独立性"，而且她的"拘谨程度可能在逐年递增"（学院档案）。

许多人对霍妮的疏离感进行了评价。格特鲁德·莱德勒–埃卡德特觉得"她生活在壳里，她身上有某种不可接近的东西"，莱德勒–埃卡德特之后，卡伦的好朋友是玛丽·李维，她说，她"总是在她身上感觉到疏远"。她观察到，霍妮不想与她的年轻恋人过度接触。据旺达·威利格说，霍妮"不想让人接近"，梅达·博斯（Medard Boss）记得她是"一个成熟的女人，很有魅力，但总是很冷漠"。霍妮非常需要朋友和情人，害怕孤独，但她极其重视隐私，需要与他人保持距离。杰克·鲁宾斯认为她常常"为了一些小事和朋友绝交，没有悔意或遗憾，绝不回头"，这其实是对"容易受伤的自尊心或分离后的孤独感"的一种超然防御。

玛丽安观察到，她的母亲是"她自己最好的朋友"："她并不与他人深层互动，更喜欢自我对话，首先是在她的日记中，然后是在她给奥斯卡的信中，然后是在她的散文和书籍中。"她的写作是"她感到最自我和最有活力的地方"。每个人都有"疑虑和不安全感"，雷娜特指出："母亲对这些疑虑和不安全感比大多数人更诚实。她在写这些东西的时候是诚实的，但对其他人隐藏了它们。"玛丽安一直不鼓励人们为她的母亲写传记，理由是资料很少，因为很少有人在公众或外在形象之外了解她。然而，正如她所建议的，她母亲的写作就是她与自己的对话，我试图证明，我们可以从卡伦·霍妮的文章和书籍中获取大量信息。

在口述历史的录像中，哈罗德·凯尔曼认为卡伦有"最强大的内向性"。据凯尔曼说，她的"早期生活环境迫使她转向内心，开发自身的资源"。她是一个"有决心的、聪明的孩子"，她越来越多地生活在内心的世界里，书本的世界里，学习的世界里，最终是创造性活动的世界里。这也是一个充满想象力的世界，她在那里给自己讲故事，玩娃娃，她在成年后仍然保留着收集娃娃的爱好。"玩偶、动物和想象力都很好"，凯尔曼说，因为"它们不会伤害你"（学院档案）。霍妮对她的狗布茨基的依恋和纵容广为人知。她喂它吃牛排，甚至在有访客的时候，允许它在地板上大小便。格特鲁德·魏斯抱怨说，"她从不惩罚它，她的公寓里充斥着狗的味道，它是她永远的伙伴"。当我们回忆起卡伦曾想过应该嫁给汉斯还是应该养狗，凯尔曼的评价表明，布茨基是与人建立更有威胁的关系的替代品。

根据凯尔曼的说法，正是霍妮的内向性导致了许多人观察到她的冷漠、疏离和神秘。正如我们所看到的，"她十分痛苦，但把痛苦藏在自己的心里，不与人交流"，除非以伪装的形式，在她的精神分析作品中向读者吐露。人们对于霍妮晚年对禅宗的兴趣有很多猜测。她于 1952 年前往日本，在铃木大拙的指导下学习。凯尔曼认为，她"对禅宗寺院的参观让她深受触动"，因为"内省和静修在那里已有千年传统"（学院档案）。

我想，正是霍妮的疏离感引领她进入精神分析领域。她的内省气质和对自我观察的热情在她的日记中随处可见。17 岁的时候，她写了一篇题为"我自己"的长篇文章。"我真的不应该读任何东西，"她开篇写道，"应该只读自己。因为我的生命中只有一半在生活，另一半在观察、批评、讽刺。"（《青春期日记》，57）在下一页，她说被拒绝参加动物解剖课，"应该换一下：我想把自己拆成碎片。这可能会更困难，但也更有趣"。她的作品是她一生中自我解剖的记录。她问题重重的童年迫使她采用疏离的防御手段，这种防御手段虽然破坏了她的人际关系，却促进了她的洞察力。她不仅能看透别人，也能看透自己，她为此感到自豪。正如她对疏离类型的人的分析所显示的，她也看透了她对自己洞察力的骄傲。

第二十五章 "伟大的天赋，巨大的缺点"

哈罗德·凯尔曼将卡伦·霍妮描述为一个拥有"强大的生命力、惊人的智慧、伟大的天赋、巨大的缺点"的人（学院档案）。多年来，通过她的书，我的脑海中曾经勾勒过她的形象，她是一个明智的、仁慈的、愿意支持他人的女人，在解决了自己的问题后，可以自由地帮助他人了。她对自我实现的概念有一种似乎来自经验的权威性。不过，先是杰克·鲁宾斯的传记，然后是苏珊·奎因的传记，现在是我自己的研究，这些资料一点一点地改变了我对霍妮的印象。她是一个饱受折磨的女人，有许多强迫症和冲突，违反了职业道德，人际关系也并不融洽。

在对苏珊·奎因传记的评论中，精神分析学家爱德华·克莱门斯（Edward Clemmens）担心，那些认为霍妮的行为是"丑闻"的人可能"希望摒弃她的思想"。他把那些被霍妮的行为所困扰的人描述为清教徒，认为当我们面对"霍妮这种级别的人"时，把这种行为称为病态是不合适的。在我看来，被霍妮的行为所困扰，甚至认为是病态的，并不意味着摒弃她的思想。然而，我和克莱门斯的担忧一样，霍妮对精神分析理论的贡献长期以来一直遭受着不公正的冷遇，我担心，人们的脑海中只会留下她的故事中比较耸人听闻的部分，并借此再次否定她。虽然她是一个饱受折磨的人，有着明显的性格缺陷，但霍妮也是一个英雄般的人物，她寻求自我真相的勇气，让她对人类思想做出了重大贡献。她的优点和缺点是密不可分的。正如凯尔曼所说，"尽管自身问题重重，她仍然在创造；因为自身问题重重，所以她创造；借由自身问题重重，她才能创造"（学院档案）。

如果没有深入审视自己的需要，我们就无法获得深刻的心理认知。如果没有经历过困难，霍妮的洞察力从何而来？她是一个曾深陷重重困难的人，但她用创造力救赎了过往的经历。由于过往受到过的伤害，所以她不是一个容易了解或成为的人，但如果没有这些创伤，她就无法做出这样的贡献，或者会做出迥然不同的贡献。

如果没有神经症，霍妮可能无法获得她的洞察力，但她的神经症是否影响了她的洞察力？可以肯定的是，她的人格障碍有可能削弱她作品的价值，可能限制她的观察视野，以至于无论她的洞察力多么敏锐，都缺乏广泛的适用性。或者，她可能会执着于某个特定的问题，并无休止地绕着这个问题打转。她的问题在她思想的每个阶段确实都是可以识别的，但她不断地从不同的角度审视这些问题，她坚持不懈的努力，让她的理论与越来越多人产生了共鸣。很少有人和霍妮有相似的生活经历，但许多人都表示，他们在她的书中看到了自己。霍妮通过对自己的坚定探索，接触到了广泛的人类行为模式。和所有思想家一样，她难免受到了自身气质、经验和盲点的限制，但她的理论对人类经验中的许多东西都有非常好的解释。霍妮的问题对其理论构成的最大危险是，她会把自己的神经症合理化，从而创造一个符合她自己的防御策略的健康定义。在我看来，霍妮并没有这样做。

我们很容易找到霍妮对神经症理解的来源，但很难看出她从哪里获得她的健康观。我不得不假设，在卡伦·霍妮的众多侧面中，有一个自我实现的侧面，她的精神分析和自我分析不仅帮助她克服了一些障碍，而且帮她接触到她所谓的"自发性个体自我"。

玛丽安曾经谈到她母亲"与生俱来的、不畏艰险地解决内心问题的能力"（学院档案），爱德华·克莱门斯觉得霍妮"很特别，因为她对自己非常诚实"。我认为，尽管霍妮有疏离和否认的习惯，也有自身的盲点，但她对自己非常诚实。她不断地分析自己，发展自己的理论，因为她认识到自己虽有严重的问题，但也有健康的愿景。玛丽安认为，她的母亲经常不必要地折磨自己，"因为她用自我实现的理想标准来衡量自己"（学院档案）。事实可能确实如此。在《神经症与人的成长》中，霍妮观察到，一个人在治疗中取得很大进展后，会出现一种倾向，即形成一种理想化形象，认为自己是一个完全健康的人，如果未能达到这一形象，就会憎恨自己（356—362）。她可能是在借鉴自己和她的患者的经验。如果这种描述属实的话，这种神经症倾向的价值在于激励她对自己的问题进行"不屈不挠的斗争"，防止她像她在早期的一些文章中那样将自己的病态正常化。

我相信，霍妮为我们提供了一个令人钦佩的健康愿景，不过，如果我们把其变成她所说的"应该"，即强求我们达到自己的理想化形象，这种神经症要求就会对我们造成伤害。"自我实现的理想准则"是可怕的，也是具有破坏性的，因为我们一旦达不到标准，就会感觉自己一无是处。虽然霍妮可能并不总是能够遵循她自己的智慧行事，但她告诉我们，如果我们想要改变，就必须接受自己，自己的防御和自己的全部。

即便我们同意霍妮的健康观，我们仍然可以说，一个内心如此动荡的人不可能是一个可靠的观察者。我无意宣称霍妮是绝对客观的，没人是绝对客观的（她第一个指出，我们的防御会影响我们的感知和信念），但她在《最后的演讲》中所做的区分，提供了一个有用的视角。霍妮在试图阐明抵抗的概念时，区分了"困难"和"防御"。患者不仅带着他的困难来找精神分析师，而且还带着"他为保护这些困难而设置的防御"（79）。他不愿意"完成所有必要的步骤来达到自我理解"（70），而是通常"希望维持现状"，或者，更好的是，改善他的神经症的功能，以便摆脱"其带来的干扰"（73）。霍妮的"理想患者形象"是这样的："带着他所有的困难前来"，渴望了解这些困难；他"自觉或不自觉地隐瞒了一些事情"，但在精神分析师指出时，他能够承认；他想了解他不快乐、没有效率或没有创造力的原因，真正想解决他的问题。这种患者的态度是："不管是地狱还是天堂，我想知道我是谁，我在做什么，以及我如何能改变不理想的地方。"

我怀疑霍妮自己也是这种患者，无论是面对她的精神分析师，还是当她试图治愈自己的时候，至少在某些时候是这样的。她也有自己的困难，但她有强烈的决心去理解和摆脱这些困难。这种决心造就了一种几乎无情的自我诚实，她知道这是真正洞察力的代价。当然，她诚实的决心并不总是最重要的，也没有让她立即甚至最终获得关于自己的全部真相，但我觉得她比我们大多数人更不倾向于为自己的困难辩护。这种不为自己辩护的相对自由让她在痛苦中继续寻求自我理解，在此过程中，她看到了比她能补救的更多的东西。

尽管霍妮的困难一直存在，但她坚信心理变化的可能性，从未放弃过为成长而进行的斗争。也许部分是出于一种防御，她为这种斗争本身而喝彩。在《自我分析》的结尾，她承认我们将永远有未解决的问题，但她并不是"以认命的态度"这么说的，而是认为"关于人类已是成品的想法"不仅"专横"，而且"缺乏强烈的吸引力。生命是挣扎和奋斗，是发展和成长"。精神分析的积极成果固然重要，但"奋斗本身也具有内在价值"。她以《浮士德》的一句话为这本书收尾："凡是不断努力的人，就有望得到救赎。"她的观点不是一种肤浅的乐观主义，常常有人指责她的这种乐观主义——而是一种决心，尽管一再失望，仍要继续努力。

尽管霍妮远未实现她自己的健康观，但她自身就是一个鼓舞人心的、不屈不挠的榜样。她的努力并非徒劳。虽然有些问题她永远无法解决，但她从另一些问题中得到了解脱，而她敢于面对自己的勇气就是她洞察力的主要来源之一。

玛丽安对杰克·鲁宾斯说的一句话不失为一个精彩的总结："也许可以这样说，她把她所有的创造性能量都倾注在工作上，倾注在寻找上，部分是真正的创造性努力，部分是为了拯救，而且是创造性的拯救，从人际关系困难中脱身的拯救。她是一个深陷重重问题的人，但她找到了一种成功的、令人满意的创造性生活方式。她总是希望她的作品能够为她发声，证明她不虚此生。我深以为然。"

我也深以为然。现在让我们看看霍妮最重要的作品。

第五部分　霍妮的成熟理论

　　霍妮的成熟理论中的许多元素都存在于她早期的书中。在《我们时代的神经症人格》中，她讨论了人们应对基本焦虑的两种策略——逐爱和求权，还提到了第三种策略——疏远，并在《我们的内心冲突》中详细论述了这一点。《精神分析新法》中关于自恋和完美主义的内容在《神经症和人的成长》中作为主要防御手段再次出现。在《我们时代的神经症人格》与《精神分析新法》中，霍妮还介绍了她后来所说的心理内部策略，如自我膨胀、自责、过度遵从内在标准以及神经症内疚和痛苦。她在《自我分析》中列出的十种神经症倾向包含了各种各样的人际关系和心理内部策略，这些策略在她的成熟理论中进一步系统化。

　　霍妮理论朝着更广泛的包容性、更复杂的分类法，以及对每个解决方案更全面的阐释发展。在《我们的内心冲突》和《神经症与人的成长》中，她将策略归纳为人际关系防御和心理内部防御两大系统。她还描述了伴随每一种策略的性格特征、行为和信念，展示了防御和内心冲突是如何构成复杂和无限变化的性格结构的。

由于霍妮的思想在后期仍在不断发展，她的最后两本书之间存在着巨大差异。在《我们的内心冲突》中，她关注的重点是我们与他人的关系，而在《神经症与人的成长》中，则是我们与自己的关系。在《我们的内心冲突》中，她解释了我们对人的强迫性举动是如何引起内在冲突的，这些冲突有可能让我们瘫痪或分裂。这些相互冲突的防御策略造成了相互矛盾的性格特征、行为和信念，以及对自己的矛盾态度。为了应对我们的冲突，我们让其中一个策略占主导地位，压制其他策略。此外，我们试图使自己与内心的动荡保持距离，将我们的问题外部化，并形成一种理想化的自我形象，在这种形象中，矛盾倾向被协调和美化为丰富人格的组成部分。

在《神经症与人的成长》中，霍妮关注的重点是自我理想化的心理后果。当我们开始寻找荣耀，试图实现我们自己的理想化形象时，我们会发展出一套心理上的防御措施，霍妮称之为骄傲系统。我们对世界提出神经症的要求，对自己强加暴虐的"应该做什么"，并对我们理想化自我的想象属性感到神经质的骄傲。尽管骄傲系统是由人际关系中的干扰引起的，但它发展出了自己的动力。由于我们不能达到我们的要求，而世界又不尊重我们的要求，我们认为自己软弱、一无是处、无助和有缺陷的感觉就会加强。为了应付这些感觉，我们进一步想化自己，继而导致了更多的自我憎恨，然后再进一步理想化自己，循环往复。我们不仅创造了一个理想化的形象，也创造了一个被鄙视的形象，我们的感觉在像神一样无所不能和像蝼蚁一样一无是处之间摇摆不定。

霍妮警告说，不要"片面看重心理内部因素，或片面看重人际关系因素"，她认为，神经症动力可以被理解为"仅是一个过程，在此过程中，人际关系冲突导致了一种特殊的心理内部构造，而这种构造又转过来依赖并修改了原有的人际关系模式"。在《神经症与人的成长》中，她却无视自己的警告，过分强调心理内部因素，但她在讨论主要解决方案时成功地将人际关系和心理内部结合起来。在我对她的理论的介绍中，我将遵循她对这两种防御方式之间关系最均衡的描述。

霍妮在《我们的内心冲突》中称主要的解决方案为顺从、攻击和疏离，这种分类主要从人际关系的角度进行描述，而在《神经症与人的成长》中，她将人际关系和心理内部的关系结合起来，称其为自卑、扩张和逆来顺受。这两组术语显然是重叠的，经常可以互换使用。在《神经症与人的成长》中，霍妮讨论了造成每种解决方案发展的典型童年条件，从而将这些解决方案固定在受干扰的人际关系中，她还具体说明了每种解决方案所引起的不同类型的理想化形象、要求、应该（should）、骄傲和自我憎恨。尽管《神经症与人的成长》吸收了《我们的内心冲突》的主要观点，但由于其对人际关系策略的详细描述以及这些策略之间的冲突，前者仍然是不可或缺的一本著作。

虽然霍妮讨论了导致采用特定解决方案的各种早期经历，但她的成熟理论在本质上主要是共时的，关注现在的。个人行为的每个方面在当前心理结构中的功能都是有意义的。可以肯定的是，这种结构有一个进化过程，但我们可以在不了解其起源的情况下通过检查其组成部分之间的相互关系来进行理解。霍妮的共时性方法在解释成年人的行为方面有一种奇妙的力量，因为我们可以了解他们的当前信息，即便对他们的童年知之甚少，甚至一无所知。

在《精神分析新法》中，霍妮开始将神经症的核心特征视为因父母的压迫而被"扭曲"的"自发性个体自我"，而治疗的目的是"恢复自我，重拾自发性，在自己身上找到生活重心"（11）。霍妮在《你能表明立场吗？》（"Can You Take a Stand?"，1939a）中引入了"真实自我"这一术语，并在《自我分析》（22，290—291）中再次使用这一术语，在那里她第一次写到"自我实现（self-realization）"。她在《神经症与人的成长》一书中，首先区分了健康的发展和神经症的发展，前者是个人能够实现自己的潜能，后者则是疏远真实自我。这本书的副标题是"自我实现的斗争"，她的真实自我概念当下是她的健康和神经症概念的基础。

但正如霍妮自己承认的那样，真实自我是一个难以捉摸的概念（《神经症与人的成长》，368）。她的作品中并没有对真实自我进行持续的讨论，尽管有一些关于它的有用的陈述，而且她的自我实现的概念在很大程度上是从她对自我异化的描述中推断出来的。幸运的是，亚伯拉罕·马斯洛（Abraham Maslow）提出了一个更完整的健康模型，他的理论受到了霍妮的影响，两个理论可以完美互补。他关注的是自我实现，她关注的是自我异化，但对两人来说，真实自我才是我们的自我实现，否则我们就会自我异化。结合霍妮和马斯洛的理论，我们可以得到一个最为全面的健康和神经症的概念。

第二十六章　真实自我与自我实现

　　霍妮写道，除非我们"熟悉精神分析的后期阶段"（《神经症与人的成长》，175），否则真实自我将看起来像"一个幻影"。真实自我其实是一个"可能自我"，如果我们在良好环境中发展，我们会成为什么，或者当我们"摆脱了神经症的桎梏，我们会成为什么"？霍妮继续写道，可能自我的概念或许是推测出来的，因为看到一个患者时，谁能"把麦子从谷壳中分离出来并说：这是他可能的自我？然而，虽然神经症患者的真实或可能自我在某种程度上是一个抽象的概念，但我们可以感受到它，而且我们可以说，我们每瞥见它一次，都感觉它比其他东西更真实、更确定、更明确"。

　　真实自我不是一个固定的实体，而是一套"内在的潜力"，包括气质、天赋、能力和倾向，是我们基因构成的一部分，需要有利的环境来进一步发展。真实自我不是学习的产物，因为一个人不可能被教导成为他自己；但真实自我也会受到外部影响，因为它是通过与外部世界的互动来实现的，外部世界可以提供许多发展的途径。人们可以在不同的条件下以不同的方式实现自己。然而，童年的某些条件是自我实现的先决条件。这些条件包括"温暖的氛围"，儿童自由表达自己的想法和感受，其他人善意地满足儿童的各种需要，以及与周围人的"愿望和意志的健康摩擦"（《神经症与人的成长》，17—18）。

其他重要条件可以从《你能表明立场吗？》中的一个带有自传性的段落中推断出来，这篇文章包含了霍妮最早对真实自我的援引：

> 一个孩子可能会将不被需要或欣赏的原因归咎于自己，而只有当他不辜负别人的期望，特别是父母的期望时，他才会被接受。他可能觉得，只有盲目地服从，或者不加批判地崇拜父母中的一方，他才会被接受。或者，他可能觉得，只有当他符合家庭中的现行标准，或满足父母的野心，或满足他们的炫耀欲望时，他才会被接受。此外，孩子可能会变得顺从于自我牺牲的母亲的过度要求。尽管这些情况各不相同，但它们都导致儿童感到他的真实自我不被理解或不被需要，他的真实自我并不重要，只有他人和他人的期望才是重要的。

正如霍妮在《神经症与人的成长》中所观察到的，如果父母因为神经症而无法爱他们的孩子，甚至认为孩子"是一个怪胎"，孩子就会产生一种基本焦虑，这种焦虑感使他"无法以他的自发性真实感受将自己与他人联系起来，他不得不想方设法应对这些问题"。儿童的感觉和行为不再是真实自我的表达，而是受防御性策略的支配。

霍妮的一位患者和英格玛·伯格曼（Ingmar Bergman）的《婚姻场景》（*Scenes from a Marriage*）都以类似方式描述了失去自我的过程。在霍妮发表的一封附有回复的患者来信中，患者对精神分析师的问题"你真正想要的是什么？"的反应是意识到四十多年来她一直在"远离她自己，甚至没有意识到这一点"，而"悲惨的秘密是丧失了自我"！

> 我原来的生活发生了什么？我怎么可能会失去自我呢？这场不为人知和无法想象的背叛，始于我们在童年时秘密的精神死亡，因为我们不被爱，因为我们被切断了自发性愿望。（想一想：我们还剩下什么？）哦，他们"爱"孩子，但他们想让他或强迫他或期望他与众不同！因此，他本身的自我一定是不可接受的。他学会了相信它，最后甚至认为这是理所当然的。他真正地放弃了自己。现在不管他是否服从他们，不管他是否依附、反抗或退缩，他的行为、他的表现才是最重要的。他的重心在"他们"，而不是在他自己。一切看起来都很正常；没有犯罪的意图；没有尸体，没有内疚。我们所能看到的是太阳照常升起和落下。但是发生了什么？他被拒绝了，不仅被他们拒绝，而且被他自己拒绝。（他实际上已经没有自我了。）他失去了什么？正是他身上最真实和重要的部分：他自己的"是"的感觉，这

是他成长的能力，他的根系。但是，唉，他并没有死。"生命"在继续，他也必须继续。从他放弃自己的那一刻起，他不知不觉地开始创造和维持一个假的自我。但这是一种权宜之计，一个"没有愿望的自我"。他鄙视自己的地方得到了人们的喜爱（或惧怕），他软弱的地方变得强壮；它会做出种种动作（哦，但这些动作不过是夸张的模仿！），不是为了乐趣或快乐，而是为了生存；不是因为它想活动，而是因为它必须服从。这种必要性不是生命，不是他的生命，而是对死亡的一种防御机制。它也是死亡的机器。

尽管霍妮将这封信的出版版本命名为"寻找真实自我"，但患者发现的是她已经失去了真实自我，然而她找到了"可以相信的东西，也许还不是在我自己中，因为它还不完全是它，而我有权利去希望，去要求，以及去生活，只带着我自己的目的生活"。

伯格曼的《婚姻场景》描述了自我异化的方式，可能是受到了霍妮的启发。主要人物约翰和玛丽安在分开一年后一起吃饭，玛丽安读了一段日记，而约翰则睡着了。

令我惊讶的是，我不得不承认，我不知道我是谁。我连最模糊的概念都没有。我总是听从人们的安排。从我记事起，我就一直很听话，适应性强，很温顺。现在想来，我小时候有过一两次激烈的自我要求的爆发。但我还记得，母亲狠狠地惩罚了这些违反常规的行为。对我和我的姐妹们来说，我们整个成长过程的目的都是努力变得更能取悦他人。渐渐地，我发现，如果我把自己的想法藏在心里，表现得讨好和有远见，我就会得到回报。然而，真正的大骗局发生在青春期。我所有的想法、感觉和行动都围绕着性。我没有向我的父母或任何人透露过这一点。然后，欺骗、偷偷摸摸和遮遮掩掩成了我的第二天性。

玛丽安曾想成为一名演员，但她的父亲坚持要她学习法律，其他家人也嘲笑她。这导致她与他人相处时戴着"永久的假面"。

在这里，玛丽安描述的与其说是失去了自己，不如说是把自己藏起来不给别人看，但随着她继续读她的日记，很明显，在隐藏的过程中，她已经与自己的感情疏远了。在她"拼命讨好每个人"特别是男人的过程中，她"从未想过什么是她想要的，而总是想：他想让我要什么？这不是我过去认为的无私，而是纯粹的懦弱，更糟糕的是，我完全不知道我是谁"。她获得了"外在的安全感"，但却付出了"高昂的代价：接受人格的持续磨损"。她认为，她可以预见"如果我不允许自己被洗脑，我会成为什么样的人"，但现在她想知道她是否"无可救药地迷失了"，她"身上与生俱来的快乐，为自己和他人感到快乐的能力是否已经死亡，或者它只是睡着了，等待被唤醒"。对霍妮来说，治疗的目的是扭转自我异化的过程：清除洗脑的影响，重拾自我，唤醒玛丽安所说的快乐能力。

霍妮将真实自我描述为"我们活着的、独特的、个人的中心"（《神经症与人的成长》，155）。实现真实自我是生命的目的，疏离真实自我可以被称为"心理死亡"（《我们的内心冲突》，185）。丧失自我会产生绝望，但人们不会因为这种绝望大吵大闹或大喊大叫。人们会继续生活，好像他们仍然与这个活着的中心保持直接联系。其他的损失反而引起更多的关注，比如丢了工作或截肢（《神经症与人的成长》，158）。克尔凯郭尔说"自我是世界上最不适合询问的东西"，因此，"最大的危险，即失去自我的危险，可能会悄无声息地发生，就像什么都没有发生一样"（《我们的内心冲突》，185）。丧失自我使我们失去了意义、方向和价值来源，然后被神经症解决方案的冲突要求所支配。

真实自我是"我真正感受到了什么，我真正想要什么，我真正相信什么，我真正决定了什么"（《自我分析》，291）。真实自我是霍妮的首要目标，是她的主要动力，是动机和方向、意义和价值来源，不需理由，无须解释。她指出，弗洛伊德不相信内在的成长欲望，而是把自我发展的冲动归结为自恋的自我膨胀和竞争。在霍妮看来，这些倾向属于"虚假的自我"，当"真实自我投身于兴趣"时，虚假的自我自然会"消失不见"。在弗洛伊德的理论中，所有的判断和感觉都可以分解为更基本的"本能"单位，"没有喜欢或不喜欢的人，没有同情心，没有慷慨，没有正义感，没有对事业的奉献，归根究底，一切都是由性欲或破坏性冲动决定的"。对霍妮来说，所有这些都可能是由神经症造成的，但也可能是真实自我的表达，在这种情况下，它们是不可分解的。

真实自我是"健康的良心"的储存库，这是"我们的真实自我对我们整个人格的正常运作或反常运作的反应"。健康的良心不同于弗洛伊德式的超我或弗洛姆式的权威主义良心,它们是"内心对外部权威无意识的服从,伴随着被发现和惩罚的恐惧"(《神经症与人的成长》,131—132)。它也不同于神经症的自我指责,后者是骄傲系统的产物,是针对真实自我不够光荣的指责。它和弗洛姆的人道主义良心一样,是我们本质属性的表达。真实自我是所有人类共有的,却又独一无二。无论文化背景如何,它是对人类发展最有利的价值观来源。霍妮认为,"可能存在真正的道德价值,这些价值既不能被弗洛伊德诉诸本能,也不能被相对主义者诉诸社会评价和制约所消解"(《精神分析新法》,186)。

在《神经症与人的成长》的导言"进化论的道德观"中,霍妮区分了三个主要道德目标概念,每个概念都基于对"基本人性"的不同解释。如果我们相信人在本质上是有罪的或被原始的本能所控制的(弗洛伊德),那么道德目标就必须是驯服或克服自然状态,而非发展它;如果我们相信人的本性是善与恶的混合体,那么道德目标就变成了确保内在的善的最终胜利,这种胜利是由信仰、理性、意志或恩典等要素所完善、引导或加强的,具体情况要视特定的主导宗教或伦理概念而定。

与这些立场相反,霍妮对道德目标概念建立在这样的信念上:"人的内在有进化的积极力量,这些力量敦促他实现既定潜力。"我们的价值观是从自我实现的努力中演变而来的;好的价值观可以促进成长,坏的价值观可以阻碍成长。例如,人类不可能"充分发挥潜能,除非他诚实面对自己,除非他态度积极,充满效率,除非他将自己与他人联系起来"。道德目标是"解放和培养促进自我实现的力量"。我们首要的道德义务不是压制固有的邪恶或原始的天性，也不是驱使自己去实现不切实际的理想或戒律，而是"在自己身上下功夫"，超越我们内心的破坏性倾向，实现我们的潜力。不过，这些倾向是反应性的，而不是天生的。我们"成为自由成长的自己时，也就解放了自己，能够去爱他人，感受对他人的关心"，我们的自发性行为也可以促进他人的成长（《神经症与人的成长》，15—16）。

正如我们已经看到的那样，霍妮借助于其他人的概念，逐步形成了对真实自我的设想。她经常引用威廉·詹姆斯的观点，后者区分了物质自我、社会自我、精神自我和纯粹自我。虽然她所做的区分与他的不同，但她似乎将真实自我等同于詹姆斯在《心理学原理》（*Principles of Psychology*）第十章中对精神自我的描述：

> （真实自我）提供了"悸动的内在生命"；它激发了感情的自发性，无论是快乐、渴望、爱、愤怒、恐惧还是绝望。它也是自发性兴趣和能量的来源；它是我们自己的一部分，想要发展，想要成长，想要实现。它会产生"自发性反应"："支持或反对，占有或放弃，促成或阻碍，肯定或否定。"所有这些都表明，当我们的真实自我强大活跃时，我们能够做出决定，并为其承担责任。因此，它促成了身心合一。不仅身体和心灵、行为和思想或感觉是一致和谐的，而且它们的功能不会产生严重的内在冲突。（《神经症与人的成长》，157）

正如最后几句话所表明的，霍妮对禅宗的一心一意（Whole-heartedness）的概念非常着迷，她在《我们的内心冲突》中把这种努力定义为治疗的最终目标："卸下伪装，坦诚相待，一心一意投入自己的情感、工作和信仰。"

对霍妮来说，自我实现的人的"感觉、思想、愿望、兴趣既清晰又深刻：他能够挖掘自己的潜力，他能够提高意志力；他可能具有特殊的能力或天赋；他能够表达自己，他能够用自发性感情将自己与他人联系起来"（《神经症与人的成长》，17）。他知道自己真正的想法、感觉和信念；他能够为自己负责，能够决定自己的价值观和生活目标。他的判断和决定对他自己的成长和其他人的成长都是最有利的。他希望与他人建立良好的关系，关心他们的幸福，但他把重心放在自己身上，当别人要求他以自我毁灭的方式行事时，他能够严词拒绝。

霍妮并没有提供自我实现的人的具体例子，但罗伯特·博尔特（Robert Bolt）《四季之人》（*A Man for All Seasons*）中的托马斯·莫尔爵士可以很好地说明她的想法。该片一开场，野心勃勃的下属理查德·里奇就表示他相信"每个人都有自己的价格"，而托马斯爵士则回答说："不不不。"莫尔是一个有勇气说"不"的人，尽管要他屈服的压力越来越大，但在这种情况下说"是"意味着背叛他的价值观、他的现实观和他的自我感觉。他十分现实地在一个危险世界中周旋，在不放弃自己原则的情况下尽可能地弯曲。他希望通过保持沉默独善其身；但在国王指控他忘恩负义之后，他认识到了自己的危险。即便如此，他还是回绝了朋友诺福克让他屈服的善意建议："我不会屈服，因为我反对，屈服不是我的骄傲，不是我的脾性，也不是我的想法。

难道这中间就没有一种脾性符合诺福克的想法，符合诺福克真正的想法？有！给它一些试炼，我的大人！"

托马斯爵士不仅扛住了政治压力，还扛住了来自家庭的压力。托马斯爵士和他的家人之间最感人的一幕发生在监狱里，他们去探望他，劝说他向《继承法案》宣誓，然后就可以回家了。"念念誓言吧，"他的女儿恳求道，"你心里可以不这么想。""当一个人宣誓时，"托马斯爵士回答说，"他在用自己的手捧住自己，就像水一样（他用手做出杯子的形状）。如果他那时张开手指，他就不要希望能再找到自己。"文学作品中像托马斯爵士这样选择以死明志的人物，大多数都是为了实现自己的理想化自我。托马斯爵士尽其所能避免殉道，但他最终还是被迫走向死亡，因为他不愿放弃真实自我。

根据霍妮的说法，自我实现的愿望存在于每个人身上，不过强度各不相同，这是精神分析中的首要动力。对自我异化的人（如伯格曼笔下的玛丽安）来说，真实自我可能看起来像"一个幻影，虽然渴望拥有，但永远难以捉摸"，但"在有利的条件下，如有效的精神分析，真实自我可以再次成为一种活生生的力量"。正是因为如此，霍妮才说，"治疗工作不止于缓解，还有望帮助个人成长"（《神经症与人的成长》，175）。

第二十七章 主要的神经症解决方案

环境中的不利条件致使我们放弃真实自我时，我们会发展出人际关系和心理内部的防御策略。由于这些策略会造成内在冲突，加深自我异化，所以往往会造成新问题，甚至加剧它们本欲补救的不利条件。我们为了保护自己而放弃自己，但随着真实自我变得越来越弱，环境似乎更具威胁性，我们的基本焦虑不断增加，我们变得更加防备。霍妮说，这是一幅"令人沮丧的画面"，但她坚持认为她的理论与弗洛伊德的理论不同，是一种"建设性"理论，因为她认为这个过程既不是不可避免的，也不是不可逆转的（《我们的内心冲突》，18—19）。

对成年人而言，人际关系和心理内部的策略是密不可分的，他们主要的神经症解决方案是两种防御的结合。然而，霍妮提出的人际关系策略在人类发展的早期就已经出现了，并且影响了心理内部的策略，而这些策略又反过来影响了人际关系。我将首先从人际关系的角度讨论主要的解决方案，并在研究理想化形象和骄傲系统时，说明人际关系和心理内部策略的结合。

在这个残酷世界中，人们为了克服不安、不被爱和不被重视的感觉，可能会采取顺从或自卑的解决方案，向他人靠拢；他们可能会发展出攻击性或扩张性的解决方案，与他人对抗；或者他们可能变得疏离或不甘心，远离他人。健康的人在这三个方向都能灵活地行动。然而，自我疏离的人"麻木地遵守、斗争、保持冷漠，不管这种行动在特定情况下是否合适"（《我们的内心冲突》，202）。每种解决方案都涉及自己的行为模式和人格特征、正义概念，以及关于人性、人类价值和人类状况的一套信念。每一种解决方案都涉及与命运的交易或讨价还价，在这种情况下，顺从该解决方案的指令有望得到回报。

在每一个防御行动中，基本焦虑所涉及的元素之一都会被过分强调：顺从解决方案中的无助感，攻击性解决方案中的敌意，疏离解决方案中的孤立。然而，在产生基本焦虑的条件下，这些感觉必然都会出现，所以个人会强迫性地做出所有三种防御动作；由于这些动作涉及不相容的性格结构和价值体系，这些人将被内心的冲突所困扰。为了获得某种完整感，他们会强调其中一个动作而不是其他动作，会变得主要是自我贬低、攻击或疏离。它们强调哪一个动作将取决于特定情况下起作用的气质和环境因素的特定组合。

其他倾向也将继续存在，但会无意识地运作，并以伪装和狡猾的方式表现出来。这些行动之间的冲突不会被解决，而只是被压制。被淹没的倾向由于某种原因被拉出水面时，个人将经历严重的内心动荡，并可能变得瘫痪。在一些强大影响的推动下，或者在他们主导的解决方案的戏剧性失败下，自我疏离的人可能会随便抓住一种被压抑的防御策略。他们的感受是经历了信仰转换或接受了教育，但这只是用一种防御手段替代另一种防御手段。

在研究主要的解决方案和它们所产生的人格类型时，我们要记住，我们不可能找到一个与霍妮的描述完全一致的人。当然，她的类型是由她的经验总结出来的，这些人有一些共同的主要倾向，但在很多方面又有所不同。霍妮的分类学帮助我们看到某些特质和行为在心理系统中是如何相互关联的，而一旦我们确定了一个人的主导方案，我们就不能假设霍妮赋予该方案的所有特征都会出现。我们还要记住，正如霍妮所观察到的，倾向于同一主要解决方案的人，"在素质、天赋或成就的水平方面可能有很大的不同"。由于人们会经历内心的冲突，表现出属于一种以上解决方案的行为、特征和信仰，情况会变得更加复杂。引用威廉·詹姆斯的话是"大多数人都是混合的"，以及"我们不应该过分强调我们的分类"。霍妮总结道："与其说是类型，不如说是发展方向。"（《神经症与人的成长》，191）

如果我们忘记了这些前提，我们就很容易把人归为一类，而忽略了他们的个性，我们的分析也就沦为一个归纳性的标签。霍妮允许防御的无限变化和无尽组合，也承认人格其他组成部分的作用。如果仅仅是简单描述，她的理论可能显得过于模式化，但如果运用得当，她的理论可以既灵活又复杂。

我已经引用了许多描述顺从或自卑的人的童年的段落，因为它们与卡伦·霍妮的经历相似。这样的人通常在另一个人的阴影下长大，也许是一个被偏爱的兄弟姐妹，一个美丽的母亲，或者一个霸道的父亲，他们通过取悦、安抚和自我服从的奉献来寻求爱和保护。他们可能曾经叛逆过，但对感情的需求最终赢得了胜利，他们"变得顺从，学会了喜欢每个人，并以一种无助的钦佩之情倚靠"那些他们"最害怕的人"（《神经症与人的成长》，222）。

孩提时代采取的策略演变成了成人的性格特征、行为和信仰的组合。顺从类型的人成年后克服焦虑的方式是：试图通过获得喜爱和认可，或试图通过对他人依赖来控制他人。他们需要感觉自己是某一更大、更有力量的东西的一部分，这种需要往往表现为对宗教的虔诚，对某个团体或某项事业的认同，或在爱情关系中病态的依赖。因为他们的"救赎在于他人"，霍妮指出，他们对他人的需求"常常达到一种近乎疯狂的程度"（《神经症与人的成长》，226）。爱似乎是通往天堂的门票，在那里所有的悲哀都会结束：不再感到迷失、内疚和不值得；不再需要对自己负责；不再与一个残酷的世界斗争，那个残酷的世界让他们感到毫无希望，无能为力。

霍妮观察到，在我们的文化中，女性往往是爱情中的自我牺牲者；而且，事实上，在她对病态依赖的讨论中，她改用了女性代词。然而，她指出，这种解决方案在女性身上出现频率更高是文化的产物，而不是由于女性的天性。这种解决方案在两性中都能找到，顺从的男人也不在少数。

顺从的人为了获得他们需要的爱、认可和支持，发展出某些品质、抑制和关系方式。他们试图通过善良、爱、自我牺牲和软弱来附和他人；他们竭力满足他人的期望，"往往到了忽视自己感受的程度"。他们变得"无私""自我牺牲""过于体谅""过度感激""过于周到""慷慨"。他们安抚调和，每当他们陷入争吵、经历失望或受到批评时，他们就倾向于责备自己。认为自己没有价值或有罪会给他们带来安全感，因为这能化解他们的愤怒，防止别人将他们视为威胁。出于类似的原因，他们更愿意让自己处于从属地位，"把风头留给别人"（《我们的内心冲突》，51—52）。他们的自我要求和自我保护行为受到严重抑制，把"所有自以为是、自私自利和咄咄逼人的行为"都视为禁忌（《神经症与人的成长》，219）。他们接受软弱和痛苦，利用它们来控制他人，为自己辩护。他们的座右铭是："你必须爱我，保护我，原谅我，而不是抛弃我，因为我是如此软弱、无助。"（《我们的内心冲突》，53）

　　顺从防御不仅催生了某些感觉和行为方式，还带来了一套特殊的价值观和信仰。这些价值观"属于善良、同情、爱、慷慨、无私、谦逊的类别"（《我们的内心冲突》，54）。这些价值观固然令人钦佩，但顺从的人持有它们是因为它们是他们的防御系统所必需的，而不是他们真正想这样。他们必须相信忍辱负重，他们认为世界遵循着一种显示出天意的秩序，像他们这样的人将得到回报。他们与命运的默契交易是，如果他们慷慨、充满爱心，不骄傲自大，不追求自己的利益或荣耀，他们将得到命运和同伴的善待。如果他们没有得到想象中的回报，他们可能会对神圣的正义感到绝望，或者得出结论说他们在某种程度上是有罪的，或者从超越人类理解的更高正义的信仰中寻求庇护。他们不仅需要相信世界秩序的公平性，还需要相信人性的善良，而这些都可能让他们感到失望。

霍妮说，顺从的人有"被强烈压制的各种攻击性倾向"（《我们的内心冲突》，55），因为体验这些倾向或将这些倾向表现出来，都会与这些人的善良需求发生激烈的冲突，会从根本上危及他们获得爱、保护和认可的整个战略，还会破坏他们与命运的交易。顺从的人的策略会给他们招致虐待，他们的敌意只会有增无减，但也会让他们更害怕被敌视。

顺从的人需要屈服，需要安全地发泄攻击性，所以他们往往被他们的对立面所吸引：强势扩张类型的人。这个类型的人"自负、有野心、冷酷无情、狂妄自大"且"操纵权力"，顺从的人可能有意识地谴责这个类型的人，但"暗地里钦佩"他们（《我们的内心冲突》，54—55）。顺从的人希望通过与这样的人的融合，"参与对生活的掌握，而自己无须承担责任"（《神经症与人的成长》，244）。这种关系通常发展成一种病态的依赖，加剧了他们的困难。爱情关系破裂时，他们会感到非常失望，可能会觉得自己没有找到合适的人，觉得自己有问题，或者觉得没有什么值得拥有。[1]

1　文学作品中有许多主要倾向是顺从或自卑的人物，我和其他一些批评家用霍妮的术语分析了其中一些人物。从莎士比亚开始，主要的例子包括哈姆雷特和苔丝狄蒙娜，《威尼斯商人》中的安东尼奥，莎士比亚十四行诗中的诗人，以及《安东尼与克里奥佩特拉》中的安东尼，简·奥斯汀的《曼斯菲尔德庄园》中的范妮·普莱斯，萨克雷的《名利场》中的都宾和爱米莉亚，狄更斯的《荒凉山庄》中的艾瑟·萨默森，艾略特的《弗洛斯河上的磨坊》中的麦琪·塔利弗，哈代的《德伯家的苔丝》中的苔丝，易卜生的《玩偶之家》中的娜拉·海尔茂，格雷厄姆·格林的《权力与荣耀》中的牧师，索尔·贝娄的《赫索格》中的摩西，以及多丽丝·莱辛的《好人恐怖分子》中的爱丽丝·梅林斯。正如倾向于其他主要解决方案的人物一样，这些人物大多在经历了内心的冲突后，也表现出其他的倾向。

扩张性倾向占主导地位的人，其目标、特质和价值观与那些顺从或自卑的人截然不同。在自卑的解决方案中，爱具有最高价值，而扩张型的人"旨在掌控生活。这是他们战胜恐惧和焦虑的方式；这是他们生活的意义"（《神经症与人的成长》，212）。扩张型的人厌恶无助，以苦难为耻，发展出能让他们有掌控命运感觉的品质。

《我们的内心冲突》中顺从的、攻击的和疏离的解决方案在《神经症与人的成长》中被重新命名为自卑的、扩张的和逆来顺受的解决方案。由于霍妮将扩张性解决方案进一步分为三类——自恋、完美主义和傲慢报复，她共提出了五个主要解决方案，而不是三个。她在《我们的内心冲突》中没有讨论自恋和完美主义，而那本书里的攻击性解决方案相当于《神经症与人的成长》中描述的傲慢报复性解决方案。

傲慢报复性的解决方案在许多方面与自卑的解决方案相反。傲慢报复型的人通常有一个特别严酷的童年，他们在其中遭遇了"纯粹的残暴、羞辱、嘲笑、忽视和不能容忍的虚伪"。他们像集中营的幸存者一样，"为了生存而变得坚硬"。作为儿童，他们"可能会做出一些可悲的、不成功的尝试，以赢得同情、兴趣或感情，但这些尝试会最终扼杀所有温柔的需求"。由于无法获得感情，他们蔑视它或断定它不存在，因此，他们没有动力去取悦别人，而是自由地发泄心头怨恨。对爱的渴望被野心和对"报复性胜利"的动力所取代。他们为"清算之日"而活，届时他们将证明自己的优越性，让敌人蒙羞，为自己平反。他们梦想成为伟大的英雄，"迫害者、领导者、声名不朽的科学家"（《神经症与人的成长》，202—203）。

成年后，傲慢报复型的人具有凶猛的竞争性：他们"不能容忍任何人比他们知道得更多，或取得更多的成就，或掌握更多的权力，或以任何方式质疑他们的优越性"（《神经症与人的成长》，198）。他们必须羞辱或击败他们的对手。他们在受伤后会进行报复，而且是加倍的报复。他们的关系中充满了冷酷无情和愤世嫉俗，他们总是想要利用和超越他人。他们不相信任何人，在别人得到他们之前，他们要先得到别人。他们避免陷入情感和产生依赖，友谊和婚姻只是提高他们的社会和经济地位的工具。他们希望自己是冷酷无情和强硬粗暴的，他们把所有感情表现都视为脆弱感性。由于像他们这样"与世隔绝、充满敌意"的人不能需要别人，他们发展出"像神一样自给自足的明显自豪感"。

自卑的人往往是受虐狂，而傲慢报复型的人往往是虐待狂。他们希望奴役他人，玩弄他人的情感，挫败、贬低和羞辱他人。对霍妮来说，这种行为不是性行为，部分是对伤害的一种报复方式，部分是对内心空虚和生活无意义的反应。这种人嫉妒拥有他们所缺乏的东西的人，无论是财富和声望、身体的吸引力，还是伴侣的爱。由于强烈的挫折感——尽管从未被承认——傲慢报复型的人憎恨"生活和其中所有积极的东西"，"但他对生活的憎恨充满了强烈的嫉妒，就像一个人被隔绝在他热切渴望的东西之外。这是一种感觉到生命正在与他擦肩而过的痛苦、羡慕和嫉妒。尼采称之为'生命的嫉恨'。别人坐在餐桌上，而他却在挨饿；'别人'热爱、创造、享受，感到健康和自在，有归属感。别人的幸福激怒了他。如果他不能快乐和自由，为什么别人能够如此？"他必须"践踏别人的快乐"，因为如果他们"像他一

样失败和堕落，他内心的痛苦就会得到缓解，因为他不再觉得自己是唯一受折磨的人"。(《我们的内心冲突》，201—202)

傲慢报复型的人认为"根据达尔文的原则，世界是一个竞技场，适者生存，强者消灭弱者"，"对自我利益冷酷无情的追求是最高法则"(《我们的内心冲突》，64)。除了强权即公理，事物的秩序中没有任何固有的价值。体贴、同情、忠诚和无私统统被视为软弱的表现，"被视为通往艰险的荣耀道路上的阻碍"(《神经症与人的成长》，203)。那些重视这种品质的人是自找被利用的傻瓜。然而，傲慢报复型的人有时会被顺从型的人吸引，尽管很鄙视这样的人，但这样的人身上具有顺从性和柔韧性，也具有他们所压抑的自卑倾向。

就像自卑的人必须压制他们的攻击性冲动，以使他们的解决方案发挥作用一样，对于傲慢报复型的人来说，任何"顺从的态度都会与他们的整个生活结构不相容"，并会"动摇其根本"。他们需要"与所有柔和的感情做斗争。对于这种心理动力，尼采做过很好的解释：他的超人把任何形式的同情都看作第五纵队，即从内部行动的敌人"(《我们的内心冲突》，69—70)。傲慢报复型的人害怕自己出现顺从倾向，因为这将使他们在一个邪恶的世界中变得脆弱，会使他们觉得自己像个傻瓜，并会威胁到他们的交易，不过，基本上是与他们自己的交易。他们不指望世界能给他们任何东西，而是坚信只要他们保持对生活的憧憬，把生活当作一场战斗，拒绝被传统道德或自己的软弱感情所诱惑，他们就能实现宏伟目标。如果占主导地位的解决方案崩溃，他们可能会出现强烈的自我贬低倾向。[1]

1　霍妮的术语中这种傲慢报复型的人物，包括莎士比亚笔下的伊阿古、麦克白

以自恋为主的人也在寻求主宰，但他们的童年与傲慢报复型的人截然不同，他们的防御策略也大相径庭。傲慢报复型的人通常会受到虐待，而自恋型的人往往是"受宠的、总被表扬的孩子"，他们的"天赋出众，小小年纪就能轻松赢得殊荣"（《神经症与人的成长》，194）。傲慢报复型的人的目标是通过成就来证明他们比诋毁者优越；自恋的人的目标是保持他们的优越感，这种优越感是宠爱他们的人熏陶出来的。霍妮认为"与周围人的愿望和意志的健康摩擦"是健康发展的一个基本条件，自恋者的早期经历中缺失这种通过成就赢得价值感的意识。他们对自己的能力和重要性产生了不切实际的感觉，他们也有焦虑，但与那些被世界抛弃的人所经历的焦虑不同。他们害怕那些真正有成就的人，或者那些拒绝纵容他们的人，这些人都会让他们质疑他们膨胀的自我概念。

成年后，自恋的人寻求"通过自我崇拜和行使魅力"来掌控生活（《神经症与人的成长》，212）。他们对自己的伟大和独特"深信不疑"，他们因此"充满韧性，青春永驻"。自恋者"（有意识地）毫不怀疑；他是天选之人，是命定之人，是伟大的施舍者，是人类的恩人"。他觉得"没有他赢不了的人"，善于"用奉承，用施恩，用伸出援手，来施展魅力，期待被对方钦佩，或得到对方的回报"。他的不安全感表现在他"可能会不停地谈论他的功绩或他的优秀品质，需要无休止地从他人的钦佩和奉献中确认他对自己的评价"。

夫人、邓肯被杀后的麦克白、理查三世和夏洛克，司汤达《红与黑》中的于连，萨克雷《名利场》中的贝姬·夏普，艾米莉·勃朗特《呼啸山庄》中的希斯克利夫，勃朗宁《指环与书》中的基多伯爵，陀思妥耶夫斯基《罪与罚》中的拉斯柯尔尼科夫，以及福克纳《八月之光》中的乔·克里斯默斯。

　　像傲慢报复型的人一样，自恋者利用他人，"似乎不介意违背承诺、不忠、欠债、诈骗"，但他们不是"诡计多端的剥削者"；相反，他们觉得自己的需求"如此重要，以至于他们有权获得每一项特权"。他们期望从别人那里得到无条件的爱，不管他们如何"侵犯他人的权利"。

　　自恋者相信"没有什么是他们做不到的"。因此，他们经常眼高手低，然后将自己的成就感不足归结为天赋过人。他们拒绝参与限制自己的活动，因为接受人类的局限是"有辱人格的，是无法容忍的"。因为他们的想象力被"戏剧性的荣耀所吸引"；他们不屑于"日常生活中的卑微任务"，认为是"羞辱"。他们对"快速和华丽的成就"抱有幻想，对持之以恒和关注细节毫无兴趣，而且，为了保全面子，一旦遇到障碍，他们很快就会对某项任务失去兴趣。幻想破灭时，自恋者可能会放弃他们的雄心壮志，告诉自己如果他们选择尝试，他们就会取得伟大的成就。

　　表面上，自恋的人"相当乐观"，"积极面对生活"，但内心却"有绝望和悲观的暗流"。他们视世界为养育他们的父母，期待持续的好运气，要求命运和其他人满足他们的愿望。他们与命运的交易是，如果他们坚持自己的梦想和对自己的夸大其词，生活必须满足他们。由于生活永远无法满足他们的期望，自恋的人在他们脆弱的时候相信，生活充满了悲剧性的矛盾。[1]

　　1　我用霍妮术语讨论过的主要自恋人物包括莎士比亚笔下的李尔王和理查二世，简·奥斯汀《爱玛》中的爱玛，以及约瑟夫·康拉德的《吉姆爷》。另一个精彩的例子是乔治·梅瑞狄斯的《利己主义者》中的威洛比爵士，霍妮在弥留之际读过这本小说。

在《神经症与人的成长》中，霍妮对完美主义的解决方案给予的关注最少，但她在《精神分析新法》中详细讨论了这一点。她认为，对"严格和高尚的道德标准"的坚持以及"对正直和完美的追求"（《精神分析新法》，207）并不是基于本能的超我产物，而是有某种童年经历的人的特殊需要。他们可能有自以为是的父母，父母对孩子行使不容置疑的权威支配，这种权威可能主要涉及某些标准或个人的专制制度。当他们没有达到父母的要求时，他们会感到一无是处或内疚，而通过顺应父母的期望，他们使自己不受指责，从而获得一种优越感。他们的价值来源从自身转移到外部强加的标准，这些标准告诉他们什么是好的或坏的，什么是可取的或不可取的，什么是令人愉快的或不愉快的，什么是令人喜欢的或不喜欢的。完美主义者并不像自恋者那样陶醉于一种美妙的感觉，而是从自己的操行端正中获得一种虐待狂式的满足，因为这可以让别人意识到他们自己是多么愚蠢、无价值和可鄙。完美主义者希望从无懈可击的高度义愤填膺地打击他人，对他人造成他们父母对他们造成的同样伤害。

成年后，完美主义者因其"在道德和智力方面的高标准而感到优越，因此看不起他人"（《神经症与人的成长》，196）。他们很容易感到内疚，但认为这是一种美德，因为这证明了他们"对道德要求的高度敏感"，如果精神分析师指出他们的自责是夸大的，他们可能会觉得精神分析师是一个低级的存在，根本"无法理解"他们（《精神分析新法》，220）。与自恋者不同的是，完美主义者努力工作，并对细节给予强迫性关注。然而，这些细节本身并不重要；相反，重要的是"整个生活准则的完美无缺"（《神经症与人的成长》，196）。仅此一点就可以减少完美主义者的焦虑，使他们产生优越感，有一种掌控自己命运的感觉。

因为他们追求的是不可能的事情，所以完美主义者必须想办法保护自己免受失败及其后果的伤害。一种防御方式是将"标准"等同于"现实，即了解道德标准就等于是一个好人"，即使他们欺骗自己，他们也可能坚持要求别人达到他们的标准，"鄙视没有达到的人"。因此，完美主义者的自我谴责被外化了（《神经症与人的成长》，196）。他们将自己的标准强加于他人，钦佩少数人，对大多数人持批评或居高临下的态度。完美主义者把自己说成是正义的，坚持要求别人表现完美，而自己却没有达到自己的标准；他们往往显得很虚伪。霍妮认为，他们的需求与其说是要完美，不如说是要在他们自己和别人的眼中维持一种"完美表象"（《精神分析新法》，215—216）。

完美主义者与命运的交易是基于对世界秩序的墨守成规的设想："因为他是公平的、公正的、尽职的，所以他有权得到他人和生活的公平对待。他认为生活中的正义是万无一失的，这种信念给了他一种主宰的感觉。"成功不是靠运气或成为命运的宠儿，就像自恋者那样，也不是靠卓越的精明、才华和无情，就像傲慢报复者那样；相反，成功是美德的证明。运气不好可能意味着完美主义者不是真正有道德的，或者世界是不公正的。无论哪种结论都会动摇他"心理生存的基础"，否定"他的整个价值体系"，勾勒出"无助的可怕前景"。但凡他认识到一个"他自己造成的错误或失败"，自卑倾向和自我憎恨就

有可能会涌现出来。[1]（《神经症与人的成长》，197）

逆来顺受或疏离的人通常有一个对他们有"压迫性影响"的童年，他们"不能公开反抗，要么是因为（这些影响）太强，要么是因为太无形"。对爱、理解、服从和情感支持的要求有可能"吞噬"他们。儿童时期，疏离的人觉得他们必须服从要求才能获得爱，但他们同时也渴望反抗"他们周围的束缚"。他们通过逃避来处理这种情况。他们拉开自己和其他人之间的情感距离，不再寻求感情，也不去争吵。逃避帮助他们保持自己的个性，但也迫使他们对自己的感情进行检查，"收回所有需要他人来满足的愿望和需求"。这些愿望和需求包括"对理解、分享经验、感情、同情和保护的自然需求"。他们把自己的快乐、痛苦、悲伤和恐惧留给自己。"不让任何人知道他们在乎什么"是比较安全的，他们可以因此免受"愿望受挫或被人利用……或产生依赖性"的痛苦。然而，尽管收回他们的愿望让他们变得更加独立，但也削弱了他们的"活力，削弱了他们的方向感"（《神经症与人的成长》，275—276）。他们内心的空虚使他们更害怕受到他人的影响，因为他人的欲望太过强烈。

自卑的人渴望爱，扩张的人寻求掌控，而疏离的人则崇拜自由和独立。他们希望独处，希望他人对他们没有期望，希望自己不受任何限制。他们对"影响、压力、胁迫或任何形式的束缚都高度敏感"

1　学界已经讨论过的霍妮所说的完美主义的人物，包括布鲁图、奥赛罗，莎士比亚笔下的考狄利娅和科利奥兰纳斯，以及邓肯被谋杀前的麦克白，塞缪尔·理查逊的《克拉丽莎》中的女主角，以及奥斯汀作品中的三个人物：《理智与情感》中的埃莉诺·达什伍德，《爱玛》中的奈特利先生，以及《劝导》中的安妮·埃利奥特。

（《神经症与人的成长》，266）。他们可能会对任何东西施加的压力产生焦虑反应，从衣服或封闭的空间到长期的义务、无情的时间、因果关系法则，或传统的价值观和行为规则。疏离的人希望在他们喜欢的时候做他们喜欢的事情，但由于他们与自发性欲望不断疏远，这种自由变得相当空洞。这是一种他们眼中的不受胁迫的自由，而不是一种实现自我的自由。他们对自由的渴望可能表现为对平静的渴望，他们眼中的平静"就是没有麻烦、刺激或不愉快"。

疏离的人不屑于追求世俗的成功，对努力深恶痛绝。尽管他们对优越感有强烈的需求，通常以居高临下的态度看待他们的伙伴，但他们只在想象中实现自己的野心。他们通过自给自足使自己无懈可击。这不仅包括生活在想象中，还包括限制他们的欲望。为了避免依赖环境，他们努力压制自己内心的渴望，安贫乐道。他们培养一种"不在乎"的态度，通过相信"什么都不重要"来保护自己免受挫折。

疏离的人既远离他人也远离自己。他们寻求隐私，将自己"笼罩在神秘的面纱之下"，与人交往时，他们在自己周围画出"一种任何人都无法穿透的魔法圈"（《我们的内心冲突》，75—76）。他们在与人交往时可能会感到"一种难以忍受的压力"，如果有人进入这个魔法圈，他们"可能会崩溃"。疏离的人通过压制或否认他们的感受而逃避自己。他们对积极生活的逃避给了他们一种"旁观者"的姿态，这往往使他们能够成为他人以及自己内心过程的优秀观察者。他们凭借超脱于感觉的洞察力，以"一种客观的兴趣观察自己，就像人们观察艺术品一样"。

疏离的人从自己身上抽离，部分原因是为了解决他们的内在冲突。霍妮说，在这种解决方式中，其他倾向并没有被深深地压制；训练有素的观察者可以相当容易地观察到这些倾向。疏离的人试图通过使冲突双方静止不动来解决他们的基本冲突。这种逃避式解决方案是基本冲突的防御中"最激进和最有效的"，但"不是真正的解决方案，因为对亲近的强迫性渴望，对侵略性的渴望，对剥削和超越的渴望仍然存在，它们不断骚扰它们的载体，甚至让其瘫痪"（《我们的内心冲突》，95）。

因为疏离的人很可能会接受从属解决方案，他们的价值观是高度矛盾的。他们高度重视他们所定义的自由和独立，培养个性、自力更生和对命运的漠视。但他们可能在某一时刻表达"对人类的善良、同情、慷慨、自我牺牲的极度赞赏，而在另一时刻又摇身一变，成为冷酷无情的丛林哲学的拥趸"（《我们的内心冲突》，94）。他们相信，为了降低他们的脆弱性，"自觉也好，不自觉也好，最好不要希望或期待什么。有时，这伴随着一种有意识的悲观人生观，无论怎样努力都是徒劳无益的，没有什么东西是足以让人为之努力的"（《神经症与人的成长》，263）。然而，疏离的人通常不会抨击生活，而是以讽刺性的幽默或斯多葛派[1]的举止接受发生在他们身上的一切。他们试图通过使自己置身事外，通过说服自己什么都不重要，以及通过只关心自己力所能及的事情来避免痛苦。他们跟世界的交易是，如果他们不要求别人，就不会被打扰；如果他们不做任何努力，就不会失败；如

---

1 斯多葛学派是芝诺（Zeno）于公元前 300 年左右在雅典创立的学派，因在雅典集会广场的画廊聚众讲学而得名，该学派强调顺从天命，安于自己在社会中所处的地位，恬淡寡欲，认为只有这样才能得到幸福。——译者注

果他们对生活期望不高，就不会失望。[1]

霍妮描述了导致每一种主要解决方案的童年经历，但大多数儿童都经历了这些经历的组合，并形成了一系列的防御措施。例如，霍妮的童年就包含了不少特征，她不仅追溯到了自我贬低，还追溯到了完美主义、傲慢报复性和疏离的解决方案，而她成年后的行为方式也具有这些解决方案的特征。这些解决方案之间的冲突让她摇摆不定、前后矛盾和自我憎恨。霍妮理论最重要的特点之一是，它允许我们通过将矛盾的态度、行为和信念视为内在冲突结构的一部分来理解它们。霍妮的理论具有动态的特质：解决方案之间会组合或斗争，然后强化或弱化防御需要，产生恶性循环，一种解决方案失败时，另一种就会取而代之。

---

1 以霍妮术语讨论的主要的疏离型人物包括莎士比亚《哈姆雷特》中的霍雷肖和《特洛伊罗斯与克瑞西达》中的忒耳西忒斯，奥斯汀《傲慢与偏见》中的班纳特先生，陀思妥耶夫斯基的《地下室手记》中的地下室人，以及福克纳的《喧嚣与骚动》和《押沙龙，押沙龙！》中的昆丁·康普生。选择疏离性解决方案的人远比这个简短的清单显示的要普遍得多。在二十世纪的文学作品中，值得注意的疏离型人物有约瑟夫·康拉德的《诺斯特罗莫》中的马丁·德科德和他的《胜利》中的阿克塞尔·海斯特，黑塞的《荒原狼》中的哈立·哈勒尔，加缪的《局外人》中的莫尔索，以及约翰·巴思的《路的尽头》中的杰克·霍纳。

第二十八章　理想形象与骄傲系统

在《神经症与人的成长》的结尾，霍妮回顾了她的理论演变，她首先将神经症视为人类关系中的一种干扰。这种干扰产生了基本焦虑，我们通过强迫性地走近、攻击或远离人们来保护自己。在她早期的书中，她已经意识到自我理想化、应该、要求和自我憎恨等心理内部因素，但她没有认识到它们的程度和重要性。然而，在《我们的内心冲突》中讨论了理想化形象之后，她意识到它的形成标志着我们发展的转折点，因为我们的能量从发展我们的真实潜力转移到实现我们对自己的宏伟概念。理想化形象产生了骄傲系统，成了弗兰肯斯坦的怪物，憎恨并试图摧毁其创造者。神经症不仅是我们与他人关系的干扰，也是我们与自己关系的干扰。

我们与自己关系的混乱，让我们几乎无法与他人建立良好关系，无法消除原来的伤害。霍妮在这里隐晦地提及了她在早期书中的立场。霍妮观察到，有些人认为，由于神经症主要是不良人际关系的结果，它可以通过良好的人际关系来补救，比如与精神分析师的关系，"在这种关系中，童年时的伤害性因素是不存在的"。这种期望"对儿童和青少年来说可能是合理的"，但对成年人来说可能不是，因为良好的人际关系"没有能力拔除牢固扎根的骄傲系统"（《神经症与人的成长》，306，308）。骄傲系统是早期发展的逻辑产物，也是新系统的开始。一旦存在，它就会形成自己的动力，在很大程度上独立于外部事件。由于骄傲系统影响到我们与他人的互动，毒害了我们所有的关系，因此，它们极难成为治愈或成长的源泉。要想成功地应对骄傲系统，精神分析家必须认识到它在移情中的表现，使用共时性方法，从它的结构和内在逻辑来理解它。

在《神经症与人的成长》中，霍妮提出了一个发展顺序，即从人际关系到心理内部的防御策略。儿童试图通过发展人际关系的策略来应对软弱、有缺陷和孤立的感觉，然后他们必须处理这些策略之间的冲突，使其中一个策略占主导地位，压制其他策略。这样实现的一致性过于松散，儿童需要"更牢固和更全面的整合"。此外，原来的防御并不能完全满足他们的心理需要，而且由于疏远了真实自我，他们的脆弱感加剧了。作为进一步的防御，儿童或青少年发展出一种理想化自我形象，这是"一种艺术创作，其中的对立面似乎被调和了"（《我们的内心冲突》，104）。

理想化形象给了个人"一种身份感"，弥补了他们的自我异化和内心分裂，使他们能够获得"一种力量和意义的感觉"。在想象力的帮助下，他们赋予自己以高尚的能力。他们成为"英雄、天才、最重要的爱人、圣人、神"。霍妮称自我理想化是"一种全面的神经症解决方案"。它承诺满足所有的需求，使人们摆脱"痛苦和难以忍受的感觉"，让"他们自身和他们的生活取得最终的神秘成就感"。在神经症的发展过程中，理想化形象一点点实现，它成为个人的"理想化自我"，代表他"真正是什么、潜在是什么，可能是什么和应该是什么"（《神经症与人的成长》，21—24）。

　　理想化形象的性质取决于我们自己的经验：我们"早期的幻想……特别的需要……和特定的能力"（《神经症与人的成长》，22）。它的内容在很大程度上受到我们主导的防御和它所赞美的属性的影响。自卑者的理想化形象是可爱品质的综合体，如无私、善良、慷慨、谦逊、圣洁、高贵、同情。它还颂扬无助、痛苦和殉道以及对艺术、自然或其他人的深厚感情。傲慢报复者认为自己是所有情况下不可战胜的主宰。他们比其他人更聪明、更强硬、更现实，因此可以打败他人。他们对自己的警惕性、预见性和计划性感到自豪，觉得没有什么可以伤害他们。自恋者是天选之人、命定之人、先知、伟大的施舍者、人类的恩人。自恋者认为自己有无限的能量，不费吹灰之力就能取得无限的成就。完美主义者认为自己是正直的典范，在整个生活准则中达到了完美无缺的程度。他们无论做什么都很出色，有完美的判断力，在人际关系中公正尽职。疏离或逆来顺受者的理想化形象是自给自足、独立、自成一体的平静、摆脱欲望和激情的综合体，还有"斯多葛主义"。疏离者希望不受束缚，没有压力。在每个解决方案中，理想化形象可能全部或部分地以宗教、文化理想、历史或个人经验中的例子为模型。

尽管理想化形象的设计是为了对人格进行更牢固、更全面的整合，但它实际上是各种解决方案的综合，并让其中一个解决方案占主导地位。被压抑的倾向也可能被美化，但它们仍然在背景中，或通过分门别类而被隔离，或在某种程度上被视为"丰富人格的兼容方面"。一个傲慢报复型的人，"对他来说，爱情似乎是不被允许的软肋"，不过，在他的理想化形象中，他可能不仅冷酷强硬，而且是"一个伟大的情人"，还是"一个身穿闪亮盔甲的骑士"。一个疏离的人可能彻底与世隔绝，不过，在他的理想化形象中，他可能是"人类的恩人，是实现了自我安宁的智者，是可以毫无顾虑杀敌的人"（《神经症与人的成长》，22—23）。这些因追求不相容的解决方案而遭受内心冲突的人，他们发展出一个包含这些冲突的理想化形象，而这样的方式只会让他们的问题变得更加复杂。

理想化形象的本意是为了提高我们的价值感，提供认同感，但它却导致了更多的自我蔑视和内心冲突。我们根本无法达到我们的理想化形象，因为它是非常不现实的，充满了矛盾的。由于只有当我们实现了我们的理想化形象，我们才会觉得自己是有价值的，而所有达不到这个形象的都是可鄙的，所以我们形成了一个"鄙视形象"，这个形象和它的理想化对应物一样不现实。然后我们在"自我崇拜和自我蔑视之间徘徊"，"没有中间地带可以停靠"。（《我们的内心冲突》，112）

现在有四个自我在争夺我们的拥护：真实（或可能）自我；理想化（或不可能）自我；鄙视自我；以及实际自我，即"一个人在特定时间里的一切"，包括健康的和神经症的（《神经症与人的成长》，

158）。我们越是自我实现，真实自我和实际自我之间的一致性就越强，我们怀有理想化自我和鄙视自我的可能性就越小。我们越是自我疏远，真实自我和实际自我、实际自我和理想化自我、理想化自我和鄙视自我之间的距离就越大。

理想化形象的形成加剧了自我憎恨和内心冲突，导致了进一步的自我美化（伴随着进一步的自我鄙视），以及实现理想化形象的强迫性努力，有时是在现实生活中，有时是在想象中。对荣耀的追求就这样开始了，因为"推动自我实现的能量被转移到实现理想化自我的目标上"（《神经症与人的成长》，24）。追求的形式往往是对绝对的追求："对荣耀的追求有一个共同点，那就是追求比其他人拥有更多的知识、智慧、美德或权力。没有什么比绝对的无畏、掌控或圣洁更有吸引力的了。"至于什么被认为是荣耀的，取决于主要解决方案。在寻找荣耀的过程中，对绝对和终极的需求是如此严格，以至于它们超越了通常阻止我们的想象力脱离现实的制约。想象力投入神经症中，不仅创造了理想化自我，形成了种种不切实际的梦想，而且还不断歪曲现实。

霍妮认为对荣耀的追求、对绝对的追求或成为神的需要不是人性的基本成分。因为我们有想象和计划的能力，所以我们总是在超越自己。健康的人追求可能，做可能的梦，在人类的可能范围内努力实现他们的目标，他们能够对自己的成就感到满意，他们失败时不会愤怒、自我憎恨或绝望。而自我异化的人在他们自己的心目中，要么无所不能，要么一无是处，没有中间地带。事实上，正是因为他们觉得自己一无是处，他们才必须声称自己无所不能。然而，如果我们能够成为充分发展的人，我们就不需要成为神。

对于自我异化的人来说，对荣耀的追求往往是生活中最重要的事情。这给了他们意义感和他们极度渴望的优越感。他们可能会因为觉得永远无法实现自己的理想化形象而经历抑郁或绝望。他们激烈地抵制所有对他们虚幻的宏伟目标的侵犯，甚至可能宁愿死亡也不愿相信梦想破灭。霍妮写道："相比其他地方，荣耀的祭坛上牺牲了更多的生命。"（《神经症与人的成长》，30）对荣耀的追求可能成为一种"私人宗教"，其规则由我们特定的神经症决定，但我们也可能加入已有的荣耀系统，这是每个文化的一个突出特点。这些荣耀系统包括有组织的宗教、各种形式的群体认同、战争和兵役，以及各种类型的竞争、荣誉和等级制度安排。

我们为自己的崇高感付出了沉重的代价，这个代价对霍妮来说，就像魔鬼契约一样："魔鬼，或其他邪恶的化身，以无限的权力来诱惑一个被精神或物质麻烦困扰的人。但他只有在出卖自己的灵魂或下地狱的条件下才能获得这些权力。"（《神经症与人的成长》，39；另见 375—376）我们通过浮士德式的交易，将自己置于一种精神上的诅咒中："通往无限荣耀的捷径也是通往自我鄙视和自我折磨的内心地狱的道路。走上这条路，个人实际上正在慢慢失去他的灵魂，即真实自我。"对弗洛伊德来说，人类的状况是悲剧性的，为了生存的要求，即文明，人类被禁止充分和立即满足本能，而本能是真正幸福的唯一来源。对霍妮来说，人类的状况并不注定是悲剧性的，但在内心痛苦的压力下，我们试图通过追求极致和无限来改变这种状况，这个过程摧毁了我们实际拥有的潜力，让我们陷入了自我憎恨中。

理想化形象的创造不仅产生了对荣耀的追求，而且产生了整个现象结构，霍妮称之为骄傲系统。我们对理想化自我的属性感到骄傲，在这种骄傲的基础上对他人提出神经症的要求。同时，我们觉得我们的表现应该与我们对自己的宏伟概念相称。如果世界没有尊重我们的要求，或者我们没有达到我们的要求，我们就会变成被鄙视的自我，经历痛苦的自我憎恨。就像我们的理想化形象一样，我们的骄傲、我们的应该、我们的要求和我们的自我憎恨的具体性质受到我们的主导方案以及它与从属倾向之间的冲突的影响。

我们对实现理想化形象的需要，导致我们对自己提出严格的要求和禁忌，霍妮称这种现象为"应该暴政"（the tyranny of the should）。"应该"帮助我们过渡到理想化自我："它们生效的前提是，对我们自己而言，没有什么应该是不可能的，也没有什么注定是不可能的。"（《神经症与人的成长》，68）应该的特点是它们的强制性，它们对可行性的漠视，它们对心理规律的无视，它们既不依赖实现的意志力，也不依赖否认失败的想象力。应该有许多外化表现。我们经常把应该当作别人的期望，把自我憎恨当作他人的拒绝，把自我批评当作他人的不公平判断。我们期望别人能达到我们的要求，并把我们对自己失败的愤怒转移到他们身上。应该产生了一种习惯性紧张感、对批评的过度敏感、自我损耗和情感上的死寂。应该是对自我厌恶的一种防御，但是，像其他防御一样，它们加剧了它们本欲改善的状况。它们不仅加深了自我异化，还加剧了自我憎恨，因为它们是不可能达到的。应该失败带来的惩罚是一种无价值感和自我蔑视。因此，应该具有暴虐的力量。正是惩罚性自我憎恨的威胁，才真正使应该成为一种恐怖的制度。

我们的应该和禁忌是由我们的理想化形象产生的。自卑的人觉得他们应该温顺、谦逊、不卑不亢、慷慨、乐于助人、有同情心、善解人意、自我牺牲和充满爱心。他们应该喜欢和信任他人，充满感激之情，知足常乐，对人和神（或他们所认同的世界秩序）的仁慈有信心。他们的禁忌是自吹自擂、骄傲、自大、野心、胜利和寻求自己的利益。他们不应该怨恨伤害，应该回避任何可能被理解为傲慢、自负、报复性或自以为是的思想、感情或行为。

傲慢报复型的人的应该和禁忌也完全相反。他们应该假设最坏的情况，应该在自己被攻击之前攻击别人，应该态度强硬，应该对所有冒犯他们的人进行报复。他们应该控制每一种情况，赢得每一场比赛，应该回避依赖。他们应该有不可战胜的力量，他们应该不可侵犯。自卑的人的禁忌主要涉及攻击性，而傲慢报复型的人的禁忌则是温顺、慷慨、帮助、同情、爱或信任。

自恋的人觉得他们应该能够做任何事情，赢得所有人，不是凭借努力，而是因为他们自身。霍妮对这种解决方案的应该没有多说，部分原因是她对它的处理非常简短，部分原因是自恋者比其他人更少受到应该的驱动。相反，他们充满了要求，他们的主要应该之一是相信自己的命运，即使在要求受到挫折时，也要坚持自己的要求。即使他们现在没有获得荣耀，他们也迟早会获得荣耀，只要他们坚持认为自己是命运的宠儿。他们忌讳怀疑自己的特殊命运，不愿接受限制，不会做任何标志着他们是普通人的事情。

自恋者认同他们的要求，而完美主义者则认同他们的应该，他们的应该非常强烈。他们竭尽全力，"通过履行职责和义务，通过礼貌和有序的举止，通过不说明显的谎言"，去完成他们的应该。他们"对他人的傲慢蔑视"隐藏在"光辉友善"背后，因为他们的应该禁止这种"不正常的感情"（《神经症与人的成长》，196）。他们认为自己"应该能够控制每一种焦虑，不管它有多强烈。应该永远不会受到伤害，应该永不犯错"（《精神分析新法》，207）。他们的判断必须永远正确，他们必须完美地完成所有的角色和任务。霍妮在《精神分析新法》里对完美主义的研究中开始意识到应该所具有的力量，但她后来发现应该在每个解决方案中都发挥着约束力。

逆来顺受或疏离的人的应该在本质上大多是消极的。这些人应该不"依附于任何东西"。"任何东西"不仅包括金钱、权力和声望，还包括其他人。疏离的人可以有"充满距离感或短暂的关系"，但应该不允许自己依赖他人的陪伴、帮助或情感支持。性关系永远不应该"被视为爱情"。如果他们确实发展了持久的关系，那么他们也需要在这些关系中保持距离。他们不能让别人看到他们的感情，这些感情应该被隐藏起来，他们不应该对生活或其他人有任何期望，以免自己失望。（《神经症与人的成长》，264—266）

所有的应该都是不可能实现的，部分原因是它们不现实。自卑的人不能不怨恨伤害，不能不想要属于自己的东西，不能不渴望权力和威望。傲慢报复型的人也会有同情的感觉，需要温暖，渴望得到认可。自恋者常常对自己的要求、对自己高高在上的感觉和自己的命运有所怀疑。完美主义者无法做到完美，也无法控制他们的焦虑。疏离的人不能压制每一个期望和愿望；他们依赖外部条件和其他人，他们需要分享他们的感受，他们希望得到爱。应该总是要求压制不能压制的需求、感觉和愿望。

此外，应该反映了我们内心的冲突，因此也是相互冲突的。它们是由理想化形象产生的，但理想化形象是各种解决方案的综合体，每个解决方案都会产生自己的一套要求，因此，我们常常陷入相互冲突的应该的交火中。自卑的人希望自己是好的、高尚的、有爱心的、宽容的、慷慨的；但他也有好斗的一面，告诉他要"为自己的利益全力以赴"，"对任何冒犯他的人进行回击"。因此，一旦他身上出现了任何"懦弱"无能和顺从的痕迹，他会从根本上看不起自己。他处于持续的交叉火力之下。如果"他做了什么，他就会受到指责；如果他不做，他也会受到指责"（《神经症与人的成长》，221）。

应该以各种方式结合起来，但在每一种情况下，如果我们遵从一套应该，我们就会违反其他的应该，并为没有履行这些应该而憎恨自己。我们通过尝试实施新的一套应该，违反了我们最初遵守的应该，并因此而鄙视自己。这个过程可能会导致我们更加僵硬地接受我们的主要解决方案，也可能造成摇摆不定、前后矛盾或瘫痪。相互冲突的应该的交火是一个强有力的概念，可以解释人类的许多不一致行为。

有不同解决方案的人不仅追求不同的主导应该，而且对它们的支配持有不同的态度。自卑的人觉得他们的"应该是不容置疑的法律"，但尽管他们努力去实现它们，他们通常也觉得自己"没能实现它们。因此，他们会进行自我批评，因为自己不是至高无上的存在而心生愧疚"。（《神经症与人的成长》，76—77）

傲慢报复型的人觉得他们的应该是有效力的，但他们憎恨失败，并决心以这种或那种方式实现它们。他们用对现实的想象性重构、傲慢或武断地宣称自己是正确的来掩盖自己的缺点。自恋者的应该与其他形式的神经症的应该一样不可阻挡，但自恋者能够通过挥舞魔法棒，来摆脱这些应该的暴政，他们能够忽略缺陷，或把这些应该视为美德，他们的这种能力似乎是无限的。完美主义者认同他们的应该，并从这个高度俯视他人。他们为实现应该做出了巨大的努力，他们通过将标准与表现等同起来，或通过各种形式的外化来处理他们的失败。由于他们内心要求的严格性，完美主义者经常对应该进行反叛，在面对他们应该做的事情和应该有的感受时体验到倦怠和惰性。

由于疏离者具有自由的理想和对强迫的过度敏感，他们觉得自己不应该被外界或内部的任何东西所控制，因此他们也可能对自己应该做的事情进行反叛，特别是那些由他们的攻击和顺从倾向所支配的事情，这些事情可能是接近表面的。他们可能会被动地反叛，在这种情况下，他们觉得自己应该做的每件事都会引起有意识或无意识的反感，并因此感到无精打采；或者他们可能会积极地反叛，以违背他们内心的指令和违反他们禁忌的方式行事。

理想化形象也会产生"神经症要求"，即我们要求按照我们对自己的宏伟概念来对待自己。这类要求还包括期望我们会得到任何我们需要的东西，从而使我们的解决方案发挥作用。自卑的人所期望的东西有爱、保护、理解、同情、忠诚，以及对他们的善良的赞赏。傲慢报复型的人觉得自己有权剥削他人而不受惩罚，也没有负罪感。自恋者要求伙伴们无条件的爱和崇拜，轻松的优越感，以及不变的好运气。完美主义者要求"来自他人的尊重，而不是炽热的钦佩"（《神经症与人的成长》，196），以及对他们操行端正的公正回报。疏离的人觉得有权享有隐私，没有人应该对他们有所期待，他们应该不必辛苦谋生和承担责任。

一般来说，神经症的要求是不现实的，是以自我为中心的，而且是报复性的。他们要求不劳而获的结果。他们基于一种特殊性或优越性的假设，否认世界中的因果关系，并且"充斥着对魔法的期望"（《神经症与人的成长》，62）。神经症要求带来了说不清道不明的挫折感，长年累月的愤懑不满，让人变得容易嫉妒他人，不顾及他人感受，对权利有一种不确定感，缺乏活力，还会放大一切困难和压力。

神经症要求的目的是确认我们的理想化形象和主导解决方案，这种目的不可能达到。如果世界未能尊重我们的要求，正如经常发生的那样，我们就会怀疑我们是否特殊，我们的策略是否有效。我们的反应可能是愤怒、绝望或自我憎恨，但我们也可能重申我们的要求，这些要求非常顽强，因为我们依靠它们来实现自我膨胀和对自己命运的控制感。我们可能会将失望合理化。一个人可能会发现"他人并没有满足他的要求，他也需要遵循种种法则，他不能凌驾于普通的麻烦和失败之上。但是，以上种种并不能证明他不具有无限可能性。这些只是证明，到目前为止，他的交易并不公平。但只要他坚持自己的要求，总有一天目标会实现。这些要求是他未来荣耀的保证"（《神经症与人的成长》，62）。

我们提出的要求，也是我们感到我们按照正义概念有权得到的东西，这是我们主要解决方案的一部分。尽管具体期望在不同解决方案中会有所不同，但正义的基本概念仍然是相同的。在一个公正的世界里，我们的要求将被尊重；如果不被尊重，生活就是荒谬的。如果宇宙没有按照我们需要的方式组织起来，我们的解决方案就会崩溃，因此，面对相反的证据，我们会极力维护我们的信仰体系。如果我们确信世界违背了我们的期望，我们可能会变得无法正常生活，或者转向另一种宇宙观的解决方案。

在每个解决方案中，正义系统的一个重要部分是霍妮所说的交易，也是我所说的与命运的交易。该交易的具体内容是，如果我们遵从我们的应该，我们的要求就会被尊重，我们的解决方案就会成功，我们对自己的理想化概念就会得到确认。一旦我们的交易失败，我们可能会陷入一种心理危机，认为我们解决方案的正义系统可能背叛了我们。[1] 在某些情况下，相互冲突的解决方案会让人产生自相矛盾的交

---

1 我在《与命运的交易：莎士比亚及其戏剧中的心理危机和冲突》中对这一现象进行了详细的研究，我认为悲剧的主角都因为与命运的交易事件陷入了危机。

哈姆雷特的危机始于他父亲没有得到细怀，他自己被排除在王位之外，而邪恶的克劳狄斯获得了本应赐予善良者的奖励。自卑的哈姆雷特被克劳狄斯的上位所压迫，而傲慢的复仇者伊阿古的命运交易则被卡西欧、奥赛罗和苔丝狄蒙娜等"直接和诚实"的人的成功所破坏。如果忠诚和爱战胜了利己主义和欺骗，伊阿古的世界观就会被打破。他需要通过利用他人的顺从、对爱的渴望和信任来证明他的信念是正确的。奥赛罗的自恋和完美主义的命运交易在苔丝狄蒙娜背叛他时崩溃了，后者本应是他的伟大见证和美德的回报。苔丝狄蒙娜的自我解决方案在奥赛罗反对她时受到了威胁。自恋的李尔王相信他是一切，而当考狄利娅拒绝告诉他爱他的"一切"时，他的要求被否定了。他在想要报复他的高纳里尔和里根手中遭受的待遇打破了他的交易，让他失去了理智。

哈姆雷特、伊阿古、奥赛罗、苔丝狄蒙娜和李尔等人的交易都被他人的行为和外部事件所破坏。麦克白的情况则有些不同。麦克白是一个完美主义者，一直在履行自己的职责。他的扩张性通过"战争让野心变成美德"来表达，就像奥赛罗一样。为了满足对绝对权力的欲望，为了保留妻子对他的尊重，他违反了自己和命运的交易，牺牲了他所珍视的美德、荣誉和"口碑"。他的内心指令告诉他，谋杀邓肯必然会带来报应，他在事后变成了一个残忍的暴君，试图杀死自己的良心来平息自己的恐惧。他无法忍受自己的可怕行为，从而导致他行事自相矛盾。

易、道德准则和正义的概念。

　　霍妮认为，神经症骄傲是"从寻求荣耀开始的整合过程和高潮"（《神经症与人的成长》，109）。这种骄傲取代了现实的自信和自尊，转而对理想化的自我属性、要求得以成功实现及"崇高和严厉"的内心指令感到骄傲。因为骄傲把各种解决方案的强迫性行为变成了美德，任何东西都可以成为骄傲的来源："因此，不一致变成了无限的自由，对现有道德准则的盲目反叛变成了凌驾于普通偏见之上，禁止为自己做任何事变成了圣人般的无私，需要安抚变成了纯粹的善良，依赖变成了爱，利用他人变成了精明。坚持以自我为中心的要求似乎成了优点，报复成了正义，令人沮丧的技能成了最聪明的武器，对工作的厌恶成了'成功抵制致命的工作习惯'，等等。"我们通常对想象、理性和意志的心理过程感到非常自豪，因为我们赋予了自己无限力量，毕竟我们赋予自己的"无限力量"归根结底是"精神力量"。精神必须不停地工作，通过合理化、正当化、外在化、调和不可调和的事物来维持自己的虚构世界，总之，想方设法使事物看起来与它们的实际情况不同。

　　骄傲是一种极其重要的防御，但由于它是建立在幻觉和自欺欺人的基础上，它加剧了我们的脆弱性。针对它的威胁会造成焦虑和敌意，它的崩溃会导致自我鄙视。我们特别容易产生羞耻感（当我们侵犯了自己的骄傲时）和羞辱感（当我们的骄傲被别人侵犯时）。我们对羞耻的反应是自我憎恨，对羞辱的反应是报复性的敌意，具体程度"从烦躁到愤怒，到失去理智的暴怒"（《神经症与人的成长》，99）。

　　恢复骄傲的方法多种多样，其中包括报复，即重新确立被羞辱者的优越性，以及对威胁或损害自尊心的事物失去兴趣。它们还包括各种形式的歪曲，如忘记羞辱事件，逃避责任，指责他人，以及美化事实。有时，幽默被用来消除本来无法忍受的耻辱的刺痛。我们试图通过一个回避系统来保护自尊心，比如不去尝试，限制愿望和行动，以及拒绝开始任何严肃的追求或关系。放弃、退出或顺从更为安全，至少比冒险让自己的自尊心受到伤害强。

扩张性的人倾向于认同他们的骄傲，而自卑的人则害怕它。这是区分自卑者和完美主义者的一种方式，两者有许多共同的价值观。两者都努力做好事，尽职尽责，忠于职守；但完美主义者为自己的美德感到骄傲，而自卑者对骄傲有所忌讳，必须否认自己的功绩。是的，他们忍不住为自己"圣洁和可爱的品质"感到骄傲，但他们"圣洁和可爱的形象本身就禁止任何有意识的骄傲"，他们"必须俯下身子，抹去骄傲的痕迹"（《神经症与人的成长》，223）。因为他们对自己善良和谦逊的自豪感使他们感到害怕，所以他们寻找方法来否认它。作为摆脱困境的方法，自卑的人常常把他们的骄傲转移到一个广博的人身上，这让他们体验到一种胜利的感觉，而不必把它归于自己。他们在为自己认同的伟大的人而欢欣鼓舞的同时，可以感到谦卑和无私。疏离的人也有骄傲的问题，因为他们已经放弃了对荣耀的积极追求。他们以自由为荣，以做自己为荣，以抵制胁迫为荣，或以看穿别人的愚蠢为荣，而不是以达到或进步为荣。他们觉得自己比更有成效的人优越，因为他们意识到人类所有努力的虚无和对荣誉的追求是徒劳的。

骄傲系统在很大程度上是对童年时期的不良经历所产生的对自己

的负面感受的一种防御，但是，正如我们所看到的，它产生了自我憎恨，从而加剧了我们的问题。作为一种神经症的现象，自我憎恨绝不能与健康的自我批评相混淆。自我实现的人可能不总是喜欢自己，但他们不会恨自己。他们会以一种基本的自我接受和有益的方式来处理内疚和不足的感觉，承认自己的局限，努力修复自己可能造成的伤害，避免未来的错误。他们会耐心地、现实地、不期待奇迹地面对自己。自我异化的人则诉诸自我美化、应该暴政、神经症要求和神经症骄傲等策略，掩盖不足，维护自尊。这些策略产生了自我憎恨，因为它们促成了骄傲系统，迫使我们意识到我们想成为什么样的人和我们实际是什么样的人之间的差距。霍妮说："我们憎恨自己并不是因为我们没有价值"，"而是因为我们没能超越自己"。(《神经症与人的成长》，114)

在大多数情况下，自我憎恨是无意识的，因为"意识不到自我憎恨的影响对生存是有益处的"。防止出现自我憎恨意识的主要方法是外化，这种外化方法可能是主动的，也可能是被动的："主动外化是试图将自我憎恨指向外部，憎恨生活、命运、制度或他人。被动外化仍然将憎恨指向自我，但这种憎恨是经由外部被感知或被体验的。自我憎恨通过对自我无情的要求、残忍的自我指责、自我蔑视、自我挫折、自我折磨和自我毁灭而运作。"我们常常为我们的自我憎恨感到自豪，因为这有助于维持自我的荣耀："对不完美的谴责本身就证实了自己的神性标准。"

自我憎恨在很大程度上是理想化自我对实际自我的愤怒，因为它不是它应该成为的样子。实际自我"从神一样完美的角度来看是如此令人尴尬的景象"，以至于我们"忍不住要鄙视它"。我们失去了感知实际自我的能力，而只看到被鄙视的自我。除了主要解决方案之间的冲突之外，在我们的理想化自我和被鄙视的自我之间，骄傲系统内部也出现了冲突，导致我们在自大和自卑之间摇摆不定。[1]

在成功的治疗过程中，骄傲系统和新出现的真实自我之间形成了一种心理上的冲突，而真实自我成了自我憎恨的对象。霍妮称之为"核心内在冲突"。真实自我的生活代表着要去接受一个充满不确定、凡事不能一蹴而就和拥有重重限制的世界。这意味着放弃对荣耀的追求，接受不那么高尚的存在。因此，骄傲自我检测到真实自我是对其存在的威胁，并以蔑视的态度对待它。

尽管这种核心的内在冲突发生在心理治疗的后期阶段，但它是一

---

1 在《神经症与人的成长》中，霍妮的理论在这一点上出现了问题，因为她把主要的解决方案作为处理骄傲与自我憎恨、理想化自我与鄙视自我之间的冲突的方式。她把这些方法描述为解决心理内部冲突的方法，似乎忽略了她在《我们的内心冲突》和《神经症与人的成长》开头所描述的人际关系的防御和冲突。她似乎提供了两套不同的主要解决方案，一套是人际关系的，一套是心理内部的，它们有不同的名称、功能和起源。

我认为，这种不一致的原因是，霍妮在《神经症与人的成长》中对心理内部的现象如此着迷，以至于她试图用这些现象来重塑她的整个理论，尽管她警告说"不要片面地关注心理内部或人际关系的因素"。因此，她并没有对人际关系和心理内部的关系做出清晰而平衡的描述。她没有解释骄傲和自我憎恨之间的冲突是如何产生自卑、扩张和逆来顺受的解决方案的，也没有解释这些解决方案是如何解决这一冲突的。

霍妮对主要解决方案的描述是，它们在本质上既是人际关系的，也是心理内部的。如果她继续研究她的理论，她无疑会让《我们的内心冲突》和《神经症与人的成长》中的发现更完全地相互协调。我在处理这些问题时，忽略了那些没有说服力的论点，即主要的解决方案是由骄傲和自我憎恨之间的冲突产生的，本着霍妮对它们之间关系的最佳陈述，综合了人际关系和心理内部的关系。

种激烈的冲突。那些一生都专注于荣耀梦想的人，可能永远无法完全从自我理想化的习惯中解放出来。如果他们在治疗中取得了进展，他们可能会把他们的改善作为"在完美健康的光辉荣耀中，实现他们的理想化自我的最后机会"。

他们可能会看不起别人的神经症，他们驱使自己以自我实现的方式行事，并在意识到自己永远有问题和不完美时对自己大发雷霆。霍妮希望，患者会对自己感到同情，体验到自己既不是特别出色，也不是特别可鄙，而是一个挣扎的、经常感到疲惫的人。这种把真实自我从骄傲系统的摇摆不定中释放出来的过程，被马西娅·韦斯特科特（Marcia Westkott）描述为"普通人的胜利"，在这个过程中，我们要认识到，不一定成为非凡的人才算有价值。

自我憎恨是骄傲系统的最终结果。霍妮认为它"也许是人类心灵的最大悲剧。人在奔向无限和极致的同时也在毁灭自己。当他与承诺给他荣耀的魔鬼达成协议时，他就不得不下地狱，下自己内心的地狱"。只有当自我憎恨减弱时，"有害的自怜自哀才能变成有益的自我同情"。要想做到这一点，一个人必须"开始想要认识真实自我，开始想要获得内心的救赎"（《神经症与人的成长》，153—154）。

因为我想让霍妮的成熟理论为自己发声，所以我在讨论时，没有把它与她的生活联系起来，但她的理论和她的个性之间当然存在着一种联系。我认为，霍妮的理论为她矛盾的行为和关于她的矛盾的证词提供了最有说服力的解释。卡伦·霍妮的多面性包括：自卑的羞怯和对爱与安抚的需求；在与同事打交道时咄咄逼人的野心、傲慢和无情，以及疏离、冷淡、神秘和内向。她的疏离感是她大量心理洞察力的起点，因为这使她能够看穿自己的防御，也能看穿别人的防御。

关于霍妮的骄傲系统的运作，直接的证据较少，尽管我们可以合理地假设，她对其动态的描述部分来自自我观察。我们知道，她有一种"成为明星的巨大需求"，在她的野心、战斗力和傲慢的背后，无疑是她作为一个国际人物的理想化形象。她"推翻弗洛伊德"，弗朗西斯·阿金说，"并取而代之"。尽管她的事业非常成功，但她得到的认可显然没有达到她的期望。正如旺达·威利格所观察到的，"她得到了很多赞誉，但她……感到不满：这还不够"。有几个人形容她为所欲为：埃斯特·斯皮策（Esther Spitzer）断言，"她似乎觉得自己做了坏事也不会受到惩罚"。也许霍妮想要有凌驾于规则之上的感觉，这也催生了她对一些男性精神分析者的不专业行为，尽管这种行为部分是由于她对慰藉的强迫性需求。

霍妮就像她笔下的人一样，她在骄傲和自我憎恨之间摇摆不定。虽然她获得了相当大的名气，但她觉得世界没有尊重她的要求；虽然她很有效率，但她对自己"无法工作"进行了鞭挞（玛丽安·埃卡德特，学院档案）。她的矛盾的应该驱使她赢得报复性胜利，但也敦促她成为她在书中所描述的体谅他人的、支持他人的、高度道德的人。霍妮不仅经受着骄傲和自我憎恨之间的斗争，而且还经受着她所描述的真实自我和理想化自我之间的核心内在冲突。霍妮说，当我们处于这种冲突中时，我们可能会坚持我们的理想化形象，寻求"在完美健康的光辉荣耀中"实现它（《神经症与人的成长》，358）。也许哈罗德·凯尔曼目睹的"巨大的痛苦和折磨"的来源之一是她长期罹患神经症的自我厌恶。

霍妮的思想经过了几个阶段的演变，所以霍妮对不同的人来说意味着不同的东西。有些人认为她首先是第一个精神分析的女权主义者，这个女人的工作如此出色地预见了反弗洛伊德女性心理学浪潮。对有些人来说，她是主要的新弗洛伊德主义者之一，是文化学派的主要成员。还有人认同她的成熟理论，在该理论中，她对人际关系和心理内部的防御策略进行了复杂的分类。虽然霍妮思想的每个阶段都很重要，但我认为她的成熟理论代表了她最重要的贡献。霍妮的大部分早期思想都被霍妮本人或其他人修改或丰富了，或者被后来的作家吸收或重新发现，但她的成熟理论却不是这样的。《我们的内心冲突》和《神经症与人的成长》从目前存在的防御和内在冲突方面对人类行为进行了解释，这是我们在其他地方找不到的解释。这些解释不仅对临床实践有更大的价值，而且相比霍妮的早期思想有更多的跨学科应用（见附录一）。

第二十九章　霍妮与第三势力心理学

　　尽管霍妮的真实自我概念构成了她成熟理论的基础，但霍妮将她的大部分注意力放在分析我们为应对挫折和威胁而采取的防御措施上。她提出的最佳发展构想还有待后来的理论家发展。霍妮关注的是自我异化，而亚伯拉罕·马斯洛关注的是自我实现，后者描述的人类基本动机和心理健康本质更为全面。马斯洛还借鉴了许多其他人的工作，他将这些人描述为现代心理学的"第三势力"。霍妮是这个群体中的一个开创性人物，她的成熟理论无疑属于第三势力心理学。在讨论第三势力心理学之前，我将简要回顾一下霍妮预见、影响或与其理论相近的其他思想流派。

　　霍妮的理论涉及了主流精神分析理论中的许多问题，尽管它与自我心理学、自体心理学和客体关系理论有着重要的区别。霍妮的"基本焦虑"与爱利克·埃里克森（Erik Erikson）的"基本不信任"非常相似，她的理论阐明了埃里克森所描述的许多发展阶段。对身份的寻求往往涉及理想化形象的形成，当我们意识到我们对荣耀的寻求不会成功时，危机就会出现。霍妮的研究也与海因茨·利希滕斯坦（Heinz Lichtenstein）的身份理论有关。利希滕斯坦的身份主题往往可以用霍妮的术语理解为防御和内在冲突。

像海因茨·科胡特（Heinz Kohut）和他的伙伴们一样，霍妮对自我问题感兴趣；像哈里·冈特里普（Harry Guntrip）、罗纳德·费尔贝恩（Ronald Fairbairn）、D.W.温尼科特（D.W.Winnicott）、约翰·鲍尔比（John Bowlby）和英国独立学派的其他成员一样，她把神经症看作对象关系紊乱的产物，尤其是童年时期的关系紊乱。她与自体心理学家的不同之处在于她否认原发性自恋，而与客体关系理论家的不同之处在于她对当前结构的关注。如果我们把她的防御策略看作源于分离和个体化过程的变迁，那么霍妮的观点在某种程度上可以与玛格丽特·马勒（Margaret Mahler）的观点相结合。分离的恐惧导致了针对其他人的种种行为举动，而再次被吞噬的恐惧（或许是童年生活中缺失互利关系）催生了对权力和独立的渴望。

霍妮的成熟理论与其他学派也有相似之处，并对其有影响。它预见了R.D. 莱恩（R. D. Laing）和艾丽丝·米勒（Alice Miller）的许多想法。它启发了人际关系学派，并为关注患者当前情况而非过去的治疗提供了一个模型。霍妮的思想通过西奥多·米隆（Theodore Millon，1981）影响了《精神疾病诊断与统计手册》（第三版）及其修订版，后者曾在《精神疾病诊断与统计手册》（第三版）工作组和人格障碍咨询委员会任职。事实上，霍妮的理论已经进入了大多数心理治疗师现在采用的一系列想法和技术中，但往往没有得到承认。

霍妮的理论基于真实自我的想法，这一事实使它与拉康精神分析、解构主义和其他否认真实个人身份的后现代理论不相容。一个连贯的自我作为我们个人身份的核心的想法与去中心化、解构化和否认自我的倾向格格不入，自我常常被视为只是文化代码和影响的场所。对于那些否认自我的人来说，霍妮的理论是以幻觉为前提的，但从霍妮的角度来看，认为自我不可避免地是衍生的、不真实的和支离破碎的，是内心冲突和自我异化的产物，然后被概括为人类的状况。

尽管这个想法在 20 世纪末并不时髦，但霍妮在提出真实自我和将健康成长视为实现它的过程方面绝非孤独。她的立场类似于詹姆斯·马斯特森（James Masterson）在《真实的自体》（*The Real Self*）中阐述的发展、自体和客体关系的方法，他认为"在我们与患者的日常工作中，我们的工作围绕着一个有自体的人，而不是一个客体和自我的集合"。霍妮的真实自我与科胡特的"核心自体"（nuclear self）有一些相似之处，甚至与温尼科特的"真我"（true self）更加相似。根据温尼科特的说法，由于没有得到足够的培养，"一些本可以成为个人特质的东西被隐藏起来，以免受到进一步的侵犯"，"假我"顺势而生，取代了"真正的、冲动的自我，而这个自我在更有利的情况下本可以积蓄力量，成长起来"。[1] 这听起来很像霍妮的理论，就像艾丽丝·米勒对童年时期失去和寻找真实自我的讨论以及 R. D. 莱恩的存在

1　1961 年，哈里·冈特里普认为霍妮的理论"与弗洛伊德的无意识理论十分类似"，但他认同"自我实现的'真实'自我，即个人的实际'本性'，是最重要的"；自我"现在是精神分析中越来越突出的一个重点，例如在温尼科特的作品中"。

性不安（与基本焦虑相似）和发展一个假自我系统来应对它的描述一样。然而，我并不坚持霍妮的思想一定对这些思想有影响，尽管那是一种可能性，也不坚持这些思想完全等同，因为这些思想家之间有许多理论上的差异——太复杂了，无法在此具体说明。

但毫无疑问，霍妮影响了第三势力心理学，该心理学与她对人性和人类价值的看法相同，并建立在她的许多基本前提之上。第三势力心理学的主要代言人亚伯拉罕·马斯洛认识霍妮，采用了她的真实自我概念，并发展了一个与她互补的理论。虽然现代心理学在马斯洛时代之前，受弗洛伊德和实验—实证—行为主义学派的影响最大，但马斯洛觉得其他几个团体正在"凝聚成第三种越来越全面的理论"[1]，对人性有不同的哲学。这种不同被定义为更大的乐观主义，对人类行为采取更全面的方法，或更丰富的内在需求和价值；但最关键的是认为除了减少紧张和调节之外，我们还受到一种进化的建设性力量的激励，这种力量敦促我们实现我们的潜力。我们每个人都有一个内在的本性，我们的生活目标就是要实现它。无论他们称之为自我实现、自我完成、整合、心理健康、个性化、自主性、创造性或生产力，第三势力心理学家都一致认为，人类的最高价值是成为充分发展的人、他

1　马斯洛口中的第三势力包括了阿德勒主义者；兰克主义者；荣格主义者；新弗洛伊德主义者，如霍妮和弗洛姆；后弗洛伊德主义者，如艾伦·韦尔斯（Allen Wheelis）、贾德·马尔默、托马斯·萨兹（Thomas Szasz）和恩斯特·沙赫特；库尔特·戈德斯坦（Kurt Goldstein）；格式塔心理学家；人格理论家，如戈登·奥尔波特（Gordon Allport）、加德纳·墨菲（Gardner Murphy）和亨利·默里（Henry Murray）；自我心理学家；现象学心理学家；成长心理学家；罗杰主义者和人本主义心理学家。当然，其中一些人的观点较其他人与霍妮和马斯洛发展的第三势力心理学更为相似。

们可以成为的一切。

在第三势力心理学的背景下看待霍妮的好处之一是，它补充了她的动机理论，该理论从未超出《我们时代的神经症人格》中介绍的"安全和满足"的公式。霍妮从哈里·斯塔克·沙利文对满足（快乐）和安定（安全、放心）的需求的区分中得出了这个公式。对沙利文来说，满足包括减轻身体的紧张，而对安定的渴望是由来自个人环境的有害情绪状态所引起的。对安定的追求加剧了紧张，因此与满足的目标相冲突，后者是为了达到一个不紧张的状态。霍妮观察到，对安定的追求可能和本能驱动一样强烈，并可能通过"缓解紧张"产生"同样强烈的满足"（《我们时代的神经症人格》，105）。虽然她否定了弗洛伊德的紧张缓解系统所依据的本能理论，但她并没有用其他术语重新表述对安全和满足的需求，而且她经常援引这些需求，好像它们足以解释人类行为。但是，"安全和满足"是一个不充分的表述，它遗漏了霍妮本人非常重视的需求，比如对爱、尊重、尊严的需求，对自己个性的接受，以及自由地表达自己的想法和感受。

霍妮从未对她在作品中实际讨论的动机进行过充分的分类，但马斯洛的基本需求层次有助于弥补这一不足，并澄清她作品中隐含的许多内容。[1]根据马斯洛的理论，人们需要生理上的满足、安全、爱和归属、自尊和自我实现。这些需求是分层次的：生理需求是最强大的，而属于高度进化状态的需求则逐渐减弱。（马斯洛也提出了对知识和

1　关于基本需求和层次结构的全面说明，见马斯洛的《动机和人格》。我在《霍妮、马斯洛和第三势力》（1986）中对第三势力心理学有更全面的讨论，当前叙述部分就是基于此文。

理解以及对美的基本需求，但没有把它们纳入他的层次结构）。处于层次结构高端的需求并不比低端的需求少，因为它们是我们生物学上的一个功能，如果我们要以最佳方式发展，就必须得到满足。它们的表现形式和满足的可能性取决于环境，但它们在文化之前就存在，是我们整个物种本性的一部分。尽管比动物本能要弱（马斯洛称它们为"似本能"），但它们是"顽固的、不能简化的、最终的、不可分析的事实，必须被看作既定的"。

人们天生追求所有基本需求的满足，但在任何时候，他们的生活动机都会围绕最低的未满足的需求。那些生活在有利于成长的环境中的人，会在层次结构中稳步上升，直到他们能够自由地将大部分精力投入自我实现。基本需求的层次结构确立了心理发展的模式。低级需求没有得到充分满足的人可能会在发展的早期阶段变得固执己见，或者经常出现退步。基本需求一旦遭遇挫折，就会变得更为猛烈和持久；而基本需求一旦得到满足，就会削弱其作为激励力量的作用。

挫折会产生病态；它阻止了我们的发展，使我们与真实自我疏远，并导致我们发展出神经症的策略来弥补我们的不足。健康的基本需求可以得到满足，但当它们未得到满足时，就会变成贪得无厌的神经症需求。破坏性、侵略性和无所不能的需求并不是人类本质的一部分；它们是对马斯洛所说的"基本威胁"的防御性反应，也就是对基本需求得不到满足的恐惧。然而，有的挫折致病，有的挫折却暗含价值。我们不仅要发现我们的潜力，还要发现我们的天性、我们在宇宙中的位置以及我们存在的社会特征所带来的限制。在所有这些方面，马斯洛与霍妮完全一致。

与弗洛伊德相比，第三势力心理学似乎很乐观，因为它提出了健康的可能性，并发现自我实现的人是一个相对快乐、和谐、有创造力的人。然而，必须指出的是，霍妮和马斯洛都发现心理健康是罕见的。因为本能的需求是如此的弱小（尤其是更高的需求），而真实自我的声音是如此的微弱，要确定我们真正的感觉和我们真正想要的东西是非常困难的。因为人类经历了一个漫长的依赖期，使我们对外部压力和影响很敏感，我们很容易自我异化。我们是敏感的植物，其健康成长的复杂要求很少得到满足。但是，尽管很容易被破坏，我们却不容易被摧毁。我们有一种非凡的能力来发展防御策略，使我们能够在一个荒凉的世界中生活，无论它多么具有破坏性。

20世纪的每一种主要心理学理论都倾向于关注需求层次的某些部分而不是整体。荣格和马斯洛的理论侧重于爱、自尊和自我实现，在处理低级需求方面比较薄弱。弗洛伊德的本我心理学和行为主义心理学对生理和安全需求的处理比对高级需求的处理要强得多。新弗洛伊德派、罗杰派、自我心理学家、存在主义心理学家、客体关系理论家和自体心理学家则侧重于需求层次的中间部分。霍妮主要关注的是我们如何抵御安全、爱和归属以及自尊等需求的挫败。她所描述的解决方案无法发挥作用，部分原因是这些需求已经变得无法满足。

第三势力心理学有助于澄清霍妮开始探索的有关价值观的一些问题。价值观来自人类的本性及其需求。那些满足基本需求并有利于健康成长的东西是好的，而那些阻止或扭曲我们心理发展的东西是坏的。我们最看重的东西将在很大程度上由最强大的未满足的需求决定；例如，如果安全受到威胁，它将比爱或自尊显得更重要。正如有较高和较低的需求一样，也有较高和较低的价值。一个在这两方面都得到满足的人，会把更大的价值放在较高的需求上，而不是放在较低的需求上。例如，选择爱而不是安全，或自尊而不是爱。此外，价值观可以是健康的，也可以是神经症的：对自尊的基本需求与对荣誉的神经症需求是不同的。正如霍妮所显示的，自我异化的人的价值观与其说是由他们的基本需求决定的，不如说是由他们的防御策略决定的，因为他们倾向于重视的不是他们为了成长而需要的东西，而是他们为了维持他们的神经症解决方案而需要的东西。只要他们的防御对他们的生存是必要的，他们的价值观就有某种功能上的合法性，必须得到尊重；但它们不是规范性的，就像从基本需求衍生出来的价值观一样。

第三势力心理学家认为，所有人类的最高价值，无论人们是否意识到，都是实现他们的潜能，实现他们自己。每个人都有不同的自我要实现，而本质的差异产生了价值的差异。人们在低级需求方面最相似，在高级需求方面特立独行。因此，有些价值观是全物种的（尽管它们在不同的文化中采取不同的形式），有些是个人独有的，或者只由相似的人共有。自我实现不仅是个人的存在理由，也是社会机构的存在理由，其价值可以通过它们在促进个人心理成长方面的成败来衡量。

像霍妮一样，第三势力心理学家拒绝我们这个时代的许多相对论。他们声称，人类学在提醒我们注意民族中心主义的危险方面做出了贡献，但从文化中推导出所有的价值，或宣布我们无法区分好的和坏的文化，这是一个错误。我们追求目标的途径是由文化决定的，但只要它们是健康的，目标本身就是普遍的人类心理学的产物。

第三势力心理学的价值理论本质上是一种享乐主义的理论，它区分了高级和低级的快乐，健康和病态的价值。健康人的价值观对所有的人都适用，不管这些人是否接受，因为好的选择者为坏的选择者做出的选择，比坏的选择者为自己做出的选择更好。马斯洛认为，存在着一种基本的人性，我们可以识别出这种人性在哪些人身上得到了最充分的体现，我们可以从观察他们的过程中了解到什么会促进每个人的成长，以及如果所有人都健康的话，他们都会渴望什么。这一立场在卡伦·霍妮的作品中也有所体现。

霍妮和马斯洛都意识到他们的价值理论中存在一些问题。那就是，事实上，不可能最终确定存在一种基本的人性；所有基于这一前提的理论都是从信仰的飞跃开始的。假设这种本性存在，同样不可能对其进行权威性的定义，也不可能证明实际上已经确定了那些本性的人得到了最充分的实现。马斯洛从对优秀选择者的观察中得出了他的自然主义价值体系；但是，正如他自己所认识到的，优秀选择者必须被选择，而且没有办法确定那些做选择的人的资格。投射的可能性很大；他们可能只是在选择那些个性和价值体系与自己相似的人，或者体现了一种神经症的理想。这些问题并不局限于霍妮和马斯洛，任何理论都无法为那些一开始就不接受这些标准的人验证其心理健康标准。

马斯洛对霍妮的真实自我和健康成长的概念有很多补充，其他第三势力心理学家，如卡尔·罗杰斯（Carl Rogers）和霍妮的同事恩斯特·沙赫特也是如此。根据马斯洛，自我实现不是"要么是百分之百，要么是零的事情"，而是"一个程度和频率的问题"。在他所谓的"高峰体验"期间，即完全满足的时刻，没有更高的追求出现，一个人暂时具有自我实现的许多特征。那么，自我实现可以被定义为一个小插曲，或者一个突发事件，在这个过程中，人的力量以一种非常愉快的方式聚集在一起，他更接近他存在的核心。心理健康的人比其他人更频繁、更强烈地经历这些事件，但每个人都有能力获得高峰体验。这也许可以解释为什么霍妮和马斯洛，他们都经历过不快乐的童年，有许多心理问题，却能达到他们自己不常接近的健康愿景。

对马斯洛来说，真实自我包括基本需求和构成我们个人生物学的其他一切："做自己，保持自然或自发性，保持真实，表达自己，所有这些也都是生物学上的说法，因为它们意味着接受一个人的体质、气质、身体构造、神经激素和似本能动机的本质。"正如我们所看到的，马斯洛认为，自我实现的人（或所有处于自我实现时刻的人）的选择或价值对整个物种来说是规范性的。他把这些称为"存在价值"（being-values），并把它们囊括在真实自我中，他的观点和霍妮类似，区别是霍妮并没有给它们命名。所有的人都有可能体验到这些最高价值，而违背这些最高价值必然损害自己。像霍妮和弗洛姆一样，马斯洛假设了一个"内在的良心"，它产生了"内在的罪恶感"，它也是真实自我的一部分。

马斯洛和霍妮都认为，真实自我不是一个实体，一个何蒙库鲁兹[1]，或一个自在之物。它的成分是"人生的种种可能性，而不是最终

1　何蒙库鲁兹意指欧洲的炼金术师创造出的人工生命。——译者注

的自我实现。因此，它们具有生命周期，符合发展规律。它们大部分（但不是全部）是由心理以外的决定因素（文化、家庭、环境、学习等）来实现、塑造或扼杀的"。真实自我只有作为世界中的自我才能得到实现。

按照真实自我发展的人拥有一些特征，将他们与自我异化的人区分开来。那些感到不安全、不被爱和不被重视的人发展出一种防御性，将他们与自己和外部现实隔离开来，而自我实现的人的特点是对自己的内在和外部世界保持开放。

正如卡尔·罗杰斯所观察到的，对自己的开放表现为更大的一致性、更高的透明度和更强的自发性。当人们正在经历的感觉与他们对这种感觉的认识相匹配时，他们就是一致的。当他们的行为、语言和手势准确地表明他们内心正在发生的事情时，他们是透明的（霍妮最喜欢的一个词）。自发性（另一个霍妮喜欢的词）包括在体验和表达真实自我时没有任何抑制。健康的自发性不应该与经常以其名义进行的神经症强迫行为相混淆。自发性和道德之间没有严重的冲突；自我实现的人"自发地倾向于做正确的事，因为那是他们想做的，他们需要做的，他们喜欢的"。大多数第三势力心理学家同意霍妮的观点，即成为好人的方法是致力于我们的心理健康。

自我实现的人对世界的开放性表现在他们对外部现实的感知和联系方式上。用沙赫特的话说，防御性的人倾向于以自我为中心（以主体为中心），而自我实现的人则倾向于以异我为中心（以客体为中心）。在自我中心的感知中，世界被分为"使用的对象"和需要回避的对象，感知者关注的不是"对象本身"，而是与他或她自己的目的、需要和恐惧有关的那些方面。异我中心的态度是"对客体的深刻兴趣，以及对它的完全开放和接受"。异我中心的感知提供了一个更丰富、更准确的世界图景，它允许我们从整体上看待其他人，"作为复杂、独特的个体"。

在以异我为中心的感知和马斯洛所说的"存在的爱"（being-love）之间存在着密切的联系。那些认为只有"我—它"（I-it）关系的人，在这种关系中，把对方当作对象，而对方的主观性具有威胁性，必须予以否认，他们把存在于自我中心的人之间的关系描述为人类条件下固有的关系。在"存在的爱"的关系中，其他人被以异我中心的方式看待，以他们自己的方式被理解，并因他们是什么而被爱。"存在的爱"产生一种非防御性的、非依附性的关系，在这种关系中，人们尊重对方的尊严和自主性，渴望对方的成长。"存在的爱"是霍妮认为精神分析师应该给予患者的，它是罗杰斯所描述的"帮助关系"的核心特征。"存在的爱"是我们成长最需要的东西。

沙赫特观察到，尽管异我中心的感知具有"丰富、清新、活力"的效果，但它也是可怕的，因为它威胁到我们的防御，扰乱了我们的"嵌入性"。他认为人类的发展在某种程度上是我们的嵌入性倾向与我们的开放性和成长性倾向之间的冲突。在每个人的心理演化中，都存在着"希望留在子宫或母亲的照顾中"——我们已经习惯于此——和"希望接触世界并在这种接触中发展和实现人类的能力"之间的冲突。

沙赫特的嵌入性概念为弗洛伊德和第三势力心理学之间提供了一座桥梁，因为它使他承认，有些状态似乎是由减少紧张的愿望所支配的，同时坚持认为，在其他状态下，"我们发现对刺激和活动的渴望和享受，而不是摆脱它的愿望"。沙赫特将用"嵌入法则"取代快乐原则，该法则认为刺激的增加并不总是不愉快的，但嵌入状态越接近完整，我们对任何变化的反应就越消极。弗洛伊德的快乐原则概念准确地描述了我们经验的某一部分，但它忽略了在成长中的婴儿和儿童中"如此引人注目的现象，即在与不断扩大的现实相遇以及在发展、锻炼和实现他不断增长的能力、技能和力量的过程中发现的快乐和满足"。[1]对婴儿和儿童的经验研究证实了沙赫特的观察。

在健康发展的过程中，"嵌入性原则会屈服于向世界打开自我和与世界接触时实现自我的超越性原则。但如果外部条件不利，嵌入性原则就会变得病态的顽强，将与世界接触视为恼人的碰撞和烦扰的刺激，然后采用以自我为中心的方式应对这种局面"。嵌入性和开放性总是程度上的问题；它们之间的冲突从未得到解决："人总是生活在两极之间，一是坚持僵化的态度和封闭的世界，二是跳入生活的洪流，敞开他的感官，走向取之不尽、用之不竭的无限世界。"自我实现的人不仅因其更有勇气做自己而不同，也因其更有勇气在这个世界上存在而出众。他们足够相信他们的真实自我，愿意跟随它的提示，哪怕不知道这些提示将把他们引向何处；他们足够相信他们的能力，愿意张开双臂迎接世界，无论将获得什么样的体验。

1　我们可以试着比较桑多尔·费伦茨所阐述的弗洛伊德的立场："现实感的发展表现为一连串的压抑，人类的'发展努力'并非通过自发性，而是认为发展是一种必要，然后通过克己的方式，被迫发展。第一个强力压抑就是出生。胎儿更愿意待在子宫中，不受干扰，但它被残酷地转移到世界上，它不得不忘记（压抑）它所喜欢的那种满足，调整自己以适应新的满足。同样残酷的游戏在每一个新的发展阶段都会重复。"

　　第三势力心理学为人性和人类价值、真实自我和心理健康提供了一个完全与卡伦·霍妮的理论相一致的解释，并扩展了她的想法。此外，我们在霍妮本人身上发现了罗杰斯和沙赫特所描述的防御性和开放性的结合。她的防御性表现在她的人际关系中，在这种关系中，她经常是强迫性的、以自我为中心的、迟钝的，尽管她也可能是关怀和慷慨的。她的开放性表现在她对生活的热情、冒险精神和创造奇迹的能力上，最重要的也许是她观察的准确性。在这里，我们看到她有能力超越自己的防御性，实现异我中心的感知。

参考文献

Abraham, K. 1920. Manifestations of the Female Castration Complex. In *Selected Papers of Karl Abraham*. Trans. D. Bryan and A. Strachey. London: Hogarth Press, 1949.

Alexander, F. 1937. Review of K. Horney, *The Neurotic Personality of Our Time. Psychoanalytic Quarterly*, 6: 536–540.

Alexander, F. 1940. The Human Setting of the Development of Ideas [review of K. Horney, *New Ways in Psychoanalysis*]. *Psychoanalytic Quarterly,* 9 : 1–36.

Ansbacher, H. L., and Ansbacher, R. R., eds. 1956. *The Individual Psychology of Alfred Adler.* New York: Harper Torchbook, 1964.

Aronoff, J. 1967. *Psychological Needs and Cultural Systems.* Princeton: Van Nostrand.

Azorin, L. A. 1957. Karen Horney on Psychoanalytic Technique: The Analyst's Personal Equation. *American Journal of Psychoanalysis* ,17: 34–38.

Bande, U. 1988. *The Novels of Anita Desai.* New Delhi: Prestige Press.

Bartlett, S. A. 1989. Humanistic Psychology in C. S. Lewis's *Till We Have Faces*: A Feminist Critique. *Studies in the Literary Imagination*, 22: 185–198.

Bartlett, S. A. 1991. Fantasy as Internal Mimesis in Bernard Shaw's *Saint Joan. Notes on Modern Irish Literature*, 3: 5–12.

Bartlett, S. A. 1993. Spectral Thought and Psychological Mimesis in *A Portrait of the Artist as a Young Man*. *Notes on Modern Irish Literature*, 5: 57–66.

Benedict, R. 1938. Review of K. Horney, *The Neurotic Personality of Our Time*. *Journal of Abnormal and Social Psychology*, 33: 133–135.

Bergman, I. 1974. *Scenes from a Marriage*. Trans. A. Blair. New York: Bantam.

Birnbach, M. 1961. *Neo-Freudian Social Philosophy*. Stanford: Stanford University Press.

Bolt, R. n.d. *A Man for All Seasons*. New York: Vintage.

Breitbart, S. 1948. "Hedda Gabler"：A Critical Analysis. *American Journal of Psychoanalysis*, 8: 55–58.

Briffault, R. 1927. *The Mothers*. 3 vols. London: George Allen & Unwin.

Brown, J. F. 1937. Review of K. Horney, *The Neurotic Personality of Our Time*. *The Nation*, 145 (3 July): 21–22.

Brown, J. F. 1939. Review of K. Horney, *New Ways in Psychoanalysis*. *The Nation*, 149 (23 September): 328–329.

Buckley, N. L. 1982. Women Psychoanalysts and the Theory of Feminine Development: A Study of Karen Horney, Helene Deutsch, and Marie Bonaparte. Ph.D. diss., University of California, Los Angeles.

Butery, K. 1982. The Contributions of Horneyan Psychology to the Study of Literature. *American Journal of Psychoanalysis*, 42: 39–50.

Butery, K. 1986. Jane Eyre's Flights from Decision. In *Third Force Psychology and the Study of Literature*. Ed. B. J. Paris. Rutherford, N.J.: Fairleigh Dickinson University Press.

Butery, K. 1989. From Conflict to Suicide: The Inner Turmoil of Quentin Compson. *American Journal of Psychoanalysis*, 49: 211–224.

Chodorow, N. 1978. *The Reproduction of Mothering: Psychoanalysis and the Psychology of Gender*. Berkeley: University of California Press.

Chodorow, N. 1989. *Feminism and Psychoanalytic Theory*. New Haven: Yale University Press.

Clemmens, E. 1988. Review of Susan Quinn, *A Mind of Her Own: The Life of Karen Horney*. *American Journal of Psychoanalysis*, 48: 281–284.

Clinch, N. 1973. *The Kennedy Neurosis*. New York: Grosset & Dunlap.

Danielian, J. 1988. Karen Horney and Heinz Kohut: Theory and the Repeat of History. *American Journal of Psychoanalysis*, 48: 6–24.

De Rosis, H., and V. Pellegrino. 1976. *The Book of Hope: How Women Can Overcome Depression*. New York: Macmillan.

Deutsch, H. 1925. *Psychoanalyse der weiblichen Sexualfunktionen* [Psychoanalysis of the sexual functions of women]. Vienna: Internationaler Psychoanalytischer Verlag.

Dinnage, R. 1987. Review of Susan Quinn, *A Mind of Her Own: The Life of Karen Horney*. *New York Times Book Review*, 29 November: 10–11.

Dowling, C. 1981. *The Cinderella Complex: Woman's Hidden Fear of Independence*. New York: Summit.

Dworkin, A. 1989. *Letters from a War Zone*. New York: Dutton.

Eckardt, M. H. 1960. The Detached Person: A Discussion with a Phenomenological Bias. *American Journal of Psychoanalysis*, 20: 139–149.

Eckardt, M. H. 1975. Life Is a Juggling Act: Our Concepts of "Normal" Development—Myth or Reality? *American Journal of Psychoanalysis*, 35: 103–113.

Eckardt, M. H. 1978a. Organizational Schisms in American Psychoanalysis. In *American Psychoanalysis: Origins and Development*. Ed. J. M. Quen and E. T. Carlson. New York: Brunner/Mazel.

Eckardt, M. H. 1978b. Beliefs and Reflections of a Therapist. In *Interpersonal Psychoanalysis: New Directions*. Ed. E. G. Witenberg. New York: Gardner.

Eckardt, M. H. 1980. Reflections on "What Helps a Patient?" Talk presented to the Nassau County Psychoanalytic Group, 1980.

Eckardt, M. H. 1983. The Core Theme of Erich Fromm's Writings and Its Implications for Therapy. *Journal of the American Academy of Psychoanalysis*, 11: 391–399.

Eckardt, M. H. 1991. Feminine Psychology Revisited: A Historical Perspective. *American Journal of Psychoanalysis*, 51: 235–243.

Eldredge, P. R. 1982. Karen Horney and *Clarissa*: The Tragedy of Neurotic Pride. *American Journal of Psychoanalysis*, 42: 51–59.

Eldredge, P. R. 1986. The Lost Self of Esther Summerson: A Horneyan Interpretation of *Bleak House*. In *Third Force Psychology and the Study of*

Literature. Ed. B. J. Paris. Rutherford, N.J.: Fairleigh Dickinson University Press.

Eldredge, P. R. 1989. A Granddaughter of Violence: Doris Lessing's Good Girl as Terrorist. *American Journal of Psychoanalysis*, 49: 225–238.

Falk, D. V. 1958. *Eugene O'Neil and the Tragic Tension*. New Brunswick, N.J.: Rutgers University Press.

Feiring, C. 1983. Behavior Styles in Infancy and Adulthood: The Work of Karen Horney and Attachment Theorists Collaterally Considered. *Journal of the American Academy of Child Psychiatry*, 22: 1–7.

Fenichel, O. 1930. The Pregenital Antecedents of the Oedipus Complex. In *The Collected Papers of Otto Fenichel*. Ed. H. Fenichel and D. Rapaport. New York: Norton, 1953.

Fenichel, O. 1934. Further Light upon the Preoedipal Phase in Girls. In *The Collected Papers of Otto Fenichel*. Ed. H. Fenichel and D. Rapaport. New York: Norton, 1953.

Fenichel, O. 1940. Review of K. Horney, *New Ways in Psychoanalysis*. *Psychoanalytic Quarterly*, 9: 114–121.

Ferenczi, S. 1952. Stages in the Development of the Sense of Reality. In *First Contributions to Psycho-Analysis*. Trans. E. Jones. London: Hogarth.

Fishburn, K. 1977. *Richard Wright's Hero: The Faces of a Rebel-Victim*. Metuchen, N.J.: Scarecrow.

Fliegel, Z. O. 1973. Feminine Psychosexual Development in Freudian Theory: A Historical Reconstruction. *Psychoanalytic Quarterly*, 42: 385–408.

Fliegel, Z. O. 1982. Half a Century Later: Current Status of Freud's Controversial Views on Women. *Psychoanalytic Review*, 69: 7–28.

Fliegel, Z. O. 1986. Women's Development in Analytic Theory: Six Decades of Controversy. In *Psychoanalysis and Women: Contemporary Reappraisals*. Ed. J. L. Alpert. Hillsdale, N.J.: Analytic Press.

Freud, S. 1925. Some Psychological Consequences of the Anatomical Distinction between the Sexes. *Collected Papers*. Ed. J. Strachey. New York: Basic Books, 1959, 5: 186–197.

Freud, S. 1931. Female Sexuality. *Collected Papers*. Ed. J. Strachey. New York: Basic Books, 1959, 5: 252–272.

Freud, S. 1933. *New Introductory Lectures on Psychoanalysis*. *Standard Edition of the Complete Psychological Works of Sigmund Freud*. Ed. J. Strachey. London: Hogarth, 1964, 22: 5–182.

Fromm, E. 1941. *Escape from Freedom*. New York: Rinehart.

Fromm, E. 1947. *Man for Himself: An Inquiry into the Psychology of Ethics*. New York: Rinehart.

Fromm, E. 1955. *The Sane Society*. New York: Holt, Rinehart & Winston.

Fromm, E. 1956. *The Art of Loving*. New York: Harper & Row.

Garrison, D. 1981. Karen Horney and Feminism. *Signs*, 6: 672–691.

Glad, B. 1966. *Charles Evans Hughes and the Illusions of Innocence*. Urbana: University of Illinois Press.

Glad, B. 1973. Contributions of Psychobiography. In *Handbook of*

Political Psychology. Ed. J. N. Knutson. San Francisco: Jossey–Bass.

Glad, B. 1980. *Jimmy Carter*. New York: W. W. Norton.

Goodman, P. 1945. The Political Meaning of Some Recent Revisions of Freud. *Politics*, 2: 197–203.

Green, A. W. 1946. Sociological Analysis of Horney and Fromm. *American Journal of Sociology*, 51: 533–540.

Grossman, W. I. 1986. Freud and Horney: A Study of Psychoanalytic Models via the Analysis of a Controversy. In *Psychoanalysis: The Science of Mental Conflict*. Ed. A. D. Richards and M. S. Willick. Hillsdale. N.J.: Analytic Press.

Guntrip, H. 1961. *Personality Structure and Human Interaction*. New York: International Universities Press.

Haselswerdt, M. 1986. "Keep Your Muck": A Horneyan Analysis of Joe Christmas and *Light in August*. In *Third Force Psychology and the Study of Literature*. Ed. B. J. Paris. Rutherford, N.J.: Fairleigh Dickinson University Press.

Heyerdahl, G. H. 1992. *Brigitte Horney: So oder so ist das Leben* [Life is like this or like that]. Berne: Scherz Verlag.

Hillman, J. 1992. Is Therapy Turning Us into Children? *New Age*, May/June: 60–65, 136–141.

Hirsch, H. N. 1981. *The Enigma of Felix Frankfurter*. New York: Basic.

Hoffman, E. 1988. *The Right to Be Human: A Biography of Abraham*

Maslow. Los Angeles: Jeremy P. Tarcher.

Horney, K. 1917. The Technique of Psychoanalytic Therapy. *American Journal of Psychoanalysis*, 28 (1968): 3–12.

Horney, K. 1923. On the Genesis of the Castration Complex in Women. *FP*: 37–53.

Horney, K. 1926a. The Flight from Womanhood: The Masculinity Complex in Women as Viewed by Men and by Women. *FP*: 54–70.

Horney, K. 1926b. Review of H. Deutsch, *Zur Psychologie der weiblichen Sexualfunktionen*. *International Journal of Psychoanalysis*, 7: 92–100.

Horney, K. 1926–1927. Inhibited Femininity: Psychoanalytical Contribution to the Problem of Frigidity. *FP*: 54–70.

Horney, K. 1927a. Der Männlichkeitskomplex der Frau [The masculinity complex in women]. *Archive fur Frauenkunde*, 13: 141–154.

Horney, K. 1927b. Psychische Eignung und Nichteignung zur Ehe [Psychic fitness and unfitness for marriage]. *Ein biologisches Ehebuch*. Ed. M. Marcuse: 192–203. Berlin: Marcus & Weber.

Horney, K. 1927c. Über die psychischen Bestimmungen der Gattenwahl [On the psychic determinants of choosing a partner]. *Ein biologiches Ehebuch*. Ed. M. Marcuse: 470–480. Berlin: Marcus & Weber.

Horney, K. 1927d. Über die psychischen Wurzeln einiger typischer Ehekonflikte [The psychic origin of some typical marriage problems]. *Ein biologisches Ehebuch*. Ed. M. Marcuse: 481–491. Berlin: Marcus & Weber.

Horney, K. 1927e. Discussion on Lay Analysis. *International Journal of Psychoanalysis,* 8: 255–259.

Horney, K. 1928. The Problem of the Monogamous Ideal. *FP*: 84–88.

Horney, K. 1931a. The Distrust between the Sexes. *FP*: 107–118.

Horney, K. 1931b. Culture and Aggression: Some Thoughts and Doubts about Freud's Death Drive and Destruction Drive. *American Journal of Psychoanalysis*, 20 (1960): 130–138.

Horney, K. 1932a. The Dread of Woman: Observations on a Specific Difference in the Dread Felt by Men and by Women for the Opposite Sex. *FP*: 133–146.

Horney, K. 1932b. Problems of Marriage. *FP*: 119–132.

Horney, K. 1932c. Review of O. Rank, *Modern Education. Psychoanalytic Quarterly*, 1: 349–350.

Horney, K. 1933a. The Denial of the Vagina: A Contribution to the Problem of Genital Anxieties in Women. *FP*: 147–161.

Horney, K. 1933b. Psychogenic Factors in Functional Female Disorders. *FP*:162–174.

Horney, K. 1933c. Maternal Conflicts. *FP*: 175–181.

Horney, K. 1934. The Overvaluation of Love. *FP*: 182–213.

Horney, K. 1935a. The Problem of Feminine Masochism. *FP*: 214–233.

Horney, K. 1935b. Personality Changes in Female Adolescents. *FP*: 234–244.

Horney, K. 1935c. Conceptions and Misconceptions of the Analytical

Method. *Journal of Nervous and Mental Disease*, 81: 399–410.

Horney, K. 1936. The Problem of the Negative Therapeutic Reaction. *Psychoanalytic Quarterly*, 5: 29–44.

Horney, K. 1937. *The Neurotic Personality of Our Time*. New York: W. W. Norton.

Horney, K. 1939a. Can You Take a Stand? *Journal of Adult Education*, 11: 129–132.

Horney, K. 1939b. *New Ways in Psychoanalysis*. New York: W. W. Norton.

Horney, K. 1939c. What Is a Neurosis? *American Journal of Sociology*, 45: 426–432.

Horney, K. 1942. *Self-Analysis*. New York: W. W. Norton.

Horney, K. 1945. *Our Inner Conflicts*. New York: W. W. Norton.

Horney, K. 1949. Finding the Real Self: A Letter—with a Foreword by Karen Horney. *American Journal of Psychoanalysis*, 9: 3–7.

Horney, K. 1950. *Neurosis and Human Growth: The Struggle toward Self-Realization*. New York: W. W. Norton.

Horney, K. 1951. The Goals of Psychoanalytic Therapy. *American Journal of Psychoanalysis*, 51 (1991): 219–226.

Horney, K. 1967. *Feminine Psychology*. Ed. H. Kelman. New York: W. W. Norton.

Horney, K. 1980. *The Adolescent Diaries of Karen Horney*. Ed. M. Eckardt. New York: Basic.

Horney, K. 1987. *Final Lectures*. Ed. D. H. Ingram. New York: W. W. Norton.

Houghton, W. 1957. *The Victorian Frame of Mind*. New Haven: Yale University Press.

Huffman, J. 1982. A Psychological Critique of American Culture. *American Journal of Psychoanalysis*, 42: 27–38.

Huffman, J. 1986. A Psychological Redefinition of William Styron's *Confessions of Nat Turner*. In *Third Force Psychology and the Study of Literature*. Ed. B. J. Paris. Rutherford, N.J.: Fairleigh Dickinson University Press.

Huffman, J. 1989. Young Man Johnson. *American Journal of Psychoanalysis*, 49: 251–265.

Ingram, D. H., and J. Lerner. 1992. Horney Theory: An Object Relations Theory. *American Journal of Psychoanalysis*, 52: 37–44.

James, W. 1890. *The Principles of Psychology*. 2 vols. Cambridge: Harvard University Press, 1981.

Jones, E. 1927. Early Development of Female Sexuality. In *Papers on Psychoanalysis*: 438–451. Boston: Beacon, 1961.

Jones, E. 1933. The Phallic Phase. In Papers on *Psychoanalysis*: 452–484. Boston: Beacon, 1961.

Jones, E. 1935. Early Female Sexuality. In *Papers on Psychoanalysis*: 485–495. Boston: Beacon, 1961.

Kagan, J. 1984. *The Nature of the Child*. New York: Basic.

Kelman, H. 1971. *Helping People: Karen Horney's Psychoanalytic Approach*. New York: Science House.

Kelman, H., ed. 1964. *Advances in Psychoanalysis: Contributions to Karen Horney's Holistic Approach*. New York: W. W. Norton.

Kelman, H, ed. 1965. *New Perspectives in Psychoanalysis: Contributions to Karen Horney's Holistic Approach*. New York: W. W. Norton.

Kerr, N. J. 1988. "Wounded Womanhood": An Analysis of Karen Horney's Theory of Feminine Psychology. *Perspectives in Psychiatric Care*, 24: 132–141.

Key, E. 1888. *The Education of the Child*. New York: G. P. Putnam & Sons.

Keyishian, H. 1989. Vindictiveness and the Search for Glory in Mary Shelley's *Frankenstein*. *American Journal of Psychoanalysis*, 49: 201–210.

Kohut, H. 1977. *The Restoration of the Self*. New York: International Universities Press.

Kohut, H. 1984. *How Does Analysis Cure?* Chicago: University of Chicago Press.

Laing, R. D. 1965. *The Divided Self*. Baltimore: Penguin.

Lauer, K. 1985. His Husband/Her Wife: The Dynamics of the Pride System in Marriage. *Journal of Evolutionary Psychology*, 6: 329–340.

Leary, T. 1957. *Interpersonal Diagnosis of Personality*. New York:

Ronald Press.

Levenson, E. 1980. Review of K. Horney, *The Adolescent Diaries of Karen Horney*. *New York Times Book Review*, 21 December: 9, 16.

Lewis, C. R. 1985. Poet, Friend, and Poetry: The Idealized Image of Love in Shakespeare's Sonnets. *American Journal of Psychoanalysis*, 45: 176–190.

Lewis, C. R. 1986. Browning's Guido: The Self–Fictionalizing Imagination in Crisis. In *Third Force Psychology and the Study of Literature*. Ed. B. J. Paris. Rutherford, N.J.: Fairleigh Dickinson University Press.

Lowrey, L. G. 1937. Review of K. Horney, *The Neurotic Personality of Our Time*. *American Journal of Orthopsychiatry*, 7: 434.

Maeder, T. 1989. *Children of Psychiatrists and Other Psychotherapists*. New York: Harper &Row.

Marcuse, H. 1955. *Eros and Civilization*. Boston: Beacon, 1966.

Marmor, J. 1964. *The Pre-History and the Founding of the Comprehensive Course in Psychoanalysis. Society of Medical Psychoanalysts Newsletter*, 5: 6, 14.

Maslow, A. 1964. *Religion, Values, and Peak Experiences*. Columbus: Ohio State University Press.

Maslow, A. 1968. *Toward a Psychology of Being*. 2d ed. Princeton: Van Nostrand.

Maslow, A. 1970. *Motivation and Personality*. 2d ed. New York:

Harper & Row.

Maslow, A. 1971. *The Farther Reaches of Human Nature*. New York: Viking.

Masterson, J. 1985. *The Real Self.* New York: Brunner/Mazel.

Miller, A. 1981. *Prisoners of Childhood: The Drama of the Gifted Child and the Search for the True Self*. Trans. R. Ward. New York: Basic.

Miller, A. 1983. *For Your Own Good: Hidden Cruelty in Child-Rearing and the Roots of Violence*. Trans. H. Hannum and H. Hannum. New York: Farrar, Straus & Giroux.

Millon, T. 1981. *Disorders of Personality: DSM-III, Axis II*. New York: John Wiley & Sons.

Mindess, H. 1988. *Makers of Psychology: The Personal Factor*. New York: Insight.

Mitchell, A. 1992. A Response to "Horney Theory: An Object Relations Theory". *American Journal of Psychoanalysis*, 52: 45–49.

Moulton, R. 1975. Early Papers on Women: Horney to Thompson. *American Journal of Psychoanalysis*, 35: 207–223.

Mullahy, P. 1948. *Oedipus, Myth and Complex*. New York: Hermitage.

Natterson, J. M. 1966. Karen Horney: The Cultural Emphasis. In *Psychoanalytic Pioneers*. Ed. F. Alexander, S. Eisenstein, and M. Grotjahn. New York: Basic.

O'Connell, A. N. 1980. Karen Horney: Theorist in Psychoanalysis and Feminine Psychology. *Psychology of Women Quarterly*, 5: 81–93.

Paris, B. J. 1974. *A Psychological Approach to Fiction: Studies in Thackeray, Stendhal, George Eliot, Dostoevsky and Conrad.* Bloomington: Indiana University Press.

Paris, B. J. 1976a. Experiences of Thomas Hardy. In *The Victorian Experience.* Ed. R. A. Levine. Athens: Ohio University Press.

Paris, B. J. 1976b. Herzog the Man: An Analytic View of a Literary Figure. *American Journal of Psychoanalysis*, 36: 249–260.

Paris, B. J. 1978a. Horney's Theory and the Study of Literature. *American Journal of Psychoanalysis*, 38: 343–353.

Paris, B. J. 1978b. *Character and Conflict in Jane Austen's Novels: A Psychological Approach.* Detroit: Wayne State University Press.

Paris, B. J. 1981. Third Force Psychology and the Study of Literature, Biography, Criticism, and Culture. *Literary Review*, 24: 181–221.

Paris, B. J. 1982. "Hush, Hush! He's a human being" : A Psychological Approach to Heathcliff. *Women and Literature*, 2: 101–117.

Paris, B. J. 1988. Review of Susan Quinn, *A Mind of Her Own: The Life of Karen Horney. Contemporary Psychology*, 34: 568–569.

Paris, B. J. 1989. The Not So Noble Antonio: A Horneyan Analysis of Shakespeare's *Merchant of Venice. American Journal of Psychoanalysis*, 49: 189–200.

Paris, B. J. 1991a. *Bargains with Fate: Psychological Crises and Conflicts in Shakespeare and His Plays.* New York: Insight.

Paris, B. J. 1991b. *Character as a Subversive Force in Shakespeare:*

The History and Roman Plays. Rutherford, N.J.: Fairleigh Dickinson University Press.

Paris, B. J. 1991c. A Horneyan Approach to Literature. *American Journal of Psychoanalysis*, 51: 319–337.

Paris, B. J. 1993. "Teaching Jane Eyre as a Novel of Vindication." In *Approaches to Teaching* Jane Eyre. Ed. B. Lau and D. Hoeveler. New York: Modern Language Association.

Paris, B. J., ed. 1986. *Third Force Psychology and the Study of Literature*. Rutherford, N.J.: Fairleigh Dickinson University Press.

Paris, B. J. 1989. Special issue of *American Journal of Psychoanalysis*, 49, 3, on interdisciplinary applications of Horney.

Paul, H. 1989. Karen Horney's Theory of the Self. In *Self Psychology: Comparisons* and Contrasts. Ed. D. Detrick and S. Detrick. Hillsdale, N.J.: Analytic Press.

Portnoy, I. 1949. "The Magic Skin" : A Psychoanalytic Interpretation. *American Journal of Psychoanalysis*, 9: 67–74.

Potter, D. M. 1954. *People of Plenty: Economic Abundance and the American Character.* Chicago: University of Chicago Press.

Quinn, S. 1987. *A Mind of Her Own: The Life of Karen Horney*. New York: Summit.

Rabkin, L. Y., and J. Brown. 1973. Some Monster in His Thought: Sadism and Tragedy in *Othello. Literature and Psychology*, 23: 59–67.

Rogers, C. 1961. *On Becoming a Person*. Boston: Houghton Mifflin.

Rosenberg, M. 1961. *The Masks of Othello*. Berkeley: University of California Press.

Rubins, J. L. 1978. *Karen Horney: Gentle Rebel of Psychoanalysis*. New York: Dial.

Rubins, J. L. 1980. Discussion of Barry G. Wood, "The Religion of Psychoanalysis." *American Journal of Psychoanalysis*, 40: 23–26.

Sayers, J. 1991. *Mothers of Psychoanalysis: Helene Deutsch, Karen Horney, Anna Freud, Melanie Klein*. New York: W. W. Norton.

Schachtel, E. 1959. *Metamorphosis: On the Development of Affect, Perception, Attention, and Memory*. New York: Basic.

Sheehy, D. G. 1986. The Poet as Neurotic: The Official Biography of Robert Frost. *American Literature*, 58: 393–410.

Silverberg, W. V. 1941. Advancement in Psychoanalysis (Presidential Address). *American Journal of Psychoanalysis*, 2: 21–23.

Smalley, B. 1986. Lawrence's "The Princess" and Horney's "Idealized Self". In *Third Force Psychology and the Study of Literature*. Ed. B. J. Paris. Rutherford, N.J.: Fairleigh Dickinson University Press.

Stern, D. N. 1985. *The Interpersonal World of the Infant*. New York: Basic.

Stolorow, R. D. and G. Atwood. 1979. *Faces in a Cloud: Subjectivity in Personality Theory*. Northvale, N.J.: Jason Aronson.

Straub, J. 1986. A Psychological View of Priesthood, Sin, and Redemption in Graham Greene's *The Power and the Glory*. In *Third Force*

Psychology and the Study of Literature. Ed. B. J. Paris. Rutherford, N.J.: Fairleigh Dickinson University Press.

Sullivan, H. S. 1937. A Note on the Implications of Psychiatry, the Study of Interpersonal Relations, for Investigation in the Social Sciences. *American Journal of Sociology*, 42: 848–861.

Symonds, A. 1974. The Liberated Woman: Healthy and Neurotic. *American Journal of Psychoanalysis*, 34: 177–183.

Symonds, A. 1976. Neurotic Dependency in Successful Women. *Journal of the American Academy of Psychoanalysis*, 4: 95–103.

Symonds, A. 1978. The Psychodynamics of Expansiveness in the Success–Oriented Woman. *American Journal of Psychoanalysis*, 38: 195–205.

Symonds, A. 1991. Gender Issues and Horney Theory. *American Journal of Psychoanalysis*, 51: 301–312.

Teyber, E. 1988. *Interpersonal Process in Psychotherapy*. Chicago: Dorsey.

Thompson, C. and P. Mullahy. 1957. *Psychoanalysis: Evolution and Development*. New York: Grove.

Thompson, L. 1966. *Robert Frost: The Early Years, 1874–1915*. New York: Holt, Rinehart & Winston.

Thompson, L. 1970. *Robert Frost: The Years of Triumph, 1915–1938*. New York: Holt, Rinehart & Winston.

Thompson, L. and R. H. Winnick. 1976. *Robert Frost: The Later*

Years, 1938–1963. New York: Holt, Rinehart & Winston.

Trotter, W. 1916. *Instincts of the Herd in Peace and War.* London: T. Fisher Unwin.

Tucker, R. 1965. The Dictator and Totalitarianism. *World Politics,* 17: 4.

Tucker, R. 1973. *Stalin as Revolutionary, 1879–1929: A Study in History and Personality.* New York: W. W. Norton.

Tucker, R. 1977. The Georges' Wilson Reexamined: An Essay on Psychobiography. *American Political Science Review,* 71: 606–618.

Tucker, R. 1985. A Stalin Biographer's Memoir. In *Introspection in Biography: The Biographer's Quest for Self-Awareness.* Ed. S. H. Baron and C. Pletsch. Hillsdale, N.J.: Analytic Press.

Tucker, R. 1990. *Stalin in Power: The Revolution from Above, 1928–1941.* New York: W. W. Norton.

Van Bark, B. S. 1961. The Alienated Person in Literature. *American Journal of Psychoanalysis,* 21: 183–197.

Vollmerhausen, J. W. 1950. "Pavilion of Women": A Psychoanalytic Interpretation. *American Journal of Psychoanalysis,* 10: 53–60.

Wachtel, P. L. 1977. *Psychoanalysis and Behavior Therapy: Toward an Integration.* New York: Basic.

Wachtel, P. L. 1989. *The Poverty of Affluence: A Psychological Portrait of the American Way of Life.* Philadelphia: New Society Publishers.

Wachtel, P. L. 1991. The Preoccupation with Economic Growth:

An Analysis Informed by Horneyan Theory. *American Journal of Psychoanalysis*, 51: 89–103.

Watt, S. 1984. Neurotic Responses to a Failed Marriage: George Meredith's Modern Love. *Mosaic*, 17: 49–63.

Weinstein, F. and G. M. Platt. 1973. *Psychoanalytic Sociology*. Baltimore: Johns Hopkins University Press.

Weiss, F. 1973. Of Human Bondage. *American Journal of Psychoanalysis*, 33: 68–76.

Westkott, M. 1986. *The Feminist Legacy of Karen Horney*. New Haven: Yale University Press.

Westkott, M. 1989. Female Relationality and the Idealized Self. *American Journal of Psychoanalysis*, 49: 239–250.

Winnicott, D. W. 1965. Ego Distortions in Terms of True and False Self. In *The Maturational Processes and the Facilitating Environment*. New York: International Universities Press.

Winnicott, D. W. 1987. *The Spontaneous Gesture: Selected Letters of D. W. Winnicott*. Ed. F. R. Rodman. Cambridge: Harvard University Press.

Wood, B. G. 1980. The Religion of Psychoanalysis. *American Journal of Psychoanalysis*, 40: 13–22.

Yalom, I. D. and M. Yalom. 1971. Ernest Hemingway—A Psychiatric View. *Archives of General Psychiatry*, 24: 485–494.

Young, K. 1938. Review of *The Neurotic Personality of Our Time*. *American Journal of Sociology*, 43: 654–656.

附录一　霍妮理论的跨学科应用

霍妮对心理学思想的贡献是衡量她重要性的一个标准，另一个可能同样重要的是她的理论对其他学科的价值。霍妮的理论可以在文学、传记、文化和性别研究中得到有益的运用。

自 1964 年以来，我一直在发展一种霍妮式的文学方法，当时我意识到萨克雷（W. M. Thackeray）的《名利场》（*Vanity Fair*）的主题矛盾在被视为心理冲突系统的一部分时变得可以理解。威廉·都宾和爱米莉亚·赛德立似乎是小说中的规范性人物，而贝姬·夏普则是讽刺的主要对象。贝姬无情地追求金钱、权力和声望，这些都被证明是虚无缥缈的，而爱米莉亚和都宾则为爱、友谊和情感的满足而活，这些都被叙述者美化了。但叙述者也讽刺了都宾，他称其为"痴情种子"（愚蠢地陷入爱河的人），以及爱米莉亚，他称其为"温柔的小寄生虫"。尽管对爱情和友谊进行了颂扬，但书中的行动和一些评论表明，这些价值与社会和经济的胜利一样，是短暂的或令人失望的。

然而，这本小说的主题矛盾是有意义的，它是一种基本冲突的表现，在这种冲突中，顺从的倾向占主导地位，但又不断地与一种强大的潜伏的攻击性相抗衡。我把这种冲突定位在小说背后的作者身上，也就是说，在我们可以从文本本身推断出的萨克雷身上。萨克雷的顺从倾向表现在他对自我的态度、价值观和人物的赞美上，表现在他对世俗的、有野心的人和催生他们的社会制度的攻击上，表现在他坚持认为对金钱、权力和声望的追求是破坏性的和没有回报的。他的攻击性倾向表现在他明显为贝姬和她的胜利感到高兴，以及他与她共同蔑视那些自甘堕落的人物的弱点和愚蠢。疏离的倾向在《名利场》的心理结构中也很突出。这种倾向体现在叙述者得出的结论中，即万物皆虚妄，也体现在他零散的讽刺中，这是萨克雷的自保手段，他通过否定他所肯定的东西，保护自己免受牵连（另见Paris，1974）。

还有很多文学作品因为肯定了矛盾的立场而在主题上失去了意义。批评家们常常通过压制对颠覆性因素的认识，或将矛盾合理化为紧张、悖论和讽刺的受控结构的一部分，来捍卫此类作品的艺术统一性。最近，他们常常因为将矛盾作为所有语言结构自我解构的趋势的证据而感到高兴。在霍妮理论的帮助下，我们既能认识到矛盾之处正是真正的问题，又能把矛盾理解为内在冲突的构成部分。

在解释了《名利场》的主题矛盾之后，我意识到，霍妮的理论也可以用来还原萨克雷对笔下主要人物的强烈心理直觉。在其他文学作品中，一些刻画出色的人物动机系统也可以用霍妮的术语来阐释。学界针对性格的精神分析研究的主要反对意见之一是其依赖婴儿期的经验来解释成年人的行为。这样的依据导致关键的分析材料来自理论前提，在整个分析过程中，除了编造经验的假定结果外，没有任何确凿的文字证据，而这些结果是一开始就推断出来的。霍妮的结构性方法非常适用于分析文学人物，哪怕我们对这些人物的童年知之甚少，却往往能够获得关于他们现有防御的充分信息。霍妮理论描述的是现实中出现的种种现象，允许我们依托文本得出结论。

区分心理描写和作家刻画人物所采用的修辞是很重要的。我所说的修辞是指作者为影响读者的道德判断和智力反应、同情和反感、情感上的亲近或距离感而采用的所有手段。当我们从心理学的角度来理解现实中的人物时，我们通常会发现自己对他们的反应与修辞所要诱导的反应不同。我们的反应往往指向作品中修辞和模仿之间的张力，作者的解释和判断与他们实际创造的人物之间的张力。虽然修辞能够揭示的人物可靠信息并不多，但它可以让我们对作品的隐含作者[1]，甚至真正作者产生更为深入的了解。

当然，作者与作品之间的关系是一个令人困惑的问题。我们必须始终考虑到艺术动机、通用要求和个别作品的内在逻辑。即便如此，当我们研究他们反复出现的关注点、他们幻想中的个人因素、他们惯常创造的人物和关系类型以及他们的修辞立场时，我们还是有可能从他们的作品中了解到很多东西。在这项微妙的事业中，霍妮的理论很有帮助。

在艺术创作过程中，作者的防御策略往往以各种方式表现出来。他们的作品都是在努力强化自己的主导解决方案，并通过向自己和他人展示在他们内心交战的各种倾向的善恶后果来解决他们的内心冲突。作家们会倾向于美化那些策略与自己相似的人物，并讽刺那些体

1　隐含作者是美国文学理论家韦恩·布斯在《小说修辞学》（1961）中提出的概念，指作者有意或无意地将自己的意识形态、价值观、审美趣味等注入作品之中，在叙事文本的最终形态中体现出来。——译者注

现他们压抑的解决方案的人。他们的言辞会肯定他们的主导方案所要求的价值、态度和个性特征，而否定那些被其禁止的方案。他们的情节往往是幻想，其中他们的要求以神奇的方式得到了尊重，而他们被压抑的策略则被显示为带来了痛苦和报应。由于他们难免同时表达自己的从属倾向，他们的作品便经常表现出他们的内心冲突，他们的态度、价值观和信仰就会出现不一致或自相矛盾的情况。这些冲突的倾向将导致作家从其他解决方案的角度来批评一个解决方案，并对他们的角色表现出他们对这些角色所体现的自身各个方面的混合情感。作者的解决方案之间的关系可能会在他们的生活过程中发生变化，而这将反映在他们所描绘的人物种类、他们的修辞和他们的主导幻想中。

霍妮的方法也可以告诉我们很多关于读者反应和解释过程的信息。就像每个分析家都有霍妮所说的"个人方程式"一样，读者的防御系统也会影响他或她对作者提出的各种防御策略的反应。心理上的原因可能很容易解释为什么有些读者觉得萨克雷完全赞同都宾和爱米莉亚而不喜欢贝姬，另一些人则觉得他暗地里鄙视都宾和爱米莉亚而欣赏贝姬，还有人认为他是一个出色的讽刺者，看透了一切，不为自己表态。通过霍妮的分析，我们也许能够理解这些不同的解读，并将其视为对文本特定方面的回应，同时压制了对其他方面的认识。

霍妮的共时性方法应用到心理传记上有巨大的潜力。就像文学评论家接近作家或人物一样，传记作者通常有关于主体的成年时期的信息，但很少或几乎没有关于其早期童年的信息。霍妮的理论使我们能够解释成人的性格结构和行为，而不依赖于婴儿时期的起源。对罗伯特·弗罗斯特（Robert Frost）、查尔斯·埃文斯·休斯（Charles Evans

Hughes）、肯尼迪夫妇、斯大林、伍德罗·威尔逊（Woodrow Wilson）、吉米·卡特（Jimmy Carter）、费利克斯·弗兰克福特（Felix Frankfurter）和林登·约翰逊（Lyndon Johnson）的传记研究都富有成效地采用了霍妮的分析。在此，弗罗斯特和斯大林的传记就足以说明这种理论如何被使用。

劳伦斯·汤普森（Lawrance Thompson）在 1939 年接受了罗伯特·弗罗斯特的邀请，成为他的官方传记作者，当时弗罗斯特 65 岁。他的理解是，他会在弗罗斯特死后发表作品，而弗罗斯特直到 1963 年才去世。在收集材料的几年中，汤普森意识到弗罗斯特的许多残忍、自相矛盾和内心冲突，他开始在传记中描述这些。在完成第一卷的草稿后，他阅读了《神经症与人的成长》，并在其中找到了他所需要的分析概念，以解读那些令人困惑的主题。霍妮的书每一页都和弗罗斯特那么像，汤普森在他的笔记本上写道，"我找不到比这更接近于为我一直想说的东西提供一个心理学框架"（Sheehy，398）。汤普森的笔记本包含 130 页的笔记和对霍妮作品的摘录，其中穿插了对弗罗斯特传记的应用，如以下内容：

> 弗罗斯特的模式涉及……对母亲的深情依恋；对（他遭受过）父亲的殴打的恐惧，以及随之而来的顺从平息的尝试；但比起这些，他的"冲突"导致他"保持冷漠"。他说，他曾经试图写的第一个故事是他跑到欢乐谷的故事，那里的印第安部落对他很好。

在研究了《神经症与人的成长》之后，汤普森修改了他的传记第一卷，以反映对其主题的霍妮式的解释。他认为弗罗斯特是一个因为早期的羞辱而寻求荣耀的人，他渴望战胜并报复那些伤害过他的人。弗罗斯特对自己生活的矛盾描述，既是他内心冲突的产物，也是他通过神话自己来确认自己理想化形象的需要。他的诗歌反映了这些动态变化。有时弗罗斯特用他的诗来"从他的困惑中逃脱出来，进入理想化的姿态"，而在其他时候，他的诗则是"作为一种反击或惩罚"那些他认为的敌人的手段（有趣的是，如果没有唐纳德·希伊的工作，我们不会知道汤普森曾参考过霍妮，他检索了弗吉尼亚大学图书馆里的汤普森的论文。尽管霍妮的观点给汤普森的传记提供了一个解释结构，但霍妮在该书的正文、脚注和索引中都没有被提及）。

《神经症与人的成长》也影响了罗伯特·塔克（Robert Tucker），1950 年该书出版时他正在美国驻莫斯科大使馆工作。读完这本书后，他突然被"一个重要的想法"所震撼："如果日复一日地出现在党控制、监督的苏联报刊上的斯大林的理想化形象，是霍妮意义上的理想化形象，那该怎么办？"如果是这样，"对斯大林的崇拜必须反映出斯大林对自己作为俄罗斯和世界历史上最伟大的天才的畸形膨胀的看法"。这位克里姆林宫的隐士，"在公开场合对自己如此缄默，但在整个俄罗斯出版的数百万份报纸和杂志上，他一定在倾吐自己内心的想法"。人们可以"一边阅读《真理报》，一边重读霍妮的书，对斯大林进行心理分析"！

塔克认为关于极权主义的书籍，如汉娜·阿伦特（Hannah Arendt）的《极权主义的起源》（*The Origins of Totalitarianism*），"有很大的缺陷，因为书中没有刻画独裁者和他的心理动力学"。独裁者可以"在政治上将他不断受到威胁的理想化自我的内在防御制度化"，"调动庞大的镇压机器，不仅对他认为是敌人的个人进行报复，而且对整个社会群体进行报复"。大屠杀"可能是阿道夫·希特勒报复性敌意的体现，源于神经症的自我仇恨被投射到犹太人这个群体"。

塔克认为，他关于斯大林个人在苏联政策中的作用的论述被尼基塔·赫鲁晓夫的秘密报告《关于个人崇拜及其后果》（"On the Cult of Personality and Its Consequences"）所证实："他把斯大林描绘成一个极度自负的人，同时又有着深刻的不安全感，这使他需要不断地肯定他想象中的伟大。赫鲁晓夫描绘的正是霍妮所说的神经症人格，是《神经症与人的成长》中描述的'傲慢报复型人格'的例子。斯大林是一个自我理想主义者，贪婪地渴望公众崇拜所提供的荣耀，他很容易被任何似乎有损于他对自己作为天才领袖和导师的夸大愿景的事情激起报复性的敌意。他的攻击性，通常表现为清洗……是他自我美化的另一面。"现在，塔克对自己的假设充满信心，他开始了对斯大林的雄心勃勃的研究，该研究的第三卷和最后一卷正在进行中。

一些作家在分析美国文化时使用了霍妮的作品。大卫·M.波特（David M. Potter）在《富足的人民：经济富足与美国人的性格》（*People of Plenty: Economic Abundance and the American Character*，1954）中，将霍妮与玛格丽特·米德和大卫·里斯曼（David Riesman）一起作为社会科学家，用他们的研究结果支持民族性格的观点，并帮助定义美国人的性格。他对于霍妮对我们文化的竞争性所造成的性格特征、内在冲突和恶性循环的分析尤其感到震惊。他将其与他对我们社会中富足的影响的关注联系起来，指出富足的提升意味着竞争性斗争中奖励的增加，而奖励的增加意味着竞争效率的提高。这带来了高度的攻击性，造成了内心的冲突，是适得其反的。我们用安全感换取机会，然后体验到缺乏安全感所带来的焦虑感。我们被驱使参加竞争性的竞赛，代价是变得神经质，因为社会本身认为奖励是极为诱人的，并决心迫使每个人努力争取。

在《富裕的贫困：美国生活方式的心理画像》（*The Poverty of Affluence: A Psychological Portrait of the American Way of Life*，1989）中，保罗·瓦赫特尔（Paul Wachtel）也认为，美国人追求不断增加的财富的方式中有一些强迫性的、非理性的和自我否定的东西。尽管他并不认为所有美国人都具有神经症的攻击性，但瓦赫特尔觉得霍妮的攻击性倾向抓住了一些重要的行为模式，这些模式是我们的公共生活和经济体系运转的最大特点。我们提倡竞争而不是相互支持，在我们与自然和环境的关系中，我们努力征服和支配。我们害怕被视为一个可怜无助的巨人，并会采取不合理的攻击行为，以抵御这种可怕的形象，这陷入了一个恶性循环。我们焦虑地依赖商品的生产和积累来获得安全感，尽管我们的依赖使我们更加不安。瓦赫特尔在《专注经济增长：结合霍妮理论的分析》（"The Preoccupation with Economic Growth: An Analysis Informed by Horneyan Theory"）中进一步发展了这些观点。

波特借鉴了《我们时代的神经症人格》，瓦赫特尔借鉴了《我们的内心冲突》。在有望成为霍妮理论在美国文化研究中最复杂的应用的工作中，詹姆斯·霍夫曼（James Huffman）正在运用她的整个成熟理论。他在《美国文化的心理学批判》（"A Psychological Critique of American Culture", 1982）中阐明了他的一些主题。霍夫曼没有像波特那样强调富裕，而是强调了影响美国行为的威胁感和自卑感。建国初期，这个国家被发展完备的欧洲大国视为文化和社会地位低下的国家，在其扩张过程中，这个国家的边境生活危机四伏。城市孕育了达尔文式优胜劣汰的环境，曾经在家乡饱受贫穷和压迫折磨的移民，来到这个环境后，既被新同胞歧视，又被新同胞视为威胁。

这些压力让美国发展出了补偿性的防御措施。因此，美国的大部分历史进程都显示出对荣耀和"美国性格的理想化形象"的追求。起初，美国人相信，美国将成为地球上最伟大的国家，后来，美国人相信，美国已经是地球上最伟大的国家，而且，美国也许将永远是地球上最伟大的国家。我们夸大了自身的重要性，于是，我们夸张地要求其他国家臣服我们的意愿，要求其他国家在做出任何决定之前与我们协商，自视为地球的统治者和和平缔造者。像波特和瓦赫特尔一样，霍夫曼观察到，我们经济生活中咄咄逼人的竞争远超合作。我们喜欢我们的领导人好战，并颂扬那些通过斗争获得成功的人。当然，我们的文化中还有其他的倾向，与攻击性的倾向相冲突。在未来的工作中，霍夫曼提议展示霍妮模式在流行文化、政治、宗教和商业以及美国历史（从革命到现在）中的表现。

还有人对伊丽莎白时代和维多利亚时代文化的各个方面进行了霍妮式分析。

正如我们所看到的，霍妮近年来被女权主义者重新发现，其中许多立场是她所预期的。总的来说，那些对女性心理学或更广泛的性别研究感兴趣的人把注意力集中在霍妮的早期文章上，而很少关注她的成熟理论，因为成熟理论并不是专门针对他们所关注的问题的。然而，成熟理论对于我们理解性别认同及美国文化中的男性和女性心理有着重要的意义。霍妮分析家亚历山德拉·西蒙兹（Alexandra Symonds）和社会心理学家马西娅·韦斯特科特（Marcia Westkott）已经沿着这些思路做了令人印象深刻的工作。霍妮的成熟理论在海伦·德·罗西斯（Helen De Rosis）和维多利亚·佩莱格里诺（Victoria Pellegrino，1976）以及克劳德特·道林（Claudette Dowling，1981）的流行书中也被用来解决性别问题。在这一点上，正如我所讨论的其他领域的应用一样，仍有很多工作要做。

西蒙兹的文章主要基于她的临床经验，这些女性正遭受着女性角色的折磨，或者正试图摆脱这一角色，但发现这很困难，或者似乎已经摆脱了，却难以处理后果。每一个案例的出发点都是一种文化，这种文化使女孩习惯性自卑和依赖，而男孩则被鼓励自主和好斗。在关注女孩困境的同时，西蒙兹认识到，男孩由于文化上的刻板印象，也会产生自己的困难。

在《成功女性的神经症依赖》（"Neurotic Dependency in Successful Women"，1976）中，西蒙兹分析了女性的问题，她们很难利用新的机会，因为她们的心理模式是为完全不同的情感氛围开发的。在《成功导向型女性的扩张性心理动力学》（"The Psychodynamics of Expansiveness in the Success-Oriented Woman"，1978）中，她重点关注那些从小就形成了主要的攻击性人格的女性。她们的问题部分是由于她们无法摆脱其文化所规定的性别身份。她们需要在事业上取得成功，但也需要成为养育者。

在《性别问题和霍妮理论》（"Gender Issues and Horney Theory"，1991），即她的最后一篇文章中，西蒙兹观察到，尽管过去二十年发生了巨大的变化，女性仍然难以从强迫性的服从中解脱出来。"在我们的文化中，男性的顺从倾向违背了男性自己对男性形象的期望。因此，如果治疗可以让他们更直接地表现出自信，甚至具有攻击性，他们会很高兴。而女性却不一定欢迎这种变化，女性心理治疗的每一步都要更为复杂。"由于她们在积极追求成功方面有很深的冲突，她们经常以各种方式妨碍自己，以阻止她们新出现的权力感和主宰感。

在《卡伦·霍妮的女权主义遗产》（*The Feminist Legacy of Karen Horney*，1986）中，玛西娅·韦斯特科特探讨了霍妮的成熟理论对女性心理学的影响，其中有几章关于女性的性化和贬低以及她们因此而产生的依赖、愤怒和疏离感。她还对女权主义理论的一个重要分支进行了霍妮式的批评。

让·贝克·米勒（Jean Baker Miller）、南希·乔多罗（Nancy Chodorow）、卡罗尔·吉利根（Carol Gilligan）和斯通中心小组（the Stone Center group）将一系列的人格特征与女性联系起来。这些特征包括对归属感的需求、养育性的倾向、对他人的责任感以及相关的身份认同感。韦斯特科特观察到，尽管这些特征被认为是积极的，但它们是在女性不像男性那样受到高度重视的历史背景下产生的。这种悖论暗示养育和从属关系的阴暗面，需要继续探索。韦斯特科特提出，这些特征是对从属地位、贬低和无能为力的防御性反应，无论从社会角度看多么可取，它们都不会推动女性的自我实现。

乔多罗认为，女性的养育倾向来自母女之间的延伸依恋，这种依恋促进了同理心的发展，而韦斯特科特则认为，它起源于一种"文化上根深蒂固的……要求"，要求女性照顾他人，包括她们的父母。女孩得到的养育比男孩少；她们被要求更快长大，对关注的要求更少。对韦斯特科特来说，女性的利他主义是一个矛盾，在这个矛盾中，缺少养育的养育者给予她所没有的东西，以便被那些无视甚至蔑视她的真实自我和需求的人爱。这个女孩对那些否认她真实自我的人感到愤怒，但由于她的不安全感，她把愤怒转向自己，崇拜那些诋毁她的成年人，并试图通过成为他们希望她成为的样子来获得安全感、价值感和归属感。由于自己缺少养育，母亲们期待着女儿的养育，从而延续了对女性自我牺牲的要求。

在《女性关系和理想化的自我》（"Female Relationality and the Idealized Self"，1989）中，韦斯特科特认为，"关系中的自我不是斯通中心理论家推测的真实自我，而是霍妮与顺从或自卑相关的理想化的自我"。女孩发展出一套"应该"做的事情，包括"为别人做事，关心别人，把别人的需要作为她的动机来源，顺从别人的要求，让别人认可"。她需要别人来验证她的理想化形象，即她是有爱心的、有同情心的、可爱的。一段关系的崩溃，或者感觉到她不够关心或敏感，使她认同被轻视的自己，并引发了强烈的自我憎恨。因为当她没有达到自己的要求时，她会对自己感到愤怒，对别人强迫她"压抑个人自我实现的欲望"感到愤怒，理想化的关系型自我使自我批评和愤怒作为持续的心理过程得以延续。

韦斯特科特因此把对女性关系性的赞美去掉了，认为它为传统上理想化的女性气质提供了当代的理论依据，也就是为自我放弃的行为提供了理由。她和霍妮都认为，被剥夺并不令人陶醉，而是具有破坏性，许多女性为了应付贬低而发展出的顺从品质是具有破坏性的。女权主义对西方文化强加给女性的角色的反抗，正在变成对这种角色的强化，因为女性被告知，她们需要与他人结盟，以实现她们"理想化的养育者"的自我。

韦斯特科特认为霍妮的成熟理论根本上说是关于女性心理的，但我也认为它描述了我，以及我认识的许多男性，还有许多男性作家、文学角色和历史人物。因此，我相信，成熟理论可以以一种非性别特定的方式应用于男性和女性的经验。

附录二　女性对行动的恐惧

　　卡伦·霍妮于 1935 年 7 月在全国职业和商业女性俱乐部联合会发表了以下讲话，我在第十四章中曾对此进行讨论。我在心理健康研究生中心存放的哈罗德·凯尔曼的论文中发现了它，以及其他未发表的材料。这篇讲话因为未经修订或编辑，不如霍妮发表的作品那样精练。我对标点符号做了一些修改，校订了两个不合理的句子。尽管它在文体上有不完善之处，但它在当时是一个了不起的发言，有助于解释为什么霍妮不再关注女性心理学。

　　回顾过去几个世纪女性地位的历史，可以发现一个惊人的事实：在女性被认真授予发展人类价值的所有机会的时代，如法国大革命之前的时代，所谓的启蒙时期，人们对女性心理学的特别之处没有兴趣。当时的理想是，所有的人都应该不分性别地充分发展自己的潜能。在政治上的反动时期，如法国大革命后的浪漫主义时期，以及今天的经济危机时期，人们对女性的"天性"反而产生了浓厚的兴趣。

　　有一段时间，我把这种对女性心理学的兴趣看作是表面的。我在女性心理病理学领域做了一些工作，经常有人问我，根据我的判断，女性心理学的具体趋势是什么。我唯一能做的回答是，我希望在未来的某个时间知道。因为在心理学家对男女之间这些可能的差异进行了所有的猜测之后，我们似乎并没有远远超出《塔木德》中古老的讨论，也就是说，我们对女性所具有的生理差异之外的具体趋势了解不多。然后我想到，试图找到关于差异问题的答案并不重要，重要的是理解和分析如今对女性"天性"的这种热衷的真正意义。

　　为什么人们对女人的"天性"如此感兴趣？有关重要的原因，经济上的原因是基于社会的高度竞争性。尽管许多人没有意识到，他们并不是在诚实地寻找差异问题的有效答案。他们真正想做的是证明一些对他们有利的东西，或者看起来对他们有直接好处的东西；女性不参与竞争性的工作领域，只限于生活中的情感领域，关注慈善、性和生育，这绝对符合女性的"天性"。无论他们的推理是基于如天主教会中的夏娃之罪，还是基于德国哲学中关于性关系的规则，或是基于弗洛伊德关于解剖学差异的阐述，结果都是一样的。至于对女性的影响，是否有科学的疏远或坦率的贬低态度，是否像法西斯国家那样将女性的家务才能神化，或像其他国家那样对社会正义或女性的幸福表示关注，似乎也没有任何区别。所有这些态度都随着经济竞争的增加或减少而起落。当工作机会稀缺时，就有必要以任何可能的方式证明女性的"天性"不允许她自由进入市场。

　　因此，任何对性别差异的兴趣的突然提高都必须被视为女性的危险信号，特别是在父权制社会中，男人发现在生物学前提下证明女性不应参与塑造经济和政治秩序是有利的。在这些前提下，为男性意识形态的利益服务的精心设计的信念，成为维护男性在经济和政治世界中的优势的战略手段，使女性相信她天生就应该置身事外。

很多时候，女性自己也在为加强这些信念而服务。她们常常把职业追求看得次于爱情和婚姻。她们变得如此专注于生活的情感方面，以至于她们很少关心那些正在推动和改变我们时代的重大问题。她们变得倚靠和依赖，发展出一种主要的被照顾的需要。所有这些态度都有助于支持男人所希望建立的理论，作为将女性从竞争中淘汰的手段。

到目前为止，这一点是相当透明的，而且不时被提及，但我们并不总是认识到其更深层次的意义：人口中的任何群体，在其活动中被长期限制，会发生某些心理变化；在被压制群体的个人内部，会出现一种心理适应，使他们接受主导群体认为有利的限制。因此，爱情和奉献被认为是女性特有的理想和美德，操持家务和抚养孩子是获得幸福、安全和声望的一种可能。尽管近年来发生了巨大的变化，但长期以来限制的心理影响仍然存在。

我们可以期待发现，并且确实发现，女性自身态度的一些心理后果仍然存在，如下几点：

（一）由于女性获得幸福、安全和声望的途径取决于她与家庭和孩子的关系，这些就被她认为是女性生活中唯一真正的价值。为男孩而狂热的女孩和女性，如果她没有被男人不断地追求就会迷失和痛苦，代表了这种对爱和性的过度评价的极端结果。这些类型为喜欢相信"女人的本质是爱"或"性是女人的主要需求，男人的次要需求"等等的心理学家提供了证据。事实上，很难解释在目前的条件下，女人如何能避免对性和爱的过度评价。她的这种强调的最严重的结果是，她对与男人和孩子的关系期望过高，在许多情况下注定会感到痛苦和失望。把期望集中在与丈夫和孩子的关系上的女人，无论是以雄心勃勃的目标还是以对她的感激和依恋的形式，都会使丈夫和孩子以及她自己陷入困境，而且最终很可能使她所严重依赖的情感关系完全不能令人满意。

这种对爱的过度评价的另一个灾难性结果是，它必然会贬低这个领域之外的任何追求。因此，我们看到这个女人的神经症态度，她把其他追求看作不令人满意的替代品，她以隐秘的怨恨来看待它们。她的内心态度表现为"因为我对男人没有吸引力，所以我只能当教师"或"我不温柔，没有性吸引力，所以我只能去做生意"等。由于缺乏对这些其他追求的尊重，这些追求对她来说只是女人"正常"关注的可怜替代品，她不能把所有精力都投入这些追求。一股抵制的暗流干扰了全心全意的投入，损害了她的满意度和成功，使她认为自己低人一等，没有能力。当然，女性自卑的信念还有许多其他来源，但这是一个重要的来源，因为它常常使女性无法真正积极地关心我们这个时代的重大经济和政治问题，即使这些更广泛的利益涉及女性自身在世界上的地位，而且应该是她的重要兴趣所在。这是女性没有更积极地为自己改善条件的原因之一，这种行动在她被圈定的魔法圈子之外。

（二）由于女人的成就感已经渐渐等同于爱情、性、家庭、孩子，而所有这些都取决于她与男人的关系，因此取悦男人变得极为重要，进而出现了对美丽和魅力的崇拜，以及对"非女性化"的恐惧。非女性化包括任何与男性对事物的神圣秩序的想法相对立的态度或信仰。变得"女性化"就是要顺从和奉献，无论她被如何对待。因此，任何改善女性地位的斗争都是"非女性化"的，是对已被接受为女性"天性"的否定。今天，这种恐惧的残余表现在缺乏兴趣和不在乎的态度上，是一种内心恐惧的外在表现，可以用我们都熟悉的一个例子来进行绝佳阐释。有一个女孩不喜欢聚会。她不能被说服去参加聚会，因为她说，她更喜欢在家里独自阅读。她很诚实，她的缺乏兴趣是真的；她对其他的追求感兴趣，而通常这种缺乏兴趣的根源是恐惧。她害怕被忽视或遭到批评，但她不知道自己在害怕。她不知道，当她说她不关心聚会时，她是在表达她无意识的恐惧。

同样，我们发现有一股恐惧的暗流，阻止女性在与她们关系最密切的经济和社会领域采取行动。重要的是，我们要认识到这种潜意识的恐惧，因为如果我们要改变态度，就必须了解维持这种态度的能量来源。

（三）害怕让男人不高兴并不是把女性限制在情感领域产生的唯一焦虑。由于对爱情生活的过度评价，对因年龄而失去性吸引力的恐惧是一种非常真实和尖锐的焦虑。除了在普遍失业的时代，如果一个男人在接近中年时变得恐惧和沮丧，我们会认为这绝对是神经症的；在一个女人身上，这被认为是自然的，在某种程度上是自然的，因为身体的吸引力已经代表了女人的最高价值。这种年龄恐惧症本身就很可悲，但它有两个方面比人们普遍认识到的要严重，这有助于解释女性在职业领域的不活跃性。这种年龄恐惧症并不限于她不再是盛年的时期。它给20岁以后的大部分时间都投下了阴影，造成了一种不安全感，阻碍了生活的节奏。一个三十五岁或四十岁的女人会说："再过五年，我的生命就会走下坡路。"她觉得自己必须在剩下的短暂时间里挤占大量的时间，由此产生的焦虑和绝望说明了母亲和青春期女儿之间的嫉妒，并经常破坏她们之间的关系，以及留下对所有女性的敌意的残余。

当然，年龄对每个人来说都是一个问题，男人和女人都一样，但如果生活的主要价值集中在年轻和性吸引力上，它就会成为一个令人绝望的问题。当重心在青年时，女性发现很难认识到成熟品质的价值，如优雅、独立、自主判断、智慧，这些品质对整个文化有很大价值。成熟的人格应该比年轻的人格更安全、更强大，因为它有经验的优势。但如果成熟的女性认为她的天性要求爱是她存在的中心和唯一目的，同时她又认识到她的成熟期在这个领域是走下坡路的，那么她怎么能发展这种安全和力量？这种对情欲价值的强调和对性的高度重视导致了女性对人类价值的极大浪费。年轻的女人因为她吸引男人的能力而感到暂时安全，但成熟的女人甚至在她们自己的眼中也很难逃脱被贬低的命运，而这种自卑感使她们失去了理所应当的属于成熟的行动力量。

自卑感是我们这个时代和我们文化中最常见的罪恶。可以肯定的是，我们不会因为它们而死亡，但我认为它们对幸福和进步的破坏性比癌症或肺结核还要大。当提到自卑感的话题时，通常有人会说："但是，男人也有自卑感啊。"没错，但有一个重要的区别：男人通常不会因为他们是男人而感到自卑，但女人经常因为她们是女人而感到自卑。把女人限制在私人情感领域会导致自卑感，因为健全和安全的自信必须建立在人类素质的广泛基础上，如主动性、勇气、独立性、掌控力、才能、情欲价值。只要家务是一项责任重大的任务，只要孩子的数量不受限制，因为孩子能增加国家的财富，女性就知道她是经济进程中的一个建设性因素。这种信念为她的自尊打下了坚实的基础。我们都知道，这些价值已经逐渐消失，女性已经失去了感觉自己有价值的一个重要基础。

就纯粹的性观念而言，无论人们对清教徒的性观念如何评价，这种观念无疑增强了人们对女性的贬低，给性赋予了罪恶和低级的含义。在母系社会中，这种性观念将男人视为动物般的存在，并因此看低男性。女人自己通常不知道，她所感受到的自尊的阴影在某种程度上来自性观念，深深地扎根于基督教文化中的性观念。

如果一个人的自信是建立在成功地给予爱和接受爱的基础上，那么这个人的自信基础就太狭隘、太不稳定了。这种基础狭隘到忽略了许多其他的人格价值，这种基础的不稳定是因为它太过依赖外部的世界，比如，能不能找到合适的伴侣，能不能结婚，等等。这种基础让人过于依赖他人的感情和欣赏，如果一个人不被爱和欣赏，就会产生深深的自卑感。这种情感上的依赖还包括对批评和嘲笑的恐惧，这就让我们又回到了最初的观点：每一个为实现自己作为人的潜力而奋斗的女性，都会将自己暴露在各种暗示和嘲笑中。她必须认识到这是一种手段，做好面对这种手段的准备。

时常有人告诉我，我所描绘的画面可能更符合欧洲女性的情况，美国女性的情况并非如此。仅就美国女性在家庭以外的重要领域取得的成就而言，就可以看出不同。在美国，女性是社会和文化生活的重要组成部分。在美国，艺术领域向女性敞开了大门。尽管美国女性获得的机会多于欧洲女性，但我们决不能被表象所蒙蔽。因为这里的原则和那里并无不同。如果说，女性的总体自信等同于取得成就带来的心理资本，这种总体自信并不能通过少数女性赢得男性而获得。目前，我们还有太多被忽视的任务需要完成，这些任务的完成需要主动性、创造性、想象力、勇气、计划经验、自立能力，只有被赋予这种自信或精神资本的女性"才能完成这些任务"。

合理的理由是斗争成功的前提，那么我们从哪里才能为女性争取自信这场斗争找到理由呢？听听这种想法：如果女性的个性受到挫折，男人和儿童也会受到折磨；如果女性为挖掘人类价值而奋斗，女性会更快乐，男人和儿童也会同样受益。归根结底，这是一项全人类的共同事业，这场与男性偏见和恐惧的斗争将会决定全人类的福祉。

曾经有人认为，女性与生俱来的某些特质使她们不可能合作共事。诚然，女性长期被限制在情感领域，导致了她们难以团结行动。在情欲领域，只有人与人之间的竞争，而女性之间的竞争比男性之间的竞争更激烈，此外，女性还会常常感到焦虑和不安，这也是女性之间敌意十足、难以共事的原因。因此，就连最伟大的心理学家都秉持着这样一种信念，即女性天生比男性更善妒。

直到最近，男性（只有男性）才受利益驱使，组成合作团体，开展经济或政治行动。正是这些特定领域的团结的基本教育，渐渐演变为一种普遍的团结态度，发展为联合行动的纪律。

这种团结是所有伟大行动的必要先决条件，而且对女性来说，她们共同的内在不安全感让这种团结变得非常可行。个人越是感到不安，就越是需要从团结的纽带中获得支持。

仅仅说我们必须克服自卑的错觉是不够的，就像现在的女性经常说的那样。这不仅仅是一种错觉；还有真正的障碍，与我们必须克服的外部障碍同等重要。首先，我们需要了解，由于上帝或自然法则，我们的性别没有不可改变的劣根性。我们的局限性在很大程度上是由文化和社会条件造成的。长期生活在相同条件下的男人们已经形成了类似的态度和缺点。

我们应该彻底停止对什么是女性化和什么不是的困扰。这种担忧只会削弱我们的能量。男性和女性的标准是人为的。目前我们对性别差异的明确了解是，我们不知道它们是什么。两性之间的科学差异当然存在，但我们永远无法发现它们是什么，直到我们首先开发了我们作为人类的潜力。这虽然听起来很矛盾，但只有当我们忘记这些差异时，我们才能发现这些差异。

与此同时，我们可以做的是，为了普遍的福祉，共同为所有人的个性的充分发展而努力。

致　谢

在本书的撰写过程中，我有幸得到了许多人的帮助。我最感谢的人是卡伦·霍妮仍然健在的两个女儿：玛丽安·埃卡德特和雷娜特·帕特森。她们不仅耐心地解答了我的问题，提供了她们母亲的日记原件，还允许我引用她们自己和她们母亲未发表的文章。如果没有她们的慷慨相助，本书的传记部分根本无法完成。

雷娜特·帕特森告诉我，卡伦·霍妮曾给长女布丽吉特写了五十封信，这些信件现在由布丽吉特的朋友、传记作者格尔德·霍斯特·海尔达尔保存，后者则将这些信件慷慨地提供给我。我不仅要感谢海尔达尔教授的慷慨，也要感谢位于瑞士伯尔尼的施尔茨出版社（Scherz Verlag）的合作，海尔达尔教授与该出版社合作的布丽吉特·霍妮传记尚未出版，但他们提前给我寄来了样书。

《女性对行动的恐惧》（附录二）是霍妮资料集的一部分，此前并未发表过，我在纽约心理健康研究生中心的哈罗德·凯尔曼的论文中发现了这部分资料。凯尔曼的侄女兼遗嘱执行人娜塔莉·贾菲（Natalie Jaffe）帮我找到了这些资料，并爽快地将其交给我。我希望以后能够把这些资料的剩余部分作为卡伦·霍妮未发表和未收集的论文结集出版。

我参考的最有价值的资料之一是已故的杰克·鲁宾斯赠给美国精神分析研究所的资料，他是第一位为霍妮撰写传记的作者。这些资料包括鲁宾斯为他的书进行的一百多次采访的笔记，应霍妮的要求写的回忆录，以及他的大量信件。我很感谢美国精神分析研究所的所长杰弗里·鲁宾（Jeffrey Rubin），他允许我把这些材料运到佛罗里达进行处理，并为这些文件找到一个永久的存放地点。这些材料现在是耶鲁大学图书馆手稿和档案馆的卡伦·霍妮文献的一部分。霍妮文献还包括霍妮的日记、笔记本和家庭照片，雷娜特·帕特森未发表的关于她母亲的作品，霍妮写给布丽吉特的信件副本，还有一些霍妮的个人文件，如成绩单、结婚证和移民文件。我要感谢佛罗里达大学图书馆的山姆·高恩（Sam Gowan），他建议我建立卡伦·霍妮文献库。

美国精神分析研究所也给予了极大的配合，他们允许我查阅其掌握的霍妮相关文件以及该研究所和精神分析促进会的历史记录。这些资料现在也是卡伦·霍妮文献的一部分。我还要感谢纽约精神分析研究所布里尔图书馆的档案馆，我在那里阅览到卡伦·霍妮与该研究所的渊源以及她在 1941 年离开的档案。还要感谢哥伦比亚大学的珍本书籍和手稿图书馆，他们向我提供霍妮与其出版商诺顿出版社的通信影印件。

我的研究助理们也为这本书的撰写提供了很大的帮助。乌莎·班德（Usha Bande）帮我编制了一份初步书单，并从各家图书馆找到了我需要的书籍和论文，她的工作为我的研究奠定了基础。卡洛琳·格尔茨（Carolyn Geertz）破译了杰克·鲁宾斯采访笔记的速记，为我提供了易于阅读的版本，这一过程不仅需要聪明才智，还需要坚持不懈的努力。安德莉亚·德拉斯卡（Andrea Dlaska）和克丽斯塔·佐恩–贝尔德（Christa Zorn-Belde）的母语都是德语，她们对我帮助良多，尤其是翻译了霍妮的日记中未发表的部分、她的笔记本、她迄今未翻译的德语著作、她写给布丽吉特的信件以及各种德语文本。所有以前未翻译的德文资料都是由她们翻译的，我仅偶尔进行编辑，她们为解决霍妮的德语文字之谜所做的努力令人赞叹。我对我所有的研究助理表示由衷的感谢。

乌莎·班德、卡洛琳·格尔茨和克丽斯塔·佐恩–贝尔德的工作得到了佛罗里达大学研究赞助部的资助。英语系为我安排了安德莉亚·德拉斯卡。我的系主任帕特里夏·克拉多克（Patricia Craddock）为此安排提供了极大的帮助，并同意了一个最大限度上不干扰写作的时间表。

本书也从朋友和同事的反馈中获益良多。多年来，我和许多与美国精神分析研究所有关的精神分析家讨论过霍妮，主要包括哈罗德·凯尔曼、亚历山德拉·西蒙兹、安德鲁·特沙科维奇（Andrew Tershakovec）、海伦·德·罗西斯、马里奥·伦登（Mario Rendon）和杰弗里·鲁宾。在精神分析促进会的科学会议上演讲时，我从问题和评论中学到了很多。我曾在美国研究所的期刊俱乐部、国际卡伦·霍妮协会的成立大会以及佛罗里达大学的心理学应用小组的几次会议上试讲过本书的部分内容。我想感谢的不仅是思想上的交流，还有我从霍妮精神分析学家和心理学应用小组同事那里得到的鼓励。

有许多人曾阅读和评议我的部分手稿。这些人包括爱德华·克莱门斯、帕特里夏·克拉多克、杰克·丹尼利安（Jack Danielian）、弗朗茨·埃普汀（Franz Epting）、安德鲁·戈登（Andrew Gordon）、莫莉·哈罗尔（Molly Harrower）、内森·霍维茨（Nathan Horwitz）、詹姆斯·霍夫曼、伊西多尔·波特诺伊（Isidore Portnoy）、米歇尔·普莱斯（Michelle Price）、珍妮·史密斯（Jeanne Smith）、莫琳·图里姆

（Maureen Turim）和克里斯塔·佐恩-贝尔德。除了阅读早期版本的引言外，菲利斯·格罗斯库斯（Phyllis Grosskurth）还分享了她作为传记作家的经验，给我提了许多睿智的建议。佛罗里达大学文学院心理研究所的同事诺曼·霍兰德（Norman Holland）和彼得·鲁德尼茨基（Peter Rudnytsky）阅读了完整手稿（比现在这版更长的版本），给予了鼓励支持和积极反馈。我听从了朋友和同事的许多修改建议，但我对仍然存在的缺陷担负全部责任。

本书也得益于耶鲁大学出版社编辑们的倾力相助。格拉蒂丝·托普基斯（Gladys Topkis）从一开始就鼓励我开展这个项目，我对她不曾减退的热情表示感谢。格拉蒂丝作为编辑，对我起到了很大的激励作用。当她戴上批评的帽子的时候，让我克服了抵触情绪，向我展示了如何通过缩短篇幅使这本书变得更好。我的手稿编辑苏珊·莱蒂（Susan Laity）在结构方面提出了重大改进建议，并以令人印象深刻的严谨和智慧仔细校对了每句话。我自以为我提交了一份十分精练的手稿，但与这些编辑的合作让我学到了很多关于写作的知识。然而，他们和我都无法解决的一个问题是，卡伦·霍妮遵循她那个时代的惯例，几乎总是使用阳性代词。在引用她的作品时，我只能遵循她的用法。

一如既往，我的第一个读者是我的妻子雪莉（Shirley）。早在1958 年，她就比我提前一年接触到了霍妮的书，并且一直对霍妮的理论保持兴趣。我十分庆幸能够和她交流精神世界，她对我的情感支持始终如一，她的洞察力格外敏锐。我也常和我的儿子马克（Mark）讨论霍妮，在此过程中学到了很多东西，他对她的理论的保留意见有助于扩大我的视野。撰写本书的过程中，我经历了一些艰难时期，雪莉和马克一直支持着我。1985年，我经历了一段尤其艰难的时期，当时我得了脑瘤，最初被诊断为恶性，但后来发现是良性的。我的姐姐欣达·科恩和姐夫哈维·科恩（Hinda and Harvey Cohen）的爱和支持帮助我度过了那段极为痛苦的时期。谨以此书献给他们，以示感谢。